Dernières nouvelles des étoiles

DU MÊME AUTEUR

Chansons cruelles, textes, éd. Tchou, 1968 (épuisé).
Melody Nelson, texte, éd. Losfeld, 1971 (épuisé).
Au pays des malices, textes (édition établie par Alain Coelho et Franck Lhomeau), éd. Le Temps Singulier, 1980 (épuisé).
Evguénie Sokolov, roman, Gallimard, 1980, rééd. Folio, n° 1643.
Bambou et les Poupées, textes et photographies, éd. Filipacchi, 1981.
Gainsbourg, album (en collaboration avec Alain Coelho et Franck Lhomeau), éd. Denoël, 1986, éd. définitive 1992.
Mon propre rôle 1, textes (édition établie par Alain Coelho et Franck Lhomeau), éd. Denoël, 1987, 1991, rééd. Folio, n° 2321.
Mon propre rôle 2, textes (édition établie par Alain Coelho et Franck Lhomeau), éd. Denoël, 1987, 1991, rééd. Folio, n° 2322.
Movies, textes (édition établie par Franck Lhomeau), éd. Joseph K., 1994.

Serge Gainsbourg

Dernières nouvelles des étoiles

L'intégrale

Édition établie et annotée par
Franck Lhomeau

PLON
76, rue Bonaparte
PARIS

Les copyrights des textes de Serge Gainsbourg figurent dans la table des matières en fin de volume.

ISBN 2-259-18043-4

Table alphabétique des titres

TEXTES

Les amours perdues*

Les amours perdues
Ne se retrouvent plus
Et les amants délaissés
Peuvent toujours chercher
Les amours perdues
Ne sont pas loin pourtant
Car les amants délaissés
Ne peuvent oublier
Tous les serments de cœur
Tous les serments d'amour
Tous les serre-moi serre-moi dans tes bras
Mon amour
On s'aimera toujours
Toujours toujours
Toujours toujours
Toujours tou...
Les amours perdues
Ne se retrouvent plus
Et les amants délaissés
Peuvent toujours chercher
Mes amours perdues
Hantent toujours mes nuits
Et dans des bras inconnus
Je veux trouver l'oubli
Toi tu m'aimeras
Je ne te croirai pas
Tout reviendra comme au jour
De mes premières amours
Tous les serments de cœur
Tous les serments d'amour
Tous les serre-moi serre-moi dans tes bras
Mon amour
On s'aimera toujours
Toujours toujours
Toujours toujours
Toujours tou...
Les amours perdues

* Chaque titre fait l'objet d'une note explicative renvoyée à la fin du présent volume, p. 471.

Ne se retrouvent plus
Et les amants délaissés
Peuvent toujours chercher

Défense d'afficher

Sept heures du soir
Il fait presque noir
Sept heures et demie
Il fait presque nuit
En t'attendant dans la grisaille
J'écoute parler les murailles
Défense d'afficher
Défense d'afficher
Dessins naïfs à coups d'canif
X... est un lâche, mort aux vaches
Vive lui, vive moi, déjà la d'mie
J'n'attendrai pas jusqu'à minuit
Combien d'injures sur ces murs gris
Combien de haine
Combien de peine
J'ai beau r'garder en l'air
Histoire de changer d'air
J'vois qu'les lessives pavoisées
Drapeaux blancs d'la réalité
Défense d'afficher
Défense d'afficher
Faut s'rendre à l'évidence

Huit heures du soir
Il fait presque noir
Huit heures et demie
Il fait presque nuit
Plus de soleil, c'est le moment
Où disparaissent les passants
Défense d'afficher
Défense d'afficher
Dessins de fous, dessins d'voyous
Viendras-tu au rendez-vous
Le jour s'en va, tu n'es pas là
J'ai l'âme triste et le cœur las

Dansez la valse en cinq leçons
Nicole et Jules
Des Majuscules
A... B... C... D... E... F...
G... M... E... R... D... E...
Sur le mur, je viens d'effacer
Le cœur que j'avais dessiné
Défense d'afficher
Défense d'afficher
Défense d'afficher

Nul ne le saura jamais

Qui de nous deux
Aima l'autre le mieux
Nul ne le saura jamais
Non nul ne saura jamais
Lequel des deux
Était le plus heureux
Qui de nous deux
Trouvait plus merveilleux
Ces doux instants de bonheur
Qui de nous deux
Sut le mieux
Lire dans nos cœurs
Nul ne le saura jamais
Car aujourd'hui
Le roman d'amour est fini

C'est la dernière page
C'est la dernière image
C'est notre gloire qui s'achève
Combien de fois
J'ai pleuré loin de toi
Tu ne le sauras jamais
Combien de fois
J'ai pleuré sur notre amour
Tu ne le sauras jamais
Toi je ne sais pas
Si tu m'as oublié
Si vraiment ton cœur

A pu tout effacer
Cela toi seul, toi
Seul le sais

Pour si peu d'amour

Trop de peine
Pour si peu d'amour
Est-ce la peine
D'attendre toujours
Ah ma pauvre amie
Comme c'est bête la vie
Que de jours passés à pleurer
Pour un malheureux préjugé

Trop de peine
Pour si peu d'amour
Est-ce la peine
D'attendre toujours
Pour quelques mots, quelques baisers
Pour un sourire, ah vraiment c'est
Trop de peine
Pour si peu d'amour

Chaque soir
Je crois voir
Un espoir dans tes yeux
Puis je doute
Je redoute
Sans doute un aveu
Non je ne veux plus souffrir
Je crois que je vais partir

Trop de peine
Pour si peu d'amour
Est-ce la peine
D'attendre toujours

Les mots inutiles

Les mots sont usés jusqu'à la corde
On voit le jour au travers
Et l'ombre des années mortes
Hante le vocabulaire
Par la main emmène-moi hors des lieux communs
Et ôte-moi de l'idée
Que tu ne peux t'exprimer
Que par des clichés
Dans mes rêves tu ne parlais pas
Simplement tu prenais mon bras
Et tu voyais à mon sourire
Qu'il n'était rien besoin de dire
Il vaut mieux laisser au poète
Le soin de faire des pirouettes
C'est très joli oui, dans les livres
Mais tous ces mots dont tu t'enivres

Ces mots sont usés jusqu'à la corde
On voit le jour au travers
Et l'ombre des années mortes
Hante le vocabulaire
Par la main emmène-moi hors des lieux communs
Et ôte-moi de l'idée
Que tu ne peux t'exprimer
Que par des clichés
Dans mes rêves tu ne parlais pas
Simplement tu prenais mon bras
Et tu voyais à mon sourire
Qu'il n'était rien besoin de dire
Les mots d'esprit laissent incrédule
Car le cœur est trop animal
Mieux qu'apostrophe et point-virgule
Il a compris le point final

Antoine le casseur

Antoine le casseur
C'est lui que j'ai dans mon cœur
Avec son blaze il a du vase
Il réussit toujours son coup

Antoine le casseur
Avec moi il est pas bêcheur
J'suis sa pépée, j'suis sa nana
Antoine c'est mon pote à moi

C'est pour lui que j'fais l'tapin
Que j'vends mon valseur et l'toutime
Et si lui c'est un chaud lapin
On peut dire que moi je suis une chaude lapine

Les caves que j'éponge ça m'laisse froid
Du vrai y a qu'Antoine qui y a droit
Mon sentiment est si profond
Qu'y'a qu'lui seul qu'a pu arriver au fond

On me siffle dans la rue!

Pourquoi ne puis-je passer inaperçue
Pourquoi donc me siffle-t-on dans la rue
Et quand je me promène
Pourquoi cette rengaine
Ne me quitte pas
Et revient toujours sur mes pas
C'est comme un refrain sans paroles
Qui m'agace et me rend folle!

Y'en a qui vous regard' d'un air cynique
D'aut' qu'ont de l'arrogance dans les yeux
Les timid' prenn't un air romantique
Mais la plupart pour des yeux bleus
Sont prêts à tomber amoureux

Pourquoi quand j'me promène cheveux au vent
Pourquoi donc sifflent-ils entre leurs dents?
Tout le long d'la semaine
Pourquoi cette rengaine
Ne me quitte plus
Et me suit jusqu'au coin de la rue
C'est comme un refrain sans paroles
Qui m'agace et me rend folle!

Et tous les jours ça recommence
Dès que je fais un pas dans la rue
C'est toujours la même romance
Que me sifflent ces inconnus

Pourquoi toujours ces yeux posés sur moi
Ces hommes qui vous regardent de haut en bas
Et leur regard brille
Et vous déshabille
Et ne vous quitte plus
Et quand vous traversez la rue
Ce même refrain sans paroles
Vous agace et vous rend folle!

La cigale et la fourmi

A Pigalle ayant chanté tout l'été
Désirée se trouva fort dépourvue
Quand sans habit se vit nue
Elle quitta l'avenue Marceau
Se trouva dans le ruisseau
Au bout d'un temps la famine
Lui ôta ses vitamines
Si bien qu'elle voulut prêter
Son beau corps pour subsister
Jusqu'à la saison nouvelle
Je me paierai, se dit-elle,

Avant l'août, foi d'animal,
Un vison c'est l'principal
Elle alla très respectueuse
Offrir ses moindres défauts
Mais bien qu'elle eût le sang chaud
Elle ne put, la malheureuse,
Que rester dans l'hypothèse
Car ces filles, ne vous déplaise,
A Pigalle, hélas, fourmillent.

Friedland (La jambe de bois)

Il était une fois
Une jambe de bois
Qui cherchait un amateur
Elle se dit : « Ma foi
Si personne ne veut de moi
J'me fous une balle en plein cœur »
Mais voilà qu'soudain
Elle entend au loin
Une sonnerie de clairon
Elle se dit : « Parfait,
C'est le moment ou jamais
D'me trouver une situation »
Arrivée sur l'champ d'bataille
Au plus fort de la mitraille
Elle croise un boulet d'canon
Qui sifflait à pleins poumons

Elle lui dit : « Mon pote
Ta p'tite gueule me botte
Toi qui vas tuer les cosaques
Sois donc un amour
Fais pour moi un p'tit détour
Avant d'partir à l'attaque
Mais voilà le hic
J'aime pas les moujiks
Et si tu veux m'arranger

Tourne plutôt casaque
Passe du côté des cosaques
Vise-moi c't'officier français
Si tu lui fauches une guibole
Tu peux me croire sur parole
Qu'si la gangrène s'y met pas
Je serai sa jambe de bois »

« C'est bien délicat
C'que tu m'demandes là »
Répondit l'boulet d'canon
« T'as une tête de bois
C'est pour ça qu'tu comprends pas
Que c'est d'la haute trahison
Mais va, te frappe pas
N'fais pas cette gueule-là
Allons n'aies plus d'amertume
Que ne f'rait-on pas
Pour une jolie jambe de bois
J'vais lui voler dans les plumes »
Et le voilà qui s'élance
Mais pour comble de malchance
L'officier qui vient d'le voir
Se baisse et l'prend en pleine poire

« Espèce de crétin
Ça s'est pas malin »
S'écria la jambe de bois
« Maint'nant qu'il est mort
Il n'a plus besoin d'support
J'ai eu tort d'compter sur toi »
« Tu m'prends pour un con »
Dit l'boulet d'canon
« Mais moi j'vais bien t'posséder »
La colère le saoule
Et le v'là qui perd la boule
Il s'en va tout dégoiser
Ils passèrent en cour martiale
Et pour sauver la morale
La petite fut condamnée
A avoir l'boulet au pied
« Mais c'est qu'ça m'fait une belle jambe
De t'voir toujours dans ma jambe »
S'écria la jambe de bois
« Pourvu qu'ça dure
Je touch' du bois... »

Mes p'tites odalisques

Ne m'raconte pas ta vie
Tu m'l'as déjà servie
Si t'as des trous d'mémoire
Pas la peine de l'faire voir
Je la connais par cœur
C'est la même que ta sœur
Toujours la même chanson
Je la connais à fond
C'est toujours l'même disque
Mes p'tites odalisques
Tournez, tournez, tournez en rond
Trent'trois p'tits tours et puis s'en vont
S'en vont les fredaines
Restent les rengaines
Alors s'en vont les amoureux
Rêver à la chaleur du pieu
Du pieux souvenir de celles
Qui furent un jour infidèles
Parce qu'elles en avaient assez
Assez d'entendre ressasser
Toujours le même disque
Mes p'tites odalisques
Tournez, tournez, tournez en rond
Comme tourne ma chanson

Toi qu'as la bague au doigt
Si ça te gêne, enlève-là
Et tu pourras au lit
Oublier ton mari
Les rythmes américains
Nous mettront dans le bain
On l'tournera en bourrique
Je connais la musique
C'est toujours le même disque
Mes p'tites odalisques
Tournez, tournez, tournez en rond
Trent'trois p'tits tours et puis s'en vont
S'en vont en Espagne
Dans nos quarts Champagne

Les châteaux que nous avons rêvés
En nous rapp'lant le temps passé
Passé à faire et à refaire
Faire et refaire l'inventaire
De tout c'qu'y avait juste en d'ssous
Juste en d'ssous vos dessous
C'est toujours le même disque
Mais qu'est-ce que tu risques
Puisque tu sais qu'c'est du bidon
Tu n'as qu'à pas te donner à fond

Le poinçonneur des Lilas

J'suis l'poinçonneur des Lilas
Le gars qu'on croise et qu'on n' regarde pas
Y'a pas d'soleil sous la terre
Drôle de croisière
Pour tuer l'ennui j'ai dans ma veste
Les extraits du *Reader Digest*
Et dans c'bouquin y a écrit
Que des gars s'la coulent douce à Miami
Pendant c'temps que je fais l'zouave
Au fond d'la cave
Paraît qu'y a pas d'sot métier
Moi j'fais des trous dans des billets

J'fais des trous, des p'tits trous, encor des p'tits trous
Des p'tits trous, des p'tits trous, toujours des p'tits trous
Des trous d'seconde classe
Des trous d'première classe
J'fais des trous, des p'tits trous, encor des p'tits trous
Des p'tits trous, des p'tits trous, toujours des p'tits trous

Des petits trous, des petits trous,
Des petits trous, des petits trous

J'suis l'poinçonneur des Lilas
Pour Invalides changer à Opéra
Je vis au cœur d'la planète
J'ai dans la tête
Un carnaval de confettis
J'en amène jusque dans mon lit
Et sous mon ciel de faïence
Je n'vois briller que les correspondances
Parfois je rêve je divague
Je vois des vagues
Et dans la brume au bout du quai
J'vois un bateau qui vient m'chercher
Pour m'sortir de ce trou où je fais des trous
Des p'tits trous, des p'tits trous, toujours des p'tits trous
Mais l'bateau se taille
Et j'vois qu'je déraille
Et je reste dans mon trou à faire des p'tits trous
Des p'tits trous, des p'tits trous, toujours des p'tits trous

Des petits trous, des petits trous,
Des petits trous, des petits trous

J'suis l'poinçonneur des Lilas
Arts-et-Métiers direct par Levallois
J'en ai marre j'en ai ma claque
De ce cloaque
Je voudrais jouer la fill' de l'air
Laisser ma casquette au vestiaire
Un jour viendra j'en suis sûr
Où j'pourrais m'évader dans la nature
J'partirai sur la grand'route
Et coûte que coûte
Et si pour moi il n'est plus temps
Je partirai les pieds devant

J'fais des trous, des p'tits trous, encor des p'tits trous
Des p'tits trous, des p'tits trous, toujours des p'tits trous

Y'a d'quoi d'venir dingue
De quoi prendre un flingue
S'faire un trou, un p'tit trou, un dernier p'tit trou
Un p'tit trou, un p'tit trou, un dernier p'tit trou
Et on m'mettra dans un grand trou
Où j'n'entendrai plus parler d'trou plus jamais d'trou
De petits trous de petits trous de petits trous

Douze belles dans la peau

Quand t'auras douze belles dans la peau
Deux duchesses et dix dactylos
Qu'est-ce que t'auras de plus sinon,
Sinon qu'un peu de plomb
Un peu de plomb dans l'aile
Pas plus dans la cervelle!

Quand t'auras claqué ton grisbi
Dans toutes les boîtes à coups d'fusil
Tu n'seras jamais rien qu'un pigeon
Avec un peu de plomb
Un peu de plomb dans l'aile
Pas plus dans la cervelle!

Quand dans le feu de la passion
Aux échelles des bas nylon
Tu grimperas, tu grimperas
Après qu'est-ce que t'auras?
T'auras du plomb dans l'aile
Pas plus dans la cervelle!

Quand t'auras aimé à tout vent
Et que tes poules n'auront plus de dents
Pour te bouffer l'cœur dans la main
Et ben, mon gros malin
T'auras du plomb dans l'aile
Pas plus dans la cervelle!

Et quand t'auras passé ta vie
Derrière les barreaux de ton lit
Tu diras qu'tu t'en es payé
Eh oui, et puis après?
T'auras du plomb dans l'aile
Pas plus dans la cervelle!

Mais p't'êtr' bien qu'tu n'feras pas d'vieux os
Avec tes douze belles dans la peau
Tu tomberas un jour sur un gars
Un gars qui t'enverra
Du plomb dans la cervelle
Et il t'poussera des ailes!

La recette de l'amour fou

Dans un boudoir introduisez un cœur bien tendre
Sur canapé laissez s'asseoir et se détendre
Versez une larme de porto
Et puis mettez-vous au piano
Jouez Chopin
Avec dédain
Égrenez vos accords
Et s'il s'endort
Alors là, jetez-le dehors

Le second soir faites revenir ce cœur bien tendre
Faites mijoter trois bons quarts d'heure à vous attendre
Et s'il n'est pas encore parti
Soyez-en sûr c'est qu'il est cuit
Sans vous trahir
Laissez frémir
Faites attendre encore
Et s'il s'endort
Alors là, jetez-le dehors

Le lendemain il ne tient qu'à vous d'être tendre
Tamisez toutes les lumières et sans attendre
Jouez la farce du grand amour
Dites « jamais » dites « toujours »
Et consommez
Sur canapé
Mais après les transports
Ah! s'il s'endort
Alors là, foutez-le dehors

Ce mortel ennui

Ce mortel ennui
Qui me vient
Quand je suis avec toi
Ce mortel ennui
Qui me tient
Et me suis pas à pas
Le jour où j'aurai assez d'estomac
Et de toi
Pour te laisser choir
Ce jour-là, oh oui ce jour-là, je crois
Oui je crois
Que
Je
Pourrai voir
Ce mortel ennui
Se tailler
A l'anglaise loin de moi

Bien sûr il n'est rien besoin de dire
A l'horizontale
Mais on ne trouve plus rien à se dire
A la verticale
Alors pour tuer le temps
Entre l'amour et l'amour
J'prends l'journal et mon stylo
Et je remplis
Et les *a* et les *o*

Il faudra bien que j'me décide un jour
Mon amour
A me faire la malle
Mais j'ai peur qu'tu n'ailles dans la salle de bains
Tendre la main
Vers
Le
Gardénal
Comme je n'veux pas d'ennui
Avec ma
Conscience et ton père
Je m'laisse faire!

La femme des uns sous le corps des autres

La femme des uns
Sous l'corps des autres
A des soupirs
De volupté
On s'en fout quand
C'est pas la nôtre
Mais celle des autres
D'abord on s'dit vous
Et puis on s'dit tout
On s'envoie un verr'
On s'envoie en l'air
Et tout là-haut
Là-haut
Tout là-haut
Là-haut
On regarde en bas
Et qu'est-ce qu'on y voit
La femme des uns
Sous l'corps des autres
Et on commence
A s'inquiéter
On se dit qu'si
C'était la nôtre
Là qui se vautre
On lui f'rait passer
L'goût d'recommencer
Et pour changer d'air
On l'enverrait fair'
Un tour là-haut
Là-haut
Tout là-haut
Là-haut
Et pour s'consoler
Alors on irait
On irait voir
La femme des autres
Et quand elle é-

Cart'rait les bras
On s'dirait elle
Est comme la nôtre
La femme des autres
On irait chasser
Dans les beaux quartiers
Et dans l'ascenseur
On f'rait l'joli cœur
Et tout là-haut
Là-haut
Tout là-haut
Là-haut
Venue d'Amérique
Y aurait d'la musique
Car pour des pin-up
Il faut les pick-up
Faut pour les soul'ver
Pour les envoyer
Là-haut, là-haut
Là-haut
Tout là-haut
Là-haut
Des disques longue durée
Haute fidélité
Haute fidélité
Haute fidélité
Haute fidélité

L'alcool

Mes illusions donnent sur la cour
Des horizons j'en ai pas lourd
Quand j'ai bossé toute la journée
Il me reste plus pour rêver
Qu'les fleurs horribles de ma chambre
Mes illusions donnent sur la cour
J'ai mis une croix sur mes amours
Les p'tites pépées pour les toucher
Faut d'abord les allonger
Sinon c'est froid comme en décembre
Quand le soir venu j'm'en reviens du chantier

Après mille peines et le corps harassé
J'ai le regard morne et les mains dégueulasses
De quoi inciter les belles à faire la grimace
Bien sûr y'a des filles de joie sur le retour
Celles qui mâchent le chewing-gum pendant l'amour
Mais que trouverais-je dans leur corps meurtri
Sinon qu'indifférence et mélancolie
Dans mes frusques couleurs de muraille
Je joue les épouvantails

Mais nom de Dieu dans mon âme
Brûlait pourtant cette flamme
Où s'éclairaient mes amours
Et mes brèves fiançailles
Où s'consumaient mes amours
Comme autant de feux de paille
Aujourd'hui je fais mon chemin solitaire
Toutes mes ambitions se sont fait la paire
J'me suis laissé envahir par les orties
Par les ronces de cette chienne de vie

Mes illusions donnent sur la cour
Mais dans les troquets du faubourg
J'ai des ardoises de rêveries
Et le sens de l'ironie
J'me laisse aller à la tendresse
J'oublie ma chambre au fond d'la cour
Le train de banlieue au petit jour
Et dans les vapeurs de l'alcool
J'vois mes châteaux espagnols
Mes haras et toutes mes duchesses

A moi les p'tites pépées les poupées jolies
Laissez venir à moi les petites souris
Je claque tout ce que je veux au baccara
Je tape sur le ventre des Maharajas
A moi les boîtes de nuit sud-américaines
Où l'on danse la tête vide et les mains pleines
A moi ces mignonnes au regard qui chavire
Qu'il faut agiter avant de s'en servir
Dans mes pieds-de-poule mes prince-de-galles
En douceur je m'rince la dalle

Et nom de Dieu dans mon âme
V'là qu'j'ressens cette flamme
Où s'éclairaient mes amours
Et mes brèves fiançailles
Où se consumaient mes amours
Comme autant de feux de paille
Et quand les troquets ont éteint leurs néons
Qu'il n'reste plus un abreuvoir à l'horizon
Ainsi j'me laisse bercer par le calva
Et l' dieu des ivrognes guide mes pas

Du jazz dans le ravin

Écoute
C'est toi qui conduis ou moi?
C'est moi, bon alors tais-toi
Y a du whisky dans la boîte à gants
Et des américaines t'as qu'à taper dedans

Écoute
Écoute un peu ça, poupée
T'entends? Mon air préféré
Mets-moi la radio un peu plus fort
Et n'aie pas peur, j'vais pas aller dans les décors

Soudain
Juste avant Monte-Carlo
C'est ça, c'est ça c'est l'manque de pot
V'là qu'la Jaguar fait une embardée
Et droit devant la v'là qui pique dans le fossé

Et pendant que tous deux agonisaient
La radio, la radio a continué d'gueuler

Demain on les ramassera à la petite cuillère

Charleston des déménageurs de pianos

C'est nous les déménageurs de pianos
Des Steinway, des Pleyel et des Gaveau
Du tintement des pourboires économiques
Nous on connaît la musique
Pour ce qui est du reste ça c'est pas nos oignons
Artistes, nous on ne l'est pas pour deux ronds
Quand la musique vous a brisé les reins
Y a pas de charleston qui tient

Pour nous prendre aux tripes
Faut se lever de bonne heure
Dire qu'il y a des types
Qui sur c't'engin d'malheur
Arrivent à faire croire à tous les ballots
Que la vie c'est comme au piano

D'l'amour ils en font tout un cinéma
A les écouter, de vrai, y'aurait que ça
Qu'est-ce qui resterait pour les déménageurs
Qu'en ont des tonnes sur le cœur
Il nous resterait qu'à nous noircir sur le zinc
Mais là encore faut se farcir le bastringue
Il se trouve toujours parmi nous un toquard
Pour y glisser ses pourboires

Pour tous les faire taire
Y a vraiment qu'une façon
Les envoyer faire
Un p'tit tour au charbon
Sur le piano massacre d'la réalité
Ils toucheraient du doigt la purée

C'est nous les déménageurs de pianos
Des Steinway, des Pleyel et des Gaveau
Du tintement des pourboires économiques
Nous on connaît la musique
Au fond, à quoi qu'ça sert de discuter

Comme l'a dit l'autre « à chacun son métier »
Tirer sur l'pianiste c'est pas not' boulot
Nous on tire sur le piano
Nous on tire sur le piano

La purée

C'était un mendiant famélique
Squelettique
Ouvrant des voitures les portières
Pour un verre
Esprit lucide
Et même acide
Ayant tout perdu fors l'honneur
D'importuner jusqu'aux ambassadeurs

Arrive devant l'Palais Royal
L'air glacial
Un millionnaire en Cadillac
Dans son frac
Esprit caustique
Misanthropique
D'un geste large de sa main
Lui fait signe de passer son chemin

Mais l'autre que la limousine
Hallucine
Sentant monter dans son ivresse
La tendresse
Esprit pratique
Dans sa logique
D'amadouer l'aristocrate
En deux temps et trois mouvements il se flatte

Mais hélas ses pronostics
Alcooliques
S'avèrent on ne peut plus faux
Aussitôt
Esprit critique
Et même cynique
V'la qu'l'aristo sort de ses gonds
Et d'but en blanc traite l'autre de con

D'être traité d'cloche par un rupin
Ça fait un
Mais d'être traité comme un morveux
Ça fait deux
Esprit d'vacherie
De repartie
L'mendiant trouv' le mot idéal
Et vient de qualifier l'autre de pédale

L'aristo sent que cet ivrogne
L'fout en rogne
Et pour avoir sur ce clodo
L'dernier mot
Esprit d'ascenseur
Lui dit : « et ta sœur... »

Parlé : « Oh non, alors, alors là, je m'fends la pipe... là j'me marre un peu... alors c'est tout c'que vous avez trouvé... et ta sœur... et ta sœur... Mais alors à quoi qu'ça sert l'éducation.
« Vous auriez pu dire... j'sais pas moi... heu... va t'faire aimer chez les Grecs, par exemple, ou bien... heu... j't'emmerde... oui, pourquoi pas, ou...
« Non, mais blague à part, vous n'auriez pas cent balles... alors y a pas moyen?... Ah, va donc, eh! purée!... »

C'était un mendiant famélique
Squelettique
Ouvrant des voitures les portières
Pour un verre
Esprit lucide
Et même acide
Ayant tout perdu fors l'honneur
D'importuner jusqu'aux ambassadeurs

J'ai oublié d'être bête

J'ai oublié d'être bête
Ça m'est sorti de la tête
Hélas, je ne sais comment
Me faire entendre à présent
J'ai perdu mon assurance
Du même coup contenance
Le soleil et mes amis
Et le nord et le midi

Si de Cambrai ma bêtise
Venait, que par convoitise
Quelque chenapan
S'y était cassé les dents,
J'aurais compris, mais la mienne
N'est ni menthe, ni verveine
Ni réglisse, voyez-vous
Ni framboise, ni cachou

Mais je ne porterai plainte
A personne ni atteinte
Ce sont les larmes qui font
L'humidité des prisons
Je ferai tout comme Ulysse
Aux sirènes de police
La sourde oreille le temps
D'inquiéter un peu les gens

Je descendrai dans la haute
M'assurer que par ma faute
Par ce que j'y ai perdu
On s'y emmerde un peu plus
Sans peur d'écorcher mes lèvres
Sur les bijoux des orfèvres
J'irai vous baiser les mains
Vous qui m'avez pris mon bien

Vous qui m'avez par traîtrise
Délesté de ma bêtise
Vous faut les points sur les *i*
Et sur la figure aussi

Allons, je vois que vous n'êtes
Pas la moitié d'une bête
Puisque vous m'avez compris
Puisque vous m'avez compris

Jeunes femmes et vieux messieurs

Toi qui as un pied dans la tombe
Fais gaffe où tu poses la main
Si elle glisse si tu tombes
Sur une peau d'vache c'est pas malin

Jeunes femmes et vieux messieurs
Si elles n'ont pas d'amour quelle importance
Jeunes femmes et vieux messieurs
De l'amour ils en ont pour deux

Si t'as plus un cheveu sur la tête
Qu'est-ce que t'as besoin de te frapper
Tu r'prendras du poil de la bête
Quand tu iras la décoiffer

Jeunes femmes et vieux messieurs
S'ils n'ont plus d'cheveux quelle importance
Jeunes femmes et vieux messieurs
Des cheveux elles en ont pour deux

Toi qui descends la rue Pigalle
A ton régime fais attention
Quand tu vas remonter aux Halles
Le fil de la soupe à l'oigon

Jeunes femmes et vieux messieurs
S'ils sont au régime quelle importance
Jeunes femmes et vieux messieurs
D'l'appétit elles en ont pour deux

Mais avant d'froisser ses dentelles
En la couchant sur le divan
Faudra pour être bien avec elle
La coucher sur ton testament

Jeunes femmes et vieux messieurs
Si elles sont fauchées quelle importance
Jeunes femmes et vieux messieurs
Du pognon ils en ont pour deux

Quand elle te dira qu'elle t'aime
Fais bien attention à ton cœur
Si elle habite au quatrième
Et qu'il y a une panne d'ascenseur

Jeunes femmes et vieux messieurs
A cet âge ça n'a plus d'importance
Jeunes femmes et vieux messieurs
Ils peuvent attendre un jour ou deux

Le claqueur de doigts

Juke Box
Juke Box
J'suis claqueur de doigts devant les Juke Box!
Juke Box
Juke Box
Je claqu' des doigts devant les Juke Box

Quand ils n's'baladent pas sur toi
Je n'sais qu'faire de mes dix doigts
Je n'sais qu'faire de mes dix doigts
Alors j'les claque claque claque claque devant les
Juke Box
Juke Box
J'suis claqueur de doigts devant les Juke Box
Juke Box
Juke Box
Je claqu' des doigts devant les Juke Box

J'ai encore pour la machine
D'la mitraille dans mes blue jeans
D'la mitraille dans mes blue jeans
Faut que j'la claque claque claque claque dedans les
Juke Box
Juke Box
J'suis claqueur de doigts devant les Juke Box
Juke Box
Juke Box
Je claqu' des doigts devant les Juke Box

Oh Sylvie regarde-moi
Qui est c'type qui t'fait du plat
Qui est c'type qui t'fait du plat
J'en ai ma claque claque claque claque de ce gars
Juke Box
Juke Box
Si jamais il s'approche du Juke Box
Juke Box
Juke Box
J'lui claquerai la gueule devant le Juk'
Box!

L'amour à la papa

L'amour à la papa
Dis-moi, dis-moi
Dis-moi ça ne m'intéresse pas
Ça fait des mois
Des mois, des mois
Que j'attends autre chose de toi
Ça fait des mois qu'ça dure
J'me perds en conjectures
Que pourrais-je te dire
Te dire de lire
L'amour à la papa
A moi, à moi
Ça ne me fait ni chaud ni froid

Je suis le lierre
Tu es la pierre
Je prends racine autour de toi
Mais tu t'écailles
Quand je t'entaille
Tu es de pierre et je deviens de bois

L'amour à la papa
Dis-moi, dis-moi
Dis-moi ça ne m'intéresse pas
Ça fait déjà des mois
Des mois, des mois
Que j'attends autre chose de toi
Quatre-vingt-dix à l'ombre
De mon corps et tu sombres
Tu n'es pas une affaire
Tu ne peux faire
Qu' l'amour à la papa
Crois-moi, crois-moi
Y a trente-deux façons de faire ça

Si d'amertume
Je m'accoutume
Il est fort probable qu'un jour
En ayant marre
C'est à la gare
Que je t'enverrai toi et tes amours

L'amour à la papa
Dis-moi, dis-moi
Dis-moi ça ne m'intéresse pas
Ça fait déjà des mois
Des mois, des mois
Que j'attends autre chose de toi
A la gare maritime
Tu gagneras mon estime
En prenant la galère
Jusqu'à Cythère
Et là-bas écris-moi
Dis-moi, dis-moi
Si on fait l'amour à la papa

Mambo miam miam

J'ai dans l'œsophage
Un anthropophage
Qui avait dans l'idée
De m'empoisonner
Il m'disait p'tite tête
Ote-toi d'là qu'j'm'y mette
Je me suis résigné
A l'bouffer l'premier

Sauvage ou pirate
On s'tire dans les pattes
Et le moins malin
Peut crever de faim
Soldat ou artiste
On est tous des tristes
Sires et malheur à
Qui manque d'estomac

Dans ma garçonnière
Misère de misère
La femme du voisin
S'fait couler un bain
Quand la mienne s'déhanche
J'ai le cœur qui flanche
D'voir les autres tudieu
La bouffer des yeux

Viendra le jour certes
Où la gueule ouverte
Comme ça d'but en noir
J'irai me faire voir
J'ferai des orphelines
Et par la racine
J'boufferai les orties
Et les pissenlits

Mambo miam miam
Mambo miam miam
Mambo miam miam
Mambo miam miam

Miam miam

Adieu, créature

Adieu, créature
J'm'en vais dans la nature
Et ne m'en veuille pas
Tu ne seras jamais pour moi
Qu'une jolie créature
Perdue dans la nature
Aimant un peu, beaucoup
Trop, pas assez ou pas du tout

Je suis là pour je n'sais qui pour je n'sais quoi
Tu m'as pris pour je n'sais quoi pour je n'sais qui
Et moi je n'sais ce qui m'a pris ce qui m'a pris
De venir ici

Adieu, créature
J'm'en vais dans la nature
Et ne m'en veuille pas,
Une de ces nuits on s'reverra
Adieu, créature
Adieu, créature
On se reverra
Quelque part dans la nature!

Indifférente

Comme le chien de monsieur Jean de Nivelle
Tu ne viens jamais à moi quand je t'appelle
Qu'importe le temps
Qu'emporte le vent
Mieux vaut ton absence
Que ton inconséquence

Quand par hasard dans mon lit je te rencontre
On n'peut pas dire que tu sois pour ni qu'tu sois contre
Qu'importe le temps

Qu'emporte le vent
Mieux vaut ton absence
Que ton impertinence

Dans tes yeux je vois mes yeux t'en as d'la chance
Ça te donne des lueurs d'intelligence
Qu'importe le temps
Qu'emporte le vent
Mieux vaut ton absence
Que ton incohérence

En d'autre occasion je chanterais les transes
De l'amour mais aujourd'hui je m'en balance
Qu'importe le temps
Qu'emporte le vent
Mieux vaut ton absence
Que ton indifférence

L'anthracite

Les pensées que je médite
Sont plus noires que l'anthracite
Mais que faire quand tu te fous
Si éperdument de nous
Si à rire je t'incite
C'est que mon humour anthracite
A tourné en dérision
Ton dédain et ma passion
Mais prends garde ma petite
A mon humeur anthracite
J'arracherai animal
Le cri et les fleurs du mal
Fleurs de serre fleurs maudites
A la nuit noir anthracite
Je les prendrai malgré toi
Sous les ronces de tes doigts
Allons viens, viens et fais vite
Que ta chaleur anthracite
Vienne réchauffer mon cœur

Et refroidir ma fureur
Tout contre moi tu t'agites
Dans une rage anthracite
Mais qu'importe si tu mords
Je veux ton âme et ton corps
C'est ton regard que j'évite
Car le mien est anthracite
Et je n'veux point que tu voies
Tout l'amour que j'ai pour toi
Je t'aime ô ma belle Aphrodite
A l'âme noir anthracite
Mais plus t'aime t'aimerai
Plus me mine minerai

Il était une oie...

Il était une oie
Une petite oie
Qui mettait à son étalage
Les fruits verts de ses seize ans
Et les pépins qu'il y avait dedans
Hélas la boutique était fermée
La semaine, le dimanche et les jours fériés

Rencontra les yeux
D'un vilain monsieur
Qui passant devant sa vitrine
Les fruits verts d'ses dix-sept ans
Voulut voir ce qu'il y avait dedans
Hélas la boutique était fermée
La semaine, le dimanche et les jours fériés

Un autre essaya
Mais n'arriva pas
Jusqu'à la fermeture éclair
Les fruits verts d'ses dix-huit ans
N'a jamais su c'qu'il y avait dedans
Mais oui la boutique était fermée
La semaine, le dimanche et les jours fériés

Mais l'un plein d'audace
Vint briser la glace
A grands coups de son parapluie
Les fruits verts d'ses dix-neuf ans
L'alla voir ce qu'il y avait dedans
Jusque-là c'était resté fermé
La semaine, le dimanche et les jours fériés

L'est maintenant une oie
Une petite oie
Qui ne met plus à l'étalage
Les fruits mûrs de ses vingt ans
Avec l'enfant qu'il y a dedans
Car depuis la boutique est fermée
La semaine, le dimanche et les jours fériés
Fermée, fermée pour cause de décès...
De
Dé-
Cep-
Tion.

Cha cha cha du loup

Connais-tu l'histoire
Que m'racontait ma nounou?
C'est une belle histoire
Qu'j'écoutais sur ses genoux
Si le cœur t'en dit
Ma jolie
Écoute-moi
J'vais te la dire à mi-voix
L'était une fille
Douce et tendre comme toi
Tout aussi gentille
Se promenait dans les bois
Et voilà soudain
Qu'en chemin
Elle aperçoit
L'grand méchant loup aux abois

Hou! hou! hou! hou!
Cha cha cha du loup
Hou! hou! hou! hou!
Cha cha cha du loup

Tu es encor à l'âge
Où les filles ont peur de nous
Tu es bien trop sage
Pour venir sur mes genoux
Mais je t'aime bien,
Ne crains rien
Approche-toi
Je ne te mangerai pas
Ne sois pas cruelle
Viens dans mes bras ma jolie
Viens plus près ma belle
Et ne tremble pas ainsi
Je ne te ferai
Aucun mal
Je ne suis pas
L'grand méchant loup aux abois

Hou! hou! hou! hou!
Cha cha cha du loup
Hou! hou! hou! hou!
Cha cha cha du loup

Sois belle et tais-toi

Le ramier roucoule
Le moineau pépie
Caquette la poule
Jacasse la pie
Le chameau blatère
Et le hiboue hue
Râle la panthère
Et craque la grue
Toi, toi, toi,
Toi,
Sois belle et tais-toi

L'éléphant barrète
La jument hennit
Hulule la chouette
Bêle la brebis
Le crapaud coasse
Piaule le poulet
Le corbeau croasse
Cajole le geai
Toi, toi, toi,
Toi,
Sois belle et tais-toi

Le cerf brâme, l'âne
Brait, le lion rugit
Cancane la cane
Le taureau mugit
Le dindon glouglote
Et braille le paon
La caille margotte
Siffle le serpent
Toi, toi, toi,
Toi,
Sois belle et tais-toi

Judith

Judith
Que veux-tu de moi?
Que veux-tu?
Judith
Je n'aime que toi
Le sais-tu?

Hier tu m'embrasses
Demain tu te lasses
Judith
Dis-le moi
Que veux-tu
Hier tu m'embrasses
Demain tu te lasses
Que veux-tu de moi
Que veux-tu

Dois-je en pleurer
En rire
Je ne saurais
Le dire
Toi qui te joues de moi
Que ne me le dis-tu pas ?
En pleurer c'est
De rage
En rire c'est
Dommage
Je ne sais plus que faire
Entre le ciel et l'enfer
Judith
C'est plus fort que moi
Que veux-tu
Judith
Je n'aime que toi
Le sais-tu ?
Mais si de guerre lasse
Un jour je me lasse
Judith
Ce jour-là vois-tu
Je te tue

Hier tu m'embrasses
Demain tu te lasses
Judith
Dis-le moi
Que veux-tu ?
Hier tu m'embrasses
Demain tu te lasses
Mais moi
C'est plus fort que moi
Je n'aime
Que
Toi

Laissez-moi tranquille

Pour leur plaire aux femmes
Dites donc
Dites-moi Madame

Qu'ai-je donc
Perfides ou sincères
C'est selon
Quand faut s'en défaire
C'est coton

Avec une gueule pareille
Nom de nom
N'me manqu'aux oreilles
Des pompons
Et si je marchais à
Croupetons
J'aurais tout du pauvre A-
Liboron

Laissez-moi
Laissez-moi tranquille
Laissez-moi
Laissez-moi
Laissez-moi tranquille
Laissez-moi

Allez sans esclandre
Mes chatons
Allez vous faire pendre
Allez donc
Ailleurs qu'à mon gilet
A quoi bon
Je n'suis pas le gibet
D'Montfaucon

Laissez-moi
Laissez-moi tranquille
Laissez-moi
Laissez-moi
Laissez-moi tranquille
Laissez-moi

L'eau à la bouche

Écoute ma voix écoute ma prière
Écoute mon cœur qui bat, laisse-toi faire
Je t'en prie ne sois pas farouche
Quand me vient l'eau à la bouche

Je te veux confiante, je te sens captive
Je te veux docile, je te sens craintive
Je t'en prie ne sois pas farouche
Quand me vient l'eau à la bouche

Laisse-toi au gré du courant
Porter dans le lit du torrent
Et dans le mien
Si tu veux bien
Quittons la rive
Partons à la dérive

Je te prendrai doucement et sans contrainte
De quoi as-tu peur allons n'aie nulle crainte
Je t'en prie ne sois pas farouche
Quand me vient l'eau à la bouche

Cette nuit près de moi tu viendras t'étendre
Oui je serai calme, je saurai t'attendre
Et pour que tu ne t'effarouches
Vois, je ne prends que ta bouche

La chanson de Prévert

« Oh je voudrais tant que tu te souviennes »
Cette chanson était la tienne
C'était ta préférée
Je crois
Qu'elle est de Prévert et
Kosma

Et chaque fois *Les Feuilles mortes*
Te rappelle à mon souvenir
Jour après jour
Les amours mortes
N'en finissent pas de mourir

Avec d'autres bien sûr je m'abandonne
Mais leur chanson est monotone
Et peu à peu je m'in-
Diffère
A cela il n'est rien
A faire

Car chaque fois *Les Feuilles mortes*
Te rappelle à mon souvenir
Jour après jour
Les amours mortes
N'en finissent pas de mourir

Peut-on jamais savoir par où commence
Et quand finit l'indifférence
Passe l'automne vienne
L'hiver
Et que la chanson de
Prévert

Cette chanson *Les Feuilles mortes*
S'efface de mon souvenir
Et ce jour-là
Mes amours mortes
En auront fini de mourir

En relisant ta lettre

En relisant ta lettre je m'aperçois que l'orthographe et toi, ça fait
[deux

C'est toi que j'aime
Ne prend qu'un M
Par-dessus tout
Ne me dis point
Il en manque un

Que tu t'en fous
Je t'en supplie
Point sur le i
Fais-moi confiance
Je suis l'esclave
Sans accent grave
Des apparences
C'est ridicule
C majuscule
C'était si bien
Tout ça m'affecte
Ça c'est correct
Au plus haut point
Si tu renonces
Comme ça s'prononce
A m'écouter
Avec la vie
Comme ça s'écrit
J'en finirai
Pour me garder
Ne prend qu'un D
Tant de rancune
T'as pas de cœur
Y'a pas d'erreur
Là y'en a une
J'en mourirai
N'est pas français
N'comprends-tu pas?
Ça s'ra ta faute
Ça s'ra ta faute
Là y'en a pas
Moi j'te signale
Que gardénal
Ne prend pas d'E
Mais n'en prends qu'un
Cachet au moins
N'en prends pas deux
Ça t'calmera
Et tu verras
Tout r'tombe à l'eau
L'cafard, les pleurs
Les pein's de cœur
O E dans l'O

Les oubliettes

Les regrets fillettes
Du pauvre poète
Se valsent musette
Dans les caboulots
Se valse musette
Le pauvre poète
Pour les gigolettes
Et les gigolos

Dieu que je regrette
Mes larmes fillettes
Ce vin malhonnête
Qui monte au cerveau
Y'a belle lurette
Que je n'ai plus cette
Fameuse piquette
Derrière mes fagots

Le pâle squelette
De mes amourettes
Joue des castagnettes
Comme un hidalgo
La nuit est longuette
Du pauvre poète
Voyez mes poulettes
Il a les grelots

Dans chaque guinguette
J'ai cherché Juliette
Je n'ai je regrette
Que trouvé Margot
De ces amourettes
Que l'on pickpockette
Sous sa chemisette
J'en ai plein le dos

S'il faut à perpète
Qu'à l'aube on regrette
Vaut mieux qu'on s'arrête
Mes petits oiseaux

Venez mignonnettes
Dans mes oubliettes
Que je vous y mette
Au pain et à l'eau

Les regrets fillettes
Du pauvre poète
Se valsent musette
Dans les caboulots
Se valse musette
Le pauvre poète
Pour les gigolettes
Et les gigolos

Viva Villa

Deux fusils, quatre pistolets
Et un couteau à cran d'arrêt
S'en vont à Guadalajara
C'est pour un fameux carnaval
Que s'avance cet arsenal
Qui a pour nom Pancho Villa
Tout à l'heure au pied du calvaire
Il dira une courte prière
Puis il reprendra ses jurons
Et son chemin et sa chanson

Viva Villa!
Viva Villa!
Viva Villa!

Quatre fusils, dix pistolets
Quinze couteaux à cran d'arrêt
Viennent de Guadalajara
C'est pour un fameux carnaval
Que s'en vient tout cet arsenal
On recherche Pancho Villa
S'ils vont du côté du calvaire
Ils trouv'ront l'révolutionnaire
Ils lui f'ront entendre raison
Ou bien avaler sa chanson

Viva Villa!
Viva Villa!
Viva Villa!

Deux fusils, quatre pistolets
Et un couteau à cran d'arrêt
Allaient à Guadalajara
Ce fut un fameux carnaval
Quand on fit sauter l'arsenal
Qui s'appelait Pancho Villa
Il est là au pied du calvaire
Il vient de mordre la poussière
Les vautours ne lui laisseront
Que les os et les éperons

Viva Villa!
Viva Villa!
Viva Villa!

Les femmes c'est du chinois

Les femmes c'est du chinois
Le comprenez-vous? Moi pas.

Celle-ci est une gamine
Qui tient tellement à sa peau
Qu'elle baisse ses yeux encre de Chine
Mais jamais son kimono

Celle-là est une acrobate
Qui la nuit fait du jiu-jit-su
Il faut vous accrocher à ses nattes
Sinon c'est elle qui prend le dessus

Celle-ci est une fillette
Qu'on ne mange pas avec les doigts
Il faut la prendre avec des baguettes
Sinon elle ne veut pas

Telle autre quand elle se couche
Est avide de sensations
Vous riez jaune, la fine mouche
Comptent les autres au plafond

Celle-là quand elle perd la bataille
Pour ne pas se donner à l'ennemi
De votre sabre de samouraï
Elle se fait hara-kiri

A genoux vous demandez grâce
Mais celle-ci rien ne l'attendrit
Il vous faut mourir par contumace
Au treizième coup de minuit

Les femmes c'est du chinois
Le comprenez-vous? Moi pas.

Personne

J'ai peur de ne prendre intérêt à rien du tout
Mais à personne
Je ne m'en irai plaindre même pas à vous
Belle personne
Vous que j'aime, que j'aimerai, que j'ai aimée
Plus que personne
Vous qui faites l'innocente vous le savez
Mieux que personne

Non jamais je n'aurais dû porter la main sur
Votre personne
Il me fallait me maîtriser, être plus sûr
De ma personne
Pour qui me prenez-vous, mais non je n'en dirai
Rien à personne
Croyez-moi je vous ferai passer pour une ai-
Mable personne

Bien sûr, si je vous dis tout ceci, je ne veux
Blesser personne
Ce sont là quelques vérités qui ne font de

Mal à personne
Peut-être aurais-je dû vous les dire à la troi-
Sième personne
Je reconnais que je suis assez maladroit
De ma personne

Jamais plus je n'aimerai comme que t'aimais
Ma belladone
Oui, tu m'as coûté les yeux de la tête, mais
Je te pardonne
Je ne dois et je crois bien n'avoir jamais dû
Rien à personne
Jamais je ne me suis aussi bien entendu
Qu'avec personne

Les goémons

Algues brunes ou rouges
Dessous la vague bougent
Les goémons
Mes amours leur ressemblent,
Il n'en reste il me semble
Que goémons
Que des fleurs arrachées
Se mourant comme les
Noirs goémons
Que l'on prend, que l'on jette
Comme la mer rejette
Les goémons

Mes blessures revivent
A la danse lascive
Des goémons
Dieu comme elle était belle,
Vous souvenez-vous d'elle
Les goémons
Elle avait la langueur
Et le goût et l'odeur
Des goémons
Je pris son innocence
A la sourde cadence
Des goémons

Algues brunes ou rouges
Dessous la vague bougent
Les goémons
Mes amours leur ressemblent
Il n'en reste il me semble
Que goémons
Que des fleurs arrachées
Se mourant comme les
Noirs goémons
Que l'on prend que l'on jette
Comme la mer rejette
Les goémons

Black trombone

Black trombone
Monotone
Le trombone
C'est joli
Tourbillonne
Gramophone
Et bâillonne
Mon ennui

Black trombone
Monotone
Autochtone
De la nuit
Dieu pardonne
La mignonne
Qui fredonne
Dans mon lit

Black trombone
Monotone
Elle se donne
A demi
Nue, frissonne
Déraisonne
M'empoisonne
M'envahit

Black trombone
Monotone
C'est l'automne
De ma vie
Plus personne
Ne m'étonne
J'abandonne
C'est fini

Intoxicated man

Je bois
A trop forte dose
Je vois
Des éléphants roses
Des araignées sur le plastron
D'mon smoking
Des chauves-souris au plafond
Du living-
Room

Eh toi
Dis-moi quelque chose
Tu es là
Comme un marbre rose
Aussi glacée que le plastron
D'mon smoking
Aussi pâle que le plafond
Du living-
Room

L'amour
Ne m'dit plus grand'chose
Toujours
Ces éléphants roses
Ces araignées sur le plastron
D'mon smoking
Ces chauves-souris au plafond
Du living-
Room

Eh toi
Dis-moi quelque chose
Tu es là
Comme un marbre rose
Aussi glacée que le plastron
D'mon smoking
Aussi pâle que le plafond
Du living-
Room

Quand tu t'y mets

C'que tu peux être belle
Quand tu t'y mets
Tu t'y mets pas souvent
Pourtant quand tu t'y mets
Tu peux pas savoir

C'que tu peux être garce
Quand tu t'y mets
Tu t'y mets pas souvent
Pourtant quand tu t'y mets
Tu peux pas savoir

C'que tu peux m'faire mal
Quand tu t'y mets
Tu t'y mets plus souvent
Pourtant quand tu t'y mets
Tu peux pas savoir

C'que tu es dans mes bras
Quand tu t'y mets
Tu t'y mets plus souvent
Pourtant quand tu t'y mets
Tu peux pas savoir

C'qu'était notre amour
Quand on s'aimait
Il n'y a pas si longtemps
Pourtant que l'on s'aimait
Tu dois plus savoir

Les cigarillos

Les cigarillos ont cet avantage d'faire le vide autour de moi
J'en apprécie le tabac
Et la prévenance
Les cigarillos n'sont pas comme moi, empreints de timidité
Et leur agressivité
Est toute en nuance
Sans vous dire jamais rien qui vous blesse
Ils vous congédient avec tendresse

Ah! quel tabac
Quel tabac
Quel tabac
Quel tabac

Les cigarillos me valent bien souvent les adieux éplorés
Des femmes de qualité
Et des courtisanes
Les cigarillos savent comme moi que ce n'sont pas mes beaux yeux
Qu'elles implorent, mais un peu
La fin du havane
Sans attendre que tout se consume
Elles disparaissent dans la brume

Ah! quel tabac
Quel tabac
Quel tabac
Quel tabac

Requiem pour un twister

Dites-moi avez-vous connu Charlie ?
Le contraire m'eût étonné
Il n'est pas une boîte qu'il n'ait fréquentée
Quel noceur !
Requiem pour un twister

Dites-moi l'avez-vous connu à jeun ?
Le contraire m'eût étonné
Il n'est pas un soir qu'il ne fût bourré
Quel farceur !
Requiem pour un twister

Dites-moi étiez-vous amoureuse de lui ?
Le contraire m'eût étonné
Il n'est pas une femme qui lui ait résisté
Quel tombeur !
Requiem pour un twister

Dites-moi tout ça n'pouvait pas durer
Le contraire m'eût étonné
Je crois quant à moi que c'est l'cœur qui a lâché
Quelle horreur !
Requiem pour un twister

Ce grand méchant vous

Promenons-nous dans le moi
Pendant qu'le vous n'y est pas
Car si le vous y était
Sûr'ment il nous mangerait

J'ai peur, j'ai peur du grand méchant vous
Ah! La vilaine bête que ce vous!
Mais je ne sais comment j'arriverai à chasser
Pour toujours ce grand méchant vous de mes pensées

Promenons-nous dans le moi
Pendant qu'le vous n'y est pas
Car si le vous y était
Sûr'ment il nous mangerait

Je me suis mis dans la gueule du vous!
Ah! quel enragé que ce vous!
Combien de nuits ce grand méchant vous m'a sauté
A la gorge, comme j'allais le caresser

Promenons-nous dans le moi
Pendant qu'le vous n'y est pas
Car si le vous y était
Sûr'ment il nous mangerait

Je ne sais hurler avec le vous
Ah! quel animal que ce vous!
Mais comment savoir dans cette rivalité
Qui de l'homme ou du vous l'emporte en cruauté?

Promenons-nous dans le moi
Pendant qu'le vous n'y est pas
Car si le vous y était
Sûr'ment il nous mangerait

Accordéon

Dieu que la vie est cruelle
Au musicien des ruelles
Son copain son compagnon
C'est l'accordéon
Qui c'est-y qui l'aide à vivre
A s'asseoir quand il s'enivre
C'est-y vous, c'est moi, mais non
C'est l'accordéon

Accordez accordez accordez donc
L'aumône à l'accordé l'accordéon

Ils sont comm'cul et chemise
Et quand on les verbalise
Il accompagne au violon
Son accordéon
Il passe une nuit tranquille
Puis au matin il refile
Un peu d'air dans les poumons
De l'accordéon

Accordez accordez accordez donc
L'aumône à l'accordé l'accordéon

Quand parfois il lui massacre
Ses petits boutons de nacre
Il en fauche à son veston
Pour l'accordéon
Lui, emprunte ses bretelles
Pour secourir la ficelle
Qui retient ses pantalons
En accordéon

Accordez accordez accordez donc
L'aumône à l'accordé l'accordéon

Mais un jour par lassitude
Il laiss'ra la solitude
Se pointer à l'horizon
De l'accordéon
Il en tirera cinquante
Centimes à la brocante
Et on f'ra plus attention
A l'accordéon

L'assassinat de Franz Lehar

Un jour que je m'en allais par
Le pont des Arts
Dans mes pensées, ma rêverie
Je me surpris
A croiser un
Homme-orchestre un
Peu assassin

Il travaillait du piccolo
Et du chapeau
Des flûtes, des coudes, du cor
Et, mieux encore,
De l'orgue oui
Mais, comme on dit,
De barbarie

C'qui sortait de ses instruments
C'était sanglant
J'aurai pas voulu entendr'ça
Qu'vous soyez là
C'était Byzance
En apparence
Une connaissance

J'ai r'connu dans ce tintamarre
Mon *Franz Lehar*
Y m'l'avait si bien arrangé
Qu'c'était pitié
En voyant ça
J'ai crié à
L'assassinat

L'homme-fanfare sans broncher
M'a saluée
D'une main, de l'autre il m'a pris
Quelques louis
Me remerçiant

En attaquant
Me remerciant
En attaquant
L'or et l'argent

Chanson pour tézigue

J'aime bien mézigue
Mais j'aime mieux
Cent fois de tézigue
Les jolis yeux
Où es-tu fillette
Jeune tendron
Cours-tu les guinguettes
A reculons

J'ai rompu la digue
De mes sanglots
Mon âme navigue
Entre deux eaux
Mais ces quelques larmes
N'ont effacé
Aucun de tes charmes
Jolie poupée

Si avec cézigue
T'as du bon temps
Crois-en bien mézigue
Dans pas longtemps
J'en sais quelque chose
Tu resteras
Comme un marbre rose
Entre ses bras

Moi aussi m'intriguent
Les inconnues
Un jour de fatigue
T'en pourras plus
Amour si t'en pinces
Encore pour moi
Bah! je suis bon prince
Et toujours là

Vilaines filles, mauvais garçons

Dans cette vallée de larmes qu'est la vie
Viens avec moi par les sentiers interdits
A ceux-là qui nous appellent à tort ou à raison
Vilaines filles, mauvais garçons

Au fond de cette vallée coule un torrent
Il est l'image même de nos vingt ans
C'est à lui que nous devons cet air et ces façons
D'vilaines filles, d'mauvais garçons

Il n'est pas âme qui vive
Qui me plaise autant que toi
Si tu étais plus naïve
Je t'apprendrais tout ce que tu sais déjà

Les enfants du siècle sont tous un peu fous
Mais le cliquetis de la machine à sous
Couvrira cette voix qui dit à tort à raison
Vilaines filles, mauvais garçons

Demain lorsque la lune se couchera
N'existera au monde que toi et moi
Plus personne pour nous dire à tort ou à raison
Vilaines filles, mauvais garçons

Et les yeux dans les yeux tendrement nous nous dirons
Vilaines filles, mauvais garçons

La Javanaise

J'avoue j'en ai bavé pas vous
Mon amour
Avant d'avoir eu vent de vous
Mon amour

Ne vous déplaise
En dansant la Javanaise
Nous nous aimions
Le temps d'une chanson

A votre avis qu'avons-nous vu
De l'amour
De vous à moi vous m'avez eu
Mon amour

Ne vous déplaise
En dansant la Javanaise
Nous nous aimions
Le temps d'une chanson

Hélas avril en vain me voue
A l'amour
J'avais envie de voir en vous
Cet amour

Ne vous déplaise
En dansant la Javanaise
Nous nous aimions
Le temps d'une chanson

La vie ne vaut d'être vécue
Sans amour
Mais c'est vous qui l'avez voulu
Mon amour

Ne vous déplaise
En dansant la Javanaise
Nous nous aimions
Le temps d'une chanson

Un violon, un jambon

Écoute-moi toi qui t'crois seul au monde
Tout seul abandonné
Faut trois fois rien pour entrer dans la ronde
De tous les mals aimés

Suspends un violon un jambon à ta porte
Et tu verras rappliquer les copains
Tous tes soucis que le diable les emporte
Jusqu'à demain

Ta petite amie t'a largué en route
Les filles c'est pas sérieux
L'Amour est aveugle à ça aucun doute
Et oui, ça crève les yeux

Suspends un violon un jambon à ta porte
Et tu verras rappliquer les copains
Tous tes soucis que le diable les emporte
Jusqu'à demain

Qu'importe si c'est chaque fois la même
Chose, t'en fais donc pas
Mon vieux quand on n'a pas ce que l'on aime
Faut aimer c'que l'on a

Suspends un violon un jambon à ta porte
Et tu verras rappliquer les copains
Tous tes soucis que le diable les emporte
Jusqu'à demain

L'appareil à sous

Tu n'es qu'un appareil à sou-
Pirs
Un appareil à sou-
Rire
A ce jeu
Je
Ne joue pas
Je n'aime pas
Cet opéra de quatre sou-
Pirs
Cet air que tu as de sou-
Rire
Je ne pou-
Rrai qu'en sou-
Ffrir

On ne gagne que des gros sou-
Pirs
A vouloir tant assou-
Vir
Tout ce je
Ne
Sais quoi d'a-
Nimal en soi
Qui nous fait prendre à tous nos sou-
Pirs
Je te dis ça sans sou-
Rire
Je ne pou-
Rrai qu'en rou-
Gir

Au fond tu n'es pas meilleur ou
Pire
Que ceux qui pour moi sou-
Pirent
Mais ce jeu
Ne
M'émeut pas
Tu n'm'aimes pas

J'y perdrai l'sommeil et le sou-
Rire
Jusqu'à mon dernier sou-
Pir
Et ne pou-
Rrai qu'en mou-
Rir

La belle et le blues

La belle et le blues
La belle et le blues
La belle et le blues
La belle et le blues

Si je suis celle que vous croyez
Je pense que vous vous trompez
Si je suis telle que l'on prétend
A quoi bon perdre votre temps
L'ombre reste à l'ombre, le soleil au soleil
Et moi je reste en tout point pareille
Toute aussi frêle au petit jour
Quand viennent les chagrins d'amour

La belle et le blues
La belle et le blues
La belle et le blues
La belle et le blues

Oui je suis belle comme la nuit
D'autres avant vous me l'ont dit
Mais pour les belles, belles de nuit
Les amours ne sont pas ici
L'ombre reste à l'ombre, le soleil au soleil
Et moi je reste en tout point pareille
Si je suis celle que tu attends
J'espère que tu as tout ton temps

La belle et le blues
La belle et le blues
La belle et le blues
La belle et le blues

Strip-tease

Est-ce pour vous que je strip-tease
Que voulez-vous que je vous dise
Pour moi jour après jour s'en vont
Une à une mes illusions
A chaque nuit un autre automne
S'effeuiller est bien monotone
Et tout ceci pour qui, pour quoi
Est-ce pour lui, est-ce pour toi

Si c'est pour toi que je strip-tease
Il faut pourtant que je te dise
Que tu es, soit dit entre nous,
Un peu voyeur, un peu voyou
Mais ce ne sont là que chimères
De ma bouche à ma jarretière
Car personne, pas même toi
Ne portera la main sur moi

Ici s'achève le strip-tease
Qui te grise et m'idéalise
Voici la chair de la poupée
Ses vêtements éparpillés
Pourtant si je suis toute nue
Je garde mon âme ingénue
Et je reste en tous points pareille
Là dans le plus simple appareil

Les yeux pour pleurer

Quand on a tout perdu
Qu'il ne nous reste plus
Que les yeux pour pleurer
Quand on n'attend plus rien
Qu'il ne reste plus rien
Que les yeux pour pleurer

Quand on vous a blessée
Qu'on ne vous a laissé
Que les yeux pour pleurer
Quand on vous a meurtrie
Quand on vous a menti
Quand un amour se meurt
Que vous restez des heures
Et des heures à pleurer
Quand vous n'avez de lui
Et pour passer la nuit
Que les yeux pour pleurer
Quand ivre de silence
Rien plus rien n'a de sens
A vos yeux éplorés
Quand le cœur se déchire
Quand vous pensez mourir
Voici qu'un autre amour
Un merveilleux amour
A vos yeux étonnés
Un autre amour surgit
C'est l'amour de votre vie
Tout comme le premier
Et ces chagrins passés
Et ces larmes données
Pour un autre que toi
Tout s'efface, tout meurt
Je n'ai d'autre bonheur
Que des larmes de joie

Je me donne à qui me plaît

Je me donne à qui me plaît
Ça
N'est jamais le même mais
Quoi
Que çui qu'en a jamais ba-
Vé

Me jette le premier pa-
Vé
Je n'avais qu'un unique a-
Mour
Celui-là m'a joué un sal'
Tour
Je ne m'en porte pas plus
Bête
Fini Roméo et Ju-
Liette

A tous je leur file un ren-
Card
Là-bas à l'angle du han-
Gar
Où j'ai rangé mes poè-
Mes
Mes chansons et ma boè-
Me
J'les mets tous dans le même ta-
Cot
Et bousculés par c'mêm' ca-
Hot
Ils s'y brisent le cœur et les
Reins
Et moi je trouve ça très
Bien

Si tu passes un jour dans ma
Rue
P't'être que j't'en mettrais plein la
Vue
Mon piano donne sur la
Cour
Tu entendras ma chanson d'a-
Mour

Et comme ça rien qu'en pas-
Sant
Tu seras un peu mon a-
Mant
T'auras l'meilleur de moi-
Même
Car je n'chante que ce que j'ai-
Me

Je le chante à qui me plaît
Ça
N'est jamais le même mais
Quoi
Faut avoir vécu sa vie
Non
Je trouve que ça n'est pas si
Con

Il n'y a plus d'abonné au numéro que vous avez demandé

Il n'y a plus d'abonné au numéro que vous avez demandé

C'est une erreur de votre part
Je vous le dis une grave erreur que de croire
Qu'il vous suffit pour qu'aussitôt je vous pardonne
De m'appeler au téléphone

Il n'y a plus d'abonné au numéro que vous avez demandé

Croyez-vous qu'en faisant ainsi mon numéro
Vous me ferez le vôtre, n'y comptez pas trop
Non il est bon temps que je songe
A ne plus croire à vos mensonges

Il n'y a plus d'abonné au numéro que vous avez demandé

Veuillez consulter le Bottin
De vos amours ma belle ce Bottin mondain
N'est plus à jour de moi-même je me supprime
De la liste de vos victimes

Il n'y a plus d'abonné au numéro que vous avez demandé

Vous qui m'avez laissé tomber
A quoi vous sert de me relever
Dans l'annuaire adieu adieu ne vous déplaise
Les réclamations c'est le treize

Il n'y a plus d'abonné au numéro que vous avez demandé

Le lit-cage

Enfermée dans mon lit-cage
Il est une enfant peu sage
Que j'ai tendrement aimée
Comme les oiseaux des îles
Insouciante et fragile
Je voulus l'apprivoiser

Mais ce fut bien difficile
Tout effort fut inutile
Inutile je l'avoue
J'aurai dû briser les ailes
De la petite hirondelle
Ou mieux lui tordre le cou

Dans sa tête de linotte
Elle avait peu de jugeote
Mais elle savait si bien
La petite bécassine
Se poser sur ma poitrine
Et me manger dans la main

Je n'avais dans mon lit-cage
Rien qu'un oiseau de passage
Une jeune écervelée
Avec un peu d'amertume
Elle y laissa quelques plumes
Avant que de s'envoler

Oui je fus par trop stupide
De vouloir combler le vide
De sa cervelle d'oiseau
Elle ne voulait rien d'autre
Que me laisser pour un autre
Et m'abandonner bientôt

J'ai refermé mon lit-cage
Et n'ai pris pour tout bagage
Qu'un vieux fusil à deux coups
Le second ma tourterelle
Sera pour moi mais ma belle
Le premier sera pour vous

Chez les yé-yé

Ni les tam-
Tams
Du Yé-yé yé
Ni les gris
Gris
Que tu portais
Da doo ron
Ron
Que tu écoutais
Au bal doum
Doum
Où tu dansais

Non rien n'aura raison de moi
J'irai t'chercher ma Lolita
Chez
Les
Yé-yé

Sous les tam-
Tams
Du Yé-yé yé
J'f'rai du ram-
Dam
Je me connais
Oui à Sing
Sing

Je finirai
J'ai un coupe
Coupe
A cran d'arrêt

Non rien n'aura raison de moi
J'irai t'chercher ma Lolita
Chez
Les
Yé-yé

Sous les tam-
Tams des Yé-yé yé
Fais un flash
Back au temps passé
Est-ce qu't'en-
Tends
C'que j'te disais
Je suis fou
Fou
Fou de t'aimer

Non rien n'aura raison de moi
J'irai t'chercher ma Lolita
Chez
Les
Yé-yé

Ni les tam-
Tams
Du Yé-yé yé
Ni les gris
Gris
Que tu portais
Da doo ron
Ron
Que tu écoutais
Au bal doum
Doum
Où tu dansais

Non rien n'aura raison de moi
J'irai t'chercher ma Lolita
Chez
Les
Yé-yé

Sait-on jamais où va une femme quand elle vous quitte

Sait-on jamais où va une femme quand elle vous quitte
Où elle s'en va
Quand elle s'en va
Qui sait
Sait-on jamais où va une femme quand elle vous quitte
Moi je le sais toi
Tu es partie à
Jamais

Sait-on jamais où va une femme quand elle vous quitte
Tu es mon seul amour
Et c'est je crois pour
La vie
Sait-on jamais où va une femme quand elle vous quitte
Qu'importe là ou
Ailleurs les verrous
Sont mis

Sait-on jamais où va une femme quand elle vous quitte
Qui disait cela
C'est c'que tu n'as ja-
Mais su
Sait-on jamais où va une femme quand elle vous quitte
Moi je le sais c'est
Au cours d'son procès
Landru

Le talkie-walkie

J'avais en ma possession un talkie-walkie
Made in Japan
Il ne m'en reste à présent qu'un grain de folie
Un point c'est tout
J'avais donné le même appareil à celle que j'aimais
On s'appelait pour un oui pour un non
Qu'elle soit dans sa chambre ou bien dans la cour de son lycée
Je l'avais n'importe quand n'importe où

Quand j'entendais sa voix dans le talkie-walkie
J'étais heureux
Jusqu'au jour où elle l'oublia près de son lit
Voici comment
J'étais seul avec moi quand je décidai de l'appeler
J'ai tout de suite compris ma douleur
Je ne souhaite à personne de vivre un moment pareil
En deux mots voilà ce qui s'est passé

J'entendis des soupirs dans le talkie-walkie
Des mots d'amour
Et puis son prénom que murmurait dans la nuit
Un inconnu
De ce jour tous les plombs de mon pauvre compteur ont sauté
Mais je la vois dans mon obscurité
Je vois ses grands yeux beiges ses deux grands yeux couleur du temps
D'où la neige tombait de temps en temps

J'avais en ma possession un talkie-walkie
Made in Japan
Il ne m'en reste à présent qu'un grain de folie
Un point c'est tout

La fille au rasoir

Le rasoir électrique
Couvrait la chanson de Clara
La jolie musique
Qui sortait de cet engin-là
C'était sa faiblesse
Elle aimait ses caresses

Le rasoir électrique
Frôlait la jambe de Clara
Ce bruit métallique
Avait l'don d'me mettre hors de moi
Ce n'était pas drôle
D'garder mon self-control

Le rasoir électrique
Me rendait dingue mais Clara
N'prenait au tragique
Ni mes angoisses ni mes a-
Mours un jour quand même
Je lui ai dit je t'aime

Sous l'rasoir électrique
Tu n'as rien entendu Clara
Tu n'as rien entendu Clara
Tu n'as rien entendu Clara

La saison des pluies

C'est la saison des pluies
La fin des amours
Assis sous la véranda je regarde pleurer
Cette enfant que j'ai tant aimée
C'est la saison des pluies
L'adieu des amants
Le ciel est de plomb il y a d'l'humidité dans l'air

D'autres larmes en perspective
Le temps était de plus en plus lourd
Et le climat plus hostile
Il fallait bien que vienne enfin
La saison maussade
C'est la saison des pluies
La fin des amours
J'ai quitté la véranda et me suis approché
De celle que j'ai tant aimée
C'est la saison des pluies
L'adieu des amants
Un autre viendra qui d'un baiser effacera
Le rimmel au coin de ses lèvres

Elaeudanla Teïtéïa

Sur ma Remington portative
J'ai écrit ton nom Lætitia
Elaeudanla Teïtéïa
Lætitia les jours qui se suivent
Hélas ne se ressemblent pas
Elaeudanla Teïtéïa

C'est ma douleur que je cultive
En frappant ces huit lettres-là
Elaeudanla Teïtéïa
C'est une fleur bien maladive
Je la touche du bout des doigts
Elaeudanla Teïtéïa

S'il faut aller à la dérive
Je veux bien y aller pour toi
Elaeudanla Teïtéïa
Ma raison en définitive
Se perd dans ces huit lettres-là
Elaeudanla Teïtéïa

Sur ma Remington portative
J'ai écrit ton nom Lætitia
Elaeudanla Teïtéïa
Elaeudanla Teïtéïa

Scénic railway

Ouais
Je t'emmènerai sur le Scénic railway
Si c'est ce que tu veux
C'est facile
Ouais
Je t'emmènerai sur le Scénic railway
On verra ça demain
C'est promis
Mais ne te sens-tu pas
Quelque peu inconsciente
Tout ce qu'aimer veut dire
Le sauras-tu un jour
Ouais
Je t'emmènerai sur le Scénic railway
Tu n'as que ça en tête
C'est terrible

Ouais
Je t'emmènerai sur le Scénic railway
Mais ces émotions-là
C'est facile
Ouais
Je t'emmènerai sur le Scénic railway
Et cesse de bouder
C'est d'accord
Je t'y verrai ainsi
Que je te veux cruelle
Agrippée à mon bras
Par tes ongles blessé
Ouais
Je vais te sembler un peu cynique ouais ouais
Y'a pas que les machines
Pour s'envoyer en l'air

Le temps des yoyos

Le temps des yoyos
Est désaccordé
J'ai mis mon banjo
Au temps des yé-yé
Le temps des yoyos
C'était l'andante
C'est l'andantino
Le temps des yé-yé

S'il me faut taire
Ma mélancolie
Pourquoi en faire
Une maladie
Le temps des yoyos
Tourne ses feuillets
Voici au verso
Le temps des yé-yé

Au temps des yoyos
Déjà je t'aimais
Je t'aime encore au-
Tant et tu le sais
Le temps des yoyos
Nous aura bercés
Voici au berceau
Le temps des yé-yé

Mais si tout change
Je n'ai pas changé
Et en échange
Je t'ai retrouvée
Du temps des yoyos
Je te reconnais
Viens incognito
Au temps des yé-yé

Amour sans amour

Combien j'ai connu d'inconnues
Toutes de rose dévêtues
Combien de ces fleurs qu'on effleure
Et qui s'entrouvrent puis se meurent
Que de larmes et de colliers
Au pied de mon lit ont roulé
Que de comédies que d'ennuis
Pour de si frêles pierreries

Amour sans amour, amour sans amour
L'amour sans amour et sans visage
Amour sans amour, amour sans amour
Sans illusion, sans orage

Amour de collège, comment ai-je
Pu oublier tes sortilèges?
L'amour au hasard d'un regard
T'a effacée de ma mémoire
Du jardin que j'ai saccagé,
Dont les herbes se sont couchées,
Il ne reste rien, je le crains,
Que ronces mortes sans parfum

Amour sans amour, amour sans amour
Amour sans amour rien n'est plus triste
Amour sans amour, amour sans amour
Mais qui sans amour existe?
Combien j'ai connu d'inconnues
Toutes de rose dévêtues

No no thank's no

No no thank's no
Je n'fum' qu'la marijuana
No no thank's no
A quoi bon insister
No no thank's no
Ma dernière cigarette
No no thank's no
Est déjà refroidie

No no thank's no
Je n'aime que le bourbon
No no thank's no
C'est une affair' de goût
No no thank's no
Mon dernier verr' je l'ai vidé
No no thank's no
Avec Rosemary

No no thank's no
Pour moi pas de prières
No no thank's no
Dieu m'a abandonné
No no thank's no
Je serai pleuré demain
No no thank's no
Par mes frèr's de Harlem

Maxim's

Ah! baiser la main d'une femme du monde
Et m'écorcher les lèvres à ses diamants
Et puis dans la Jaguar
Brûler son léopard
Avec une cigarette anglaise
Et s'envoyer des dry au Gordon

Et des Pimm's
Number one
Avant que de filer chez Maxim's
Grand seigneur
Dix sacs au chasseur

Enfin
Poser
Ma pelle
Et chauffer
Ma gamelle

Negative blues

Où est ma petite amie?
Elle est dans mon Rolleiflex
Je le regarde perplexe
Dois-je le foutre aux orties

Où est ma petite amie?
Elle est dans mon Rolleiflex
C'était mon premier réflexe
J'aime la photographie

Je revois la p'tite chérie
Posant pour mon Rolleiflex
Un p'tit machin en lastex
Lui donnait un peu d'esprit

Où est ma petite amie?
Elle est dans mon Rolleiflex
J'y ai filé des complexes
Elle a filé cette nuit

Où est ma petite amie?
Elle est dans mon Rolleiflex
Faut connaître le contexte
Le pourquoi et le pour qui

Dieu que les hommes sont méchantes

De longs regards
Sur qui me tente
Tous les beaux-arts
En dilettante

La vie est du-
Re à la détente
J'ai mes fourru-
Res chez ma tante

Service armé
Non tu plaisantes
J'suis réformé
Ma lieutenante

Dieu que les ho-
Mmes sont méchantes
J'aime aimer co-
Mme ça me chante

Une petite tasse d'anxiété

— Monsieur s'il vous plaît
J'vais être en retard au lycée

— Faites comme les copains
Prenez le Métropolitain

— Monsieur j'vous en prie
J'n'arrive pas à avoir un taxi

— Bon allez montez
Prenons le chemin des écoliers
Vous prendrez bien une petite tasse d'anxiété
Avant de vous rendre au lycée

— Où m'emmenez-vous?
Êtes-vous donc devenu fou?

— Un petit tour au bois
Si vous n'avez pas peur de moi

— Mais vous vous trompez
Je ne suis pas celle que vous croyez

— C'est ce qu'on verra
Si cela ne vous dérange pas
Vous prendrez bien une petite tasse d'anxiété
Avant de vous rendre au lycée

— Merci je ferai
Le reste du chemin à pied

— Tout à fait d'accord
Ça vous fera un peu de sport

— J'ai trois heures de cours
Après quoi je suis de retour

— Alors comme ça vous pensez
Que je vous attendrai là

— Vous prendrez bien une petite tasse d'anxiété
Avant que je n'vous rende vos clés

Zizi

La vie
Zizi
N'est qu'i-
Llusions
la vie

Te dit
Ni oui
Ni non
Mais la
Vie c'est
La vie
C'est long
Pour qui
A d'l'i-
Magi-
Nation

L'amour
Zizi
C'est oui
C'est non
C'est pour
La vie
C'est pour
De bon
Mais la
Vie c'est long
Zizi
T'fais pas
Trop d'i-
Llusions

Aimer
Y'a pas
Trente-six
Façons
Vas-y
Et sans
Hési-
Tations
Mais la
Vie c'est
La vie
C'est long
Zizi
T'es là
De tout'
Façon

Paris
Bandit
Joli
Garçon
Des p'tits
Ennuis
A l'ho
Rizon
Oui la
Vie c'est
La vie
C'est long d'finir
Sa vie
Au vi
Olon

Et puis
Tant pis
Et à
Quoi bon
S'fair' du
Souci
S'fair' du
Mouron
Si la
Vie c'est
La vie
C'est long
Mets-y
Zizi
Tes i
Llusions

Joanna

Joanna est aussi grosse qu'un éléphant
C'est la plus grosse de toute La Nouvelle-Orléans
Et pourtant
Joanna Joanna Joanna tu sais danser léger léger

Joanna est bien de la Louisiane
Quand elle suit un régime c'est un régime de bananes
Et pourtant
Joanna Joanna Joanna tu sais danser léger léger

Elle danse léger léger
Elle saute léger léger
Elle tourne léger léger
Elle s'envole léger léger

Joanna a un faible pour les tabourets
Elle en consomme deux ou trois dans la soirée
Et pourtant
Joanna Joanna Joanna tu sais danser
Léger léger

Là-bas c'est naturel

Là-bas c'est naturel
Là-bas
Au Ke-
Nya
Pour tous les naturels
C'est O.K.
Chacune
Est en deux pièces moins une
Chacun dans ce noir paradis
En monokini

Si nous allons un jour
Là-bas
Au Ke-
Nya
Je te dirai alors
C'est O.K.
Aucune
Pudeur aucun souci
Tu te cacheras si tu veux
Derrière tes cheveux

Mais si nous n'allons pas
Là-bas
Au Ke-
Nya
Je te dirai quand même
C'est O.K.
Rien qu'une
Petite pièce moins l'autre
Et pour l'amour en moins de deux
En deux pièces moins deux

Pauvre Lola

Faut savoir s'étendre
Sans se répandre
Pauvre Lola
Faut savoir s'étendre
Sans se répandre
C'est délicat

Ne pas la surpendre
Pas l'entreprendre
Pauvre Lola
Ne pas la surpendre
Pas l'entreprendre
De but en bas

Il est des mots tendres
Qu'elle aime entendre
Tendre Lola
Oui quelques mots tendres
Devraient attendr-
Ir Lolita

Ce que ça va rendre
Ça va dépendre
Pauvre Lola
Ce que ça va rendre
Ça va dépendre
Un peu de toi

On peut pas te prendre
Tu dois t'en rendre
Compte Lola
On peut pas te prendre
Jusqu'aux calendes
Grecques Lola

Quand mon 6,35

Quand mon 6,35
Me fait les yeux doux
C'est un vertige
Que j'ai souvent
Pour en finir
Pan!
Pan!

C'est une idée qui m'vient
Je ne sais pas d'où
Rien qu'un vertige
J'aimerai tant
Comme ça pour rire
Pan!
Pan!

Aïe! mourir pour moi
Me buter pourquoi
Histoire d'en finir
Une bonne fois
C'est une idée qui m'vient
Je ne sais pas d'où
Rien qu'un vertige que j'ai souvent
Comme ça pour rire
Pan!
Pan!

Quand mon 6,35
Me fait les yeux doux
C'est un vertige
Que j'ai souvent
Pour en finir
Pan!
Pan!

C'est une idée qui m'vient
Je ne sais pas d'où
Rien qu'un vertige
J'aimerai tant
Comme ça pour rire
Pan!
Pan!

Aïe! mourir pour moi
Me buter pourquoi
Histoire d'en finir
Avec toi
C'est une idée qui m'vient
Je ne sais pas d'où
Rien qu'un vertige
Que j'ai souvent
J'trouv'ça assez
Ten-
Tant

Machins choses

Avec Machine
Moi Machin
On s'dit des choses
Des machins
Oh pas grand-chose
Des trucs comm'ça
Entre Machine
Et moi Machin
C'est autre chose
Ces machins
Ça la rend chose
Tout ça
Ce sont des trucs
Qui n's'expliquent pas
Ces jolies choses
Qu'on s'dit tout bas
Machins trucs choses
Machins trucs très chouettes
Ces choses qu'on s'dit
Machine et moi

Entre Machine
Et moi Machin
Il s'passe des choses
Des machins
C'est quelque chose
Ces machins-là
Comm'dit Machin,
Comment déjà ?
Heu... Y'a des choses
Qu'on n'dit pas
Ou quelque chose
Comm'ça

Les sambassadeurs

Les sambassadeurs sont venus en dansant
Armés de tubas jusqu'aux dents
Y'a pas le feu pour s'faire casser la gueule
Y'a pas le feu quand le ciel est bleu
Mieux vaut danser s'amuser
S'amuser
Les sambassadeurs sont venus en dansant
Armés de tubas jusqu'aux dents

New York U.S.A.

J'ai vu New York
New York U.S.A.
J'ai vu New York
New York U.S.A.
J'ai jamais rien vu d'au
J'ai jamais rien vu d'aussi haut
Oh! C'est haut c'est haut New York
New York U.S.A.

J'ai vu New York
New York U.S.A.
J'ai jamais rien vu d'au
J'ai jamais rien vu d'aussi haut
Oh! C'est haut c'est haut New York
New York U.S.A.
Empire States Building oh! c'est haut
Rockefeller Center oh! c'est haut
International Building oh! c'est haut
Waldorf Astoria oh! c'est haut
Panamerican Building oh! c'est haut
Bank of Manhattan oh! c'est haut

J'ai vu New York
New York U.S.A.
J'ai vu New York
New York U.S.A.
J'ai jamais rien vu d'au
J'ai jamais rien vu d'aussi haut
Oh! C'est haut c'est haut New York
New York U.S.A.
Time and Life Building oh! c'est haut
American Hotel oh! c'est haut
C.B.S. Building oh! c'est haut
R.C.A. Building oh! c'est haut
First National City Bank oh! c'est haut

Couleur café

J'aime ta couleur café
Tes cheveux café
Ta gorge café
J'aime quand pour moi tu danses
Alors j'entends murmurer
Tous tes bracelets
Jolis bracelets
A tes pieds ils se balancent

Couleur
Café
Que j'aime ta couleur
Café

C'est quand même fou l'effet
L'effet que ça fait
De te voir rouler
Ainsi des yeux et des hanches
Si tu fais comme le café
Rien qu'à m'énerver
Rien qu'à m'exciter
Ce soir la nuit sera blanche

Couleur
Café
Que j'aime ta couleur
Café

L'amour sans philosopher
C'est comm' le café
Très vite passé
Mais que veux-tu que j'y fasse
On en a marr' de café
Et c'est terminé
Pour tout oublier
On attend que ça se tasse

Couleur
Café
Que j'aime ta couleur
Café

Marabout

Y'en a
Marabout
Y'en a marre
Marabout
Bout d'ficelle
C'est la vie
Vie de chien
Chien de temps
Tant qu'à faire

Faire les cons
Qu'on se marre
Marabout
Bout d'ficelle
C'est la vie
Vie de chien
Chien de temps
T'en fais pas
Pamela

Y'en a
Marabout
Y'en a marre
Marabout
Bout de ficelle
C'est la vie
Vie de chien
Chien de temps
Tant qu'à faire
Faire les cons
Qu'on se marre
Marabout
Bout d'ficelle
C'est l'amour
Amour tendre
Entre nous
N'oublie pas
Pamela

Ces petits riens

Mieux vaut n'penser à rien
Que n'pas penser du tout
Rien c'est déjà
Rien c'est déjà beaucoup
On se souvient de rien
Et puisqu'on oublie tout
Rien c'est bien mieux
Rien c'est bien mieux que tout

Mieux vaut n'penser à rien
Que de penser à vous
Ça n'me vaut rien
Ça n'me vaut rien du tout
Mais comme si de rien
N'était je pense à tous
Ces petits riens
Qui me venaient de vous

Si c'était trois fois rien
Trois fois rien entre nous
Evidemment
Ça ne fait pas beaucoup
Ce sont ces petits riens
Que j'ai mis bout à bout
Ces petits riens
Qui me venaient de vous

Mieux vaut pleurer de rien
Que de rire de tout
Pleurer pour un rien
C'est déjà beaucoup
Mais vous vous n'avez rien
Dans le cœur et j'avoue
Je vous envie
Je vous en veux beaucoup

Ce sont ces petits riens
Qui me venaient de vous
Les voulez-vous?
Tenez! Que voulez-vous
Moi je ne veux pour rien
Au monde plus rien de vous
Pour être à vous
Faut être à moitié fou

Tatoué Jérémie

Parce qu'il avait cette fille dans la peau
Et pour ne pas l'oublier
Il se l'était fait tatouer
Tatouer
Juste à la place du cœur

Il s'est fait tatoué un cœur
Tatoué Jérémie
Jérémie
Tout l'monde en cœur!
Tatouer un cœur
Tatoué Jérémie
On peut lire à l'intérieur
Jérémie
De même sur les avant-bras
Tatoué Jérémie
De même où ça n'se voit pas
Jérémie
Encore une fois!
Où ça n'se voit pas
Tatoué Jérémie
C'est-à-dire un peu plus bas
Jérémie

Malheur de malheur maintenant qu'il n'l'aime plus
Comment faire pour effacer
Ce qu'il a fait tatouer
Tatouer
Faudrait arracher ce cœur
Tatoué Jérémie
Qu'est tatoué sur son cœur
Jérémie
Tout l'monde en cœur!
Arraché ce cœur
Tatoué Jérémie
Avec c'qu'y a à l'intérieur
Jérémie
De même pour les avant-bras
Tatoué Jérémie
Surtout où ça n'se voit pas
Jérémie
Encore une fois!
Où ça n'se voit pas
Tatoué Jérémie
C'est-à-dire un peu plus bas
Jérémie

Coco and co

Écoute
Le gars qui jazzotte
T'entends
Ah comme il saxote
Il est
Camé à Zéro
Coco and co

Un de
Ses compatriotes
Au pia-
No ç'ui qui pianote
Comme
Lui c'est la coco
Coco and co

A la
Basse c'ui qui croqu'note
C'est l'é-
Ther lui qui lui botte
T'as pas
Vu il est K.O.
Coco and co

Aux drums
C'ui-là qui tapote
C'est un
Crack c'est un pote
Lui c'est
La fleur de pavot
Coco and co

Ç'ui qui
Joue pas qui sirote
C'est un
Des gars du Blue Note
Mais lui
Ça s'rait plutôt la
Marijuana

Comment trouvez-vous ma sœur?

Toutes les femmes sont jolies
Enfin
Plus ou moins jolies, jolies
Yes, Sir
Yes, Sir
Mais, comment trouvez-vous ma sœur?

Celle-ci bien sûr est charmante
Celle-là est ravissante
Yes, Sir
Yes, Sir
Mais, comment trouvez-vous ma sœur?
N'est-elle pas à la hauteur
Pour qui cherche un souffre-douceurs?

Toutes les femmes sont à prendre
Enfin
Y'en a qui peuvent attendre
Yes, Sir
Yes, Sir
Mais comment trouvez-vous ma sœur?

N'écoute pas les idoles

De toutes les chansons celles
Que tu retiens
Ne sont rien qu'amours cruelles
Sans lendemain
C'est la raison pour laquelle

Je n'aime rien
Rien de ce qui me rappelle
Tous ces refrains

N'écoute pas les idoles
Écoute-moi
Car moi seule je suis folle
Folle de toi

Ces chansons que tu fredonnes
Comment veux-tu
Que je les aime personne
N'a jamais pu
Me faire croire que l'on se donne
A cœur perdu
Pour se quitter à l'automne
Bien entendu

N'écoute pas les idoles
Écoute-moi
Car moi seule je suis folle
Folle de toi

J'ai peur et je te résiste
Tu sais pourquoi
Je sais bien ce que je risque
Seule avec toi
Pourtant j'irai chez toi puisque
C'est comme ça
Rien que pour casser tes disques
Tu ne pourras

Plus écouter les idoles
Ça t'apprendra
Que moi seule je suis folle
Folle de toi

Arc-en-ciel

Le soleil est au soleil
Mon amour à ton amour
Mais si l'ombre est à l'ombre pareille
Comment s'aimer pour toujours
Mon amour

Quand le soleil
Est au soleil
Je suis à toi
Et si dans la nuit sombre
L'ombre est à l'ombre
D'autres soleils
Jours après nuits
Font sous la pluie
Un arc-en-ciel

Quand le soleil
Est au soleil
Je suis à toi
Mais moi je ne sais même
Pas si tu m'aimes
Tu m'en fais voir
Mon pauvre cœur
Tout's les couleurs
De l'arc-en-ciel

Quand le soleil
Est au soleil
Je suis à toi
Mais moi je ne sais même
Pas si tu m'aimes
Quand au soleil
Je pleure un peu
J'ai dans les yeux
Un arc-en-ciel

Je t'aime sans doute
Mais l'ombre d'un doute
Effleure mon cœur
De quoi ai-je peur

Laisse tomber les filles

Laisse tomber les filles
Laisse tomber les filles
Un jour c'est toi qu'on laissera
Laisse tomber les filles
Laisse tomber les filles
Un jour c'est toi qui pleureras
Oui j'ai pleuré mais ce jour-là
Non je ne pleurerai pas
Non je ne pleurerai pas
Je dirai c'est bien fait pour toi
Je dirai ça t'apprendra
Je dirai ça t'apprendra

Laisse tomber les filles
Laisse tomber les filles
Ça te jouera un mauvais tour
Laisse tomber les filles
Laisse tomber les filles
Tu le paieras un de ces jours
On ne joue pas impunément
Avec un cœur innocent
Avec un cœur innocent
Tu verras ce que je ressens
Avant qu'il ne soit longtemps
Avant qu'il ne soit longtemps

La chance abandonne
Celui qui ne sait
Que laisser les cœurs blessés
Tu n'auras personne
Pour te consoler
Tu ne l'auras pas volé

Laisse tomber les filles
Laisse tomber les filles
Un jour c'est toi qu'on laissera
Laisse tomber les filles
Laisse tomber les filles
Un jour c'est toi qui pleureras

Non pour te plaindre il n'y aura
Personne d'autre que toi
Personne d'autre que toi
Alors tu te rappelleras
Tout ce que je te dis là
Tout ce que je te dis là

Ô ô sheriff

Ô sheriff ô
Sheriff ô ô
Avec les femm' vous manquez d'un peu d'audace
Ô ô ô ô ô ô ô sheriff ô
Sheriff ô ô
Vous en êt's à votr' trent' troisièm' verr' de rhum

Ô sheriff ô
Sheriff ô ô
Si vous voulez sheriff que je vous embrasse
Ô ô ô ô ô ô ô sheriff ô
Sheriff ô ô
Vous pourriez au moins r'tirez vot' chewing-gum

Ô sheriff ô
Sheriff ô ô
Je sens dans les jambes comme des aiguilles
Ô ô ô ô ô ô ô sheriff ô
Sheriff ô ô
C'est terribl' c'que vous pouvez être maladroit

Ô ô ô ô ô ô ô sheriff ô
Sheriff ô ô
Vous plantez vos éperons dans mes chevilles
Ô ô ô ô ô ô ô sheriff ô
Sheriff ô ô
Va falloir m'payer une autr' pair' de bas

Ô sheriff ô
Sheriff ô ô
Votre étoile s'est accrochée à ma guêpière
Ô ô ô ô ô ô ô sheriff ô
Sheriff ô ô
Vous n'êtes vraiment pas très fort en amour

Ô ô ô ô ô ô ô sheriff ô
Sheriff ô ô
Ne trouvez-vous pas qu'il y'a trop de lumière
Ô ô ô ô ô ô ô sheriff ô
Sheriff ô ô
Donnez donc un coup d'fusil dans l'abat-jour

Poupée de cire, poupée de son

Je suis une poupée de cire
Une poupée de son
Mon cœur est gravé dans mes chansons
Poupée de cire poupée de son

Suis-je meilleure suis-je pire
Qu'une poupée de salon
Je vois la vie en rose bonbon
Poupée de cire poupée de son

Mes disques sont un miroir
Dans lequel chacun peut me voir
Je suis partout à la fois
Brisée en mille éclats de voix

Autour de moi j'entends rire
Les poupées de chiffon
Celles qui dansent sur mes chansons
Poupée de cire poupée de son

Elles se laissent séduire
Pour un oui pour un nom
L'amour n'est pas que dans les chansons
Poupée de cire poupée de son

Mes disques sont un miroir
Dans lequel chacun peut me voir
Je suis partout à la fois
Brisée en mille éclats de voix

Seule parfois je soupire
Je me dis à quoi bon
Chanter ainsi l'amour sans raison
Sans rien connaître des garçons

Je n'suis qu'une poupée de cire
Qu'une poupée de son
Sous le soleil de mes cheveux blonds
Poupée de cire poupée de son

Mais un jour je vivrai mes chansons
Poupée de cire poupée de son
Sans craindre la chaleur des garçons
Poupée de cire poupée de son

Mamadou

Quand Mamadou Mamadou m'a dit
Toi mon colon pas fair' long feu ici
Je lui ai dit : « Oh Oh Mamadou fais ton boulot »
Et je me suis remis à gratter mon banjo

Quand Mamadou Mamadou m'a dit
Toi pauvre Blanc compter tes abattis
Je lui ai dit : « Oh Oh Mamadou range ton couteau »
Et je me suis remis à gratter mon banjo

Quand Mamadou Mamadou m'a mis
Sur la figure la crosse de son fusil
Je lui ai dit : « Oh Oh Mamadou fais pas l'idiot »
Et je me suis remis à gratter mon banjo

Quand Mamadou Mamadou m'a tiré dans le dos
Du coup j'ai réfléchi je m'suis dit : « Oh Oh
Par ici j'fr'rai pas d'vieux os »
J'ai pris mon fusil mon couteau et mon banjo
Et le premier bateau, ouoh !

Les Incorruptibles

L'alcool de bois
Ça rend fou
Celui qui en boit
Il est fou
La gueule de bois
Ce n'est pas tout
Le lendemain matin, tu n'y verras plus du tout

Mais les Incorruptibles s'intéressaient à lui
Dans tout Chicago ils cherchaient ses distill'ries
Les Incorruptibles par tous les moyens
Cherchaient à le coincer pour lui briser les reins

L'alcool de riz
C'est pareil
Tu s'ras surpris
Au réveil
Mon pauvre ami
Un conseil
Si tu tiens à la vie, tu peux jeter ta bouteille

Mais les Incorruptibles s'intéressaient à lui
Dans tout Chicago ils cherchaient ses distill'ries
Les Incorruptibles par tous les moyens
Cherchaient à le coincer pour lui briser les reins

Tous ces alcools
Prohibés
C'est du pétrole
Raffiné
Du vitriol
Destiné
A te faire tomber raide avant même d'y goûter

Mais les Incorruptibles s'intéressaient à lui
Et un beau jour ils firent sauter ses distill'ries
Oui les Incorruptibles afin d'arroser ça
S'envoyèrent au milk-bar du coin devinez quoi?...
Des ice-creams soda

Les p'tits papiers

Laissez parler
Les p'tits papiers
A l'occasion
Papier chiffon
Puissent-ils un soir
Papier buvard
Vous consoler

Laissez brûler
Les p'tits papiers
Papier de riz
Ou d'Armémie
Qu'un soir ils puissent
Papier maïs
Vous réchauffer

Un peu d'amour
Papier velours
Et d'esthétique
Papier musique
C'est du chagrin
Papier dessin
Avant longtemps

Laissez glisser
Papier glacé
Les sentiments
Papier collant
Ça impressionne
Papier carbone
Mais c'est du vent

Machin Machine
Papier machine
Faut pas s'leurrer
Papier doré
Celui qu'y touche
Papier tue-mouches
Est moitié fou

C'est pas brillant
Papier d'argent
C'est pas donné
Papier-monnaie
Ou l'on en meurt
Papier à fleurs
Ou l'on s'en fout

Laissez parler
Les p'tits papiers
A l'occasion
Papier chiffon
Puissent-ils un soir
Papier buvard
Vous consoler

Laissez brûler
Les p'tits papiers
Papier de riz
Ou d'Armémie
Qu'un soir ils puissent
Papier maïs
Vous réchauffer

Il s'appelle reviens

J'te prêt' Charlie
Mais il s'appell' reviens
Prends-en bien soin
Comm' si c'était le tien
Et n'oublie pas ma chérie
Que j'y tiens
Ramène-le moi sans faute demain matin

Ell' t'prêt' Charlie
Mais il s'appell' reviens
Prends-en bien soin

Comm' si c'était le tien
Et n'oublie pas ma chérie
Qu'elle y tient
Ramène-le lui sans faute demain matin

Elle est partie
Sans mêm' me dir' merci
Le lendemain la v'là qui rapplique avec lui

J'te prête Charlie
Et voilà c'qui m'revient
Ç'ui-là n'a rien
A voir avec le mien
Qu'as-tu fait de celui
Auquel je tiens
Ç'ui-là tu peux t'le garder
Il n'me dit plus rien

Ell' t'prêt' Charlie
Et voilà c'qui lui r'vient
Ç'ui-là n'a rien
A voir avec le sien
Pauv' Charlie il m'en reste trois fois rien
Ça m'apprendra
Je n'te prêterai plus jamais rien
Pauv' Charlie il lui en reste trois fois rien
Ça lui apprendra
Ell' n'te prêtera plus jamais rien

Si t'attends qu'les diamants t'sautent au cou

Si t'attends qu'les diamants t'sautent au cou
Tu pourras bien y laisser ta vie
Après n'avoir versé chaque nuit
Que des perles de mélancolie

Les sanglots ça ne vaut pas un clou
A la vitrine des bijout'ries
Tes jolies larmes c'est bien gentil
Mais ces rivièr's-là n'ont pas de prix

Rien ne vaut un homme autour du cou
Du moins pour se passer ses envies
Regarde derrièr' toi ma chérie
Ce sont tes vingt carats qui s'enfuient

Si tu n'as que ça à mettre au clou
Dépêch'toi tant qu't'es encor'jolie
Aux yeux de tous les vieux débris
Ta jeunesse ça n'a pas de prix

La guérilla

Me fais-tu l'amour ou bien la guérilla
Toi que j'ennuie à mourir sans téquilla
Toi que j'ennuie à mourir sans téquilla
Me fais-tu l'amour ou bien la guérilla

Le soleil aveugle sans le sombrero
L'amour n'aveugle pas le guérillero

L'amour n'aveugle pas le guérillero
Le soleil aveugle sans le sombrero

On manque d'air à l'ombre des haciendas
Tu manques de cœur à l'ombre de mes bras
Tu manques de cœur à l'ombre de mes bras
On manque d'air à l'ombre des haciendas

Tu ne me tiens que des propos cavaliers
Me laisseras-tu dans l'herbe du fossé
Me laisseras-tu dans l'herbe du fossé
Tu ne me tiens que des propos cavaliers

Me fais-tu l'amour ou bien la guérilla
Toi que j'ennuie à mourir sans téquilla
Toi que j'ennuie à mourir sans téquilla
Peut-être qu'un jour, qui sait, tu guériras

Que l'ombre reste à l'ombre
Le soleil au soleil
Et toi à moi

Attends ou va-t'en

A peine sortis
De la nuit
A peine nés d'hier
C'est la guerre
Attends demain
On verra bien
Qui gagne et qui perd
De la dernière pluie
De la nuit
Nous sommes tombés tous deux
Amoureux
Attends le jour
Où cet amour
Ne s'ra plus un jeu
Attends ou va-t'en

Mais ne pleure pas
Attends ou va-t'en
Loin de moi
Attends ou va-t'en
Ne m'embête pas
Va-t'en ou alors attends-moi

A peine sortis
De la nuit
Et tu parles sans rire
De mourir
Attends un peu
Ce n'est pas le
Moment de partir
De la dernière pluie
De la nuit
Est tombée de mon cœur
Une fleur
Attends l'aurore
De rose et d'or
Sera sa couleur
Attends ou va-t'en
Mais ne pleure pas
Attends ou va-t'en
Loin de moi
Attends ou va-t'en
Ne m'embête pas
Va-t'en ou alors attends-moi

La dernière pluie
De la nuit
C'est le premier chagrin
Du matin
A tout hasard
Attends ce soir
Et tu verras bien
Attends ou va-t'en
Mais ne pleure pas
Attends ou va-t'en
Loin de moi
Attends ou va-t'en
Ne m'embête pas
Va-t'en ou alors attends-moi

Bubble gum

Aimer toujours le même homme
C'est des histoires à la gomme
L'amour mon vieux c'est tout comme
Du bubble bubble gum

Tu bâilles et tu t'étires comme
Tu éclates de rire comme
Tu es rose pâle comme
Mon bubble bubble gum

Entre mes bras tu étais comme
Tu étais tendre et sucré comme
Tu as perdu ta saveur comme
Mon bubble bubble gum

Si je pouvais t'balancer comme
Mais tu me colles aux semelles comme
Allez va reviens welcome
Mon bubble bubble gum

Les omnibus

Y a les darling
Des hommes sleeping
Y a les maîtresses
Des hommes express
Il y a les femmes
Des hommes pullman
Celles qui aiment la compagnie
Des wagons-lits

Quant à moi, ce que j'aime le plus
C'est de loin tous les omnibus
J'aime les arrêts imprévus
Dans tous les petits coins perdus

J'aime les omnibus
Oui je les aime tant et plus
On s'arrête à toutes les stations
Dans tous les petits trous sans nom

Bye bye darling
Des hommes sleeping
Adieu maîtresses
Des hommes express
Ciao les femmes
Des hommes pullman
J'vous laisse en compagnie
Des wagons-lits

Quant à moi ce que j'aime le plus
C'est de loin tous les omnibus
J'aime m'allonger sur le dos
Au fond d'un wagon à bestiaux
J'aime les omnibus
Non non je n'en dirai pas plus
Avant qu'ça n'devienne indécent
« Terminus tout le monde descend »

Nous ne sommes pas des anges

Nous ne sommes pas des anges
Les anges du paradis
Trouveraient ce monde bien étrange
S'ils descendaient jusqu'ici
Non nous n'avons rien des anges
Des anges du paradis
Laissez-les au ciel là-haut les anges
La terre n'est pas l'paradis

Les garçons on dirait des filles
Avec leurs cheveux longs
Quant à nous les filles
On dirait des garçons
Les filles en pantalon

Nous ne sommes pas des anges
Les anges du paradis
Trouveraient ce monde bien étrange
S'ils descendaient jusqu'ici
Non nous n'avons rien des anges
Des anges du paradis
Laissez-les au ciel là-haut les anges
La terre n'est pas l'paradis

Les garçons embrassent les filles
Les filles en pantalon
Quant à nous les filles
Nous aimons les garçons
Avec leurs cheveux longs

Nous ne sommes pas des anges
Les anges du paradis
Trouveraient ce monde bien étrange
S'ils descendaient jusqu'ici
Non nous n'avons rien des anges
Des anges du paradis
Laissez-les au ciel là-haut les anges
La terre n'est pas l'paradis

La gadoue

Du mois de septembre au mois d'août
Faudrait des bott's de caoutchouc
Pour patauger dans la gadoue
La gadoue, la gadoue, la gadoue
Hou la gadoue, la gadoue

Une à une les gouttes d'eau
Nous dégoulinent dans le dos
Nous pataugeons dans la gadoue
La gadoue, la gadoue, la gadoue
Hou la gadoue, la gadoue

Vivons un peu
Sous l'ciel gris-bleu
D'amour et d'eau de pluie
Puis,

Mettons en marche
Les essuie-glaces
Et rentrons à Paris
Ça nous changera pas d'ici
Nous garderons nos parapluies
Nous retrouverons la gadoue
La gadoue, la gadoue, la gadoue
Hou la gadoue, la gadoue

Il fait un temps abominable
Heureusement tu as ton imperméable
Mais ça n'empêch' pas la gadoue
La gadoue, la gadoue, la gadoue
Hou la gadoue, la gadoue

Il fallait venir jusqu'ici
Pour jouer les amoureux transis
Et patauger dans la gadoue
La gadoue, la gadoue, la gadoue
Hou la gadoue, la gadoue

Vivons un peu
Sous l'ciel gris-bleu
D'amour et d'eau de pluie
Puis,
Mettons en marche
Les essuie-glaces
Et rentrons à Paris
L'année prochaine nous irons
Dans un pays où il fait bon
Et nous oublierons la gadoue
La gadoue, la gadoue, la gadoue

Non à tous les garçons

Si tu es trop difficile
Il s'pourrait bien
Si ça continue qu'il
Ne t'arrive rien
Si tu dis non
Toujours non
Non
Non à tous les garçons

Ç'ui-ci est bien trop beau
Pour être malin
Ç'ui-là n'est pas idiot
Il est vilain
Et tu dis non
Toujours non
Non
Non à tous les garçons

Si tu es trop difficile
Il s'pourrait bien
Si ça continue qu'il
Ne t'arrive rien
Si tu dis non
Toujours non
Non
Non à tous les garçons

Ç'ui-ci t'aurait bien plu
Tu n'en veux pas
Car il est encore plus
Fauché que toi
Et tu dis non
Toujours non
Non
Non à tous les garçons

Non
A celui qui mesure deux mètres de long
Non
A celui qui t'arrive à peine au menton
Non sans raison
Mais non, non
Toujours non
Non
Non à tous les garçons

Sois pas si difficile
Regarde-toi
Sois pas si difficile
Fais comme moi
Moi je dis oui
Toujours oui
Oui
Oui à tous les garçons

Pour aimer il faut être trois

Oui pour aimer il faut être trois
L'amour et moi sommes deux sans toi
Sans lui ne reste que toi et moi
Oui pour aimer il faut être trois

En même temps se trouver tous trois
Ça n'est pas si simple que tu crois
Chacun ne peut compter que sur soi
Mais pour aimer il faut être trois

Sans s'aimer l'on aime quelquefois
Mais le seul désir ne compte pas
Les yeux dans les yeux chacun pour soi
Non pour aimer il faut être trois

Bien souvent l'on ne se comprend pas
Cela se compte sur quatre doigts
Toi, mon amour, ton amour et moi
Mais pour aimer il faut être trois

Oui pour aimer il faut être trois
L'amour et moi sommes deux sans toi
Sans lui ne reste que toi et moi
Oui pour aimer il faut être trois

No man's land

Dans le No man's land
Où coulent mes jours
Dans ce No man's land
Où sont mes amours
Si proches de mes pensées
Si loin en réalité
Ces amours que j'ai rêvées

C'est un No man's land
Qui n'en finit pas
C'est un No man's land
Que je n'aime pas
Je me sens désemparée
Suis-je à ce point oubliée
A moi-même abandonnée
Comme la mer au loin s'en va
L'amour s'est retiré de moi

Dans le No man's land
Où coulent mes jours
Dans ce No man's land
Où sont mes amours
Combien de printemps perdus
Du bleu à perte de vue
Et jamais personne en vue

Dans ce No man's land
Qui n'en finit pas
Dans ce No man's land
J'ai besoin de toi

Marilu

Dis-moi Marilu,
Veux-tu Marilu
Répondr' à cette question?
Si tu n'veux pas,
Tu dis : non!
Je ne t'en voudrais pas
Je sais Marilu,
Qu'avec Marilu,
Il n'faut pas trop insister
Sinon elle va se fâcher
Et ça je ne veux pas
As-tu déjà aimé Marilu?
Aurais-tu essayé Marilu?
Serais-je le premier Marilu?
Réponds-moi Marilu

Dis-moi Marilu
Je vais Marilu
Te répéter ma question
Tu ne fais pas attention
Ça ne m'étonne pas
Je sais Marilu,
Qu'avec Marilu,
Il faut se montrer patient
C'est une petite enfant
Qui ne m'écoute pas
As-tu déjà aimé Marilu?
Aurais-tu essayé Marilu?
Serais-je le premier Marilu?
Réponds-moi Marilu

Dis-moi Marilu
Pourquoi Marilu
Baisses-tu les yeux ainsi?
Toi qui les as si jolis
Allons, regarde-moi
Je sais Marilu,
Qu'avec Marilu,
D'autres garçons ont dansé
Mais qu'as-tu donc à pleurer?

Ainsi c'était donc ça!
Tu as déjà aimé Marilu
Tu as donc essayé Marilu
Je serais le dernier Marilu
Ça n'fait rien Marilu,
Non
Ça n'fait rien Marilu,
Non
Ne pleure pas Marilu,
Non
Ne pleure pas Marilu.

SHU BA DU BA LOO BA

J'ai acheté pour Anna
Un gadget fantastique
Un animal en peluche
Qui lui fait les yeux doux
Quand elle tire
SHU BA DU BA LOO BA
La ficelle
SHU BA DU BA LOO BA
Il lui répond :
SHU BA DU BA LOO BA
Ça me rend fou

Maintenant avec Anna
Nous n'somm's plus jamais seuls
Il est là sur l'oreiller
Qui lui fait les yeux doux
Elle lui tire
SHU BA DU BA LOO BA
La ficelle
SHU BA DU BA LOO BA
Ça continue :
SHU BA DU BA LOO BA
Il me rend fou

Peut-être qu'un jour Anna
En aura marre de lui
Alors je serai le seul
A lui faire les yeux doux
Comment lui dire
SHU BA DU BA LOO BA
Que je l'aime
SHU BA DU BA LOO BA
Lorsque j'entends :
SHU BA DU BA LOO BA
Ça me rend fou

Docteur Jekyll et Monsieur Hyde

— Hello Docteur Jekyll!
— Non je n'suis pas le Docteur Jekyll
— Hello Docteur Jekyll!
— Mon nom est Hyde, Mister Hyde

Docteur Jekyll il avait en lui
Un Monsieur Hyde qui était son mauvais génie
Mister Hyde ne disait rien
Mais en secret n'en pensait pas moins

— Hello Docteur Jekyll!
— Je vous dis que je n'suis pas le Docteur Jekyll
— Hello Docteur Jekyll!
— Que mon nom est Hyde, Mister Hyde

Docteur Jekyll n'a eu dans sa vie
Que des petites garces qui se foutaient de lui
Mister Hyde dans son cœur
Prenait des notes pour le docteur

— Hello Docteur Jekyll!
— Il n'y a plus de Docteur Jekyll
— Hello Docteur Jekyll!
— Mon nom est Hyde, Mister Hyde

Docteur Jekyll un jour a compris
Que c'est ce Monsieur Hyde qu'on aimait en lui
Mister Hyde ce salaud
A fait la peau du Docteur Jekyll

— Docteur Jekyll, Docteur Jekyll...

Qui est « in », qui est « out »

Qui est « IN »
Qui est « OUT »
Qui est « IN »
Qui est « OUT »

Jusqu'à neuf c'est O.K. tu es « IN »
Après quoi tu es K.-O. tu es « OUT »
C'est idem
Pour la boxe
Le ciné la mode et le cash-box

Qui est « IN »
Qui est « OUT »
Qui est « IN »
Qui est « OUT »

Moitié bouillon ensuit' moitié gIN
Gemini carbur' pas au mazOUT
C'est extrêm-
Ement pop
Si tu es à jeun tu tombes en syncop'

Qui est « IN »
Qui est « OUT »
Qui est « IN »
Qui est « OUT »

Tu aimes la nitroglycérIN
C'est au Bus Palladium qu'ça s'écOUT
Rue Fontaine
Il y a foul'
Pour les petits gars de Liverpool

Qui est « IN »
Qui est « OUT »
Qui est « IN »
Qui est « OUT »

Barbarella garde tes bottIN's
Et viens me dire une fois pour tOUT's
Que tu m'aimes
Ou sinon
Je te renvoie à ta science-fiction

Qui est « IN »
Qui est « OUT »
Qui est « IN »
Qui est « OUT »

Baby pop

Les quelques sous que tu vas gagner
Faudra pour ça dur'ment travailler
Te lever aux aurores
Automne comme été
Tu auras beau économiser
Tu n'pourras rien mettre de côté
Et là-dessus encore
Heureuse si tu peux aller danser

Sur l'amour tu te fais des idées
Un jour ou l'autre c'est obligé
Tu s'ras une pauvre gosse
Seule et abandonnée
Tu finiras par te marier
Peut-être même contre ton gré
A la nuit de tes noces
Il sera trop tard pour le regretter

Tu ne peux ignorer les dangers
Que représentent les libertés
Les menaces de guerre
Semblent se préciser
A cet instant BABY tu le sais
Où tous les soleils vont se lever
Quelque part sur la terre
Les balles sifflent et le sang est versé

Chante danse BABY POP
Comme si demain BABY POP
Ne devait jamais revenir
Chante danse BABY POP
Comme si demain BABY POP
Au petit matin BABY POP
Tu devais mourir

Les sucettes

Annie aime les sucettes
Les sucettes à l'anis
Les sucettes à l'anis
D'Annie
Donnent à ses baisers
Un goût ani-
Sé lorsque le sucre d'orge
Parfumé à l'anis
Coule dans la gorge d'Annie
Elle est au paradis

Pour quelques pennies Annie
A ses sucettes à l'anis
Elles ont la couleur de ses grands yeux
La couleur des jours heureux

Annie aime les sucettes
Les sucettes à l'anis
Les sucettes à l'anis
D'Annie

Donnent à ses baisers
Un goût ani-
Sé lorsqu'elle n'a sur la langue
Que le petit bâton
Elle prend ses jambes à son corps
Et retourne au drugstore

Pour quelques pennies Annie
A ses sucettes à l'anis
Elles ont la couleur de ses grands yeux
La couleur des jours heureux

Lorsque le sucre d'orge
Parfumé à l'anis
Coule dans la gorge d'Annie
Elle est au paradis

Je préfère naturellement

J'aime quatre garçons d'un groupe anglais
Ils ont les cheveux longs comme tous les Anglais
De jolies boots de clergyman anglais
Des cols de dentelles comme les lords anglais
Je préfère naturellement
Le plus séduisant
Le plus séduisant
Naturellement

Chacun des garçons de ce groupe anglais
A une cravate d'un goût anglais
L'une est jaune, les deux autres vert-anglais
L'autre a les couleurs du drapeau anglais
Je préfère naturellement
Le plus voyant
Le plus voyant
Naturellement

Les quatre garçons de ce groupe anglais
Ne s'habillent que de tissu anglais
Ils vont chez le même tailleur anglais

Anglais ou naturalisé anglais
Je préfère naturellement
Le plus élégant
Le plus élégant
Naturellement

Le plus jeune garçon de ce groupe anglais
M'a appris à dire yé-yé en anglais
C'est gentil quand on connaît les Anglais
Les Anglais n'aiment pas ce qui n'est pas anglais
Je préfère naturellement
Le moins méchant
Le moins méchant
Naturellement

A force d'écouter ce groupe anglais
D'entendre tous leurs succès en anglais
De les appeller par leurs prénoms anglais
Je crois que j'ai attrapé l'accent anglais
Ça m'est venu naturellement en fréquentant
Le plus séduisant
Naturellement
Le plus séduisant
Le plus élégant
Le moins méchant
Naturellement
Le moins méchant
Le plus élégant
Le plus séduisant
Naturellement

Les papillons noirs

La nuit tous les chagrins se grisent
De tout son cœur on aimerait
Que disparaissent à jamais
Les papillons noirs
Les papillons noirs
Les papillons noirs
Les autres filles te séduisent
De mille feux, leurs pierreries

Attirent au cœur de la nuit
Les papillons noirs
Les papillons noirs
Les papillons noirs

Aux lueurs de l'aube imprécise
Dans les eaux troubles d'un miroir
Tu te rencontres par hasard
Complètement noir
Complètement noir
Complètement noir
Alors tu vois sur ta chemise
Que tu t'es mis tout près du cœur
Le smoking étant de rigueur
Un papillon noir
Un papillon noir
Un papillon noir
Un papillon noir

Ballade des oiseaux de croix

Quand l'aube frissonne aux ormeaux
Enfants courez courez au champ
Soufflez dans vos doigts
Les oiseaux d'octobre sont les oiseaux du froid
Froid, froid

Quand l'aube frissonne à la peau
Amants, tuez tuez le temps
Dans le petit bois
Les corbeaux sont bien moins farouches que l'on croit
Croit, croit

Quand l'aube frissonne au drapeau
Soldat, tuez d'autres soldats
Mais ne tuez pas
Les oiseaux de Verdun, les oiseaux de croix
Croix, croix

Quand la nuit sur vous descendra
Amants, soldats ou innocents
Il ne restera dans les champs désertés
Que les oiseaux de croix
Croix, croix

Qui lira ces mots

J'ai trouvé dans une bouteille
Sur la plage abandonnée
« Qui lira ces mots
A lui je me donnerai »

Depuis ce jour maudit
Je l'attends jour et nuit
Depuis ce maudit jour
J'attends l'amour

Il y avait dans ce billet
Par l'Océan rejeté
Les regrets les larmes
D'un chagrin inavoué

Depuis ce jour maudit
Je l'attends jour et nuit
Depuis ce maudit jour
J'attends l'amour

J'ai rejeté à la mer
Toutes mes amours passées
Pour ces quelques mots
Que je n'oublierai jamais

Depuis ce jour maudit
Je l'attends jour et nuit
Depuis ce maudit jour
J'attends l'amour

Pourquoi un pyjama?

Pourquoi un pyjama
A rayures, à fleurs ou à pois
Pourquoi un pyjama
En coton, en fil ou en soie

Moi je n'en mets jamais
Non jamais je n'en mets jamais
Je n'ai mis de ma vie un pyjama
De même aucun de mes amis
N'en a aucun jamais de mes amis
N'a mis un pyjama

Pourquoi un pyjama
A rayures, à fleurs ou à pois
Pourquoi un pyjama
En coton, en fil ou en soie

A quoi bon s'habiller
Quand on vient de se déshabiller
Il n'y a pas d'raison de s'arrêter
On pass'rait sa vie et ses nuits à s'habiller
S'habiller se déshabiller se r'habiller

Pourquoi un pyjama
A rayures, à fleurs ou à pois
Pourquoi un pyjama
En coton, en fil ou en soie

Vidocq

Qui ne s'est jamais laissé enchaîner
Ne saura jamais c'qu'est la liberté
Moi, oui, je le sais
Je suis un évadé

Faut-il pour voir un jour un ciel tout bleu
Supporter un ciel noir trois jours sur deux
Je l'ai supporté
Je suis un évadé

Faut-il vraiment se laisser emprisonner
Pour connaître le prix de la liberté
Moi je le connais
Je suis un évadé

Est-il nécessaire de perdre la vue
Pour espérer des soleils disparus
Je les vois briller
Je suis un évadé

Qui ne s'est jamais laissé enchaîner
Ne saura jamais c'qu'est la liberté
Moi, oui, je le sais
Je suis un évadé

Chanson du forçat

A dire vrai
Je suis un faussaire de compagnie
A dire vrai
Je suis un faussaire de compagnie
Un preneur de large
Un joueur de courant d'air
Un repris de justesse
Un éternel évadé
Un repris de justesse
Un éternel évadé
Un faiseur de trous
Et un casseur de verrous
Un sauteur de murs
Et un forceur de serrures
Un sauteur de murs
Et un forceur de serrures
Un faiseur d'la belle
Et un limeur de barreaux

C'est la cristallisation comme dit Stendhal

— Moi j'te dis une chose. Tu perds un seul instant ta lucidité : t'es foutu.
— Laisse-moi rire! Tu bois comme un trou!
— Ouais tu es foutu. Tu perds toutes les autres.
— C'est la cristallisation, comme dit Stendhal.
— Vous êtes pas marrants tous les deux, c'est l'même cinéma tous les soirs.
— Toi, ça va hein! Non mais alors! Si tu veux qu'on te mette sur un coup, tu vas te tenir tranquille.
— Si vous croyez qu'j'vous ai attendus...
— C'est pourquoi je dis qu'la lucidité est indispensable. Sinon les filles te possèdent jusqu'à la gauche.
— Un seul remède, changer!
— Changer pour vous c'est échanger!
— Ouais, une belle partie de base-ball, une partie de base-ball. Moi j'fais bande à part, ouais, je fais bande à part.
— Et oui, chacun son jeu mon vieux. Tu as été à Londres ces jours-ci?
— Ouais j'ai ramené ça.
(chœurs) : *Oh! Oh! Lemon tie! Lemon tie!*
— Encore une bière!
— Deux.
— Trois.
— Quatre, j'vais vous les chercher.
— Tu la connais?
— Pourquoi, ça t'intéresse?
— Ah on peut te brancher si tu veux.
— 343.78.53. Ton boulot, ça marche?
— Ben faut qu'je trouve un nom pour une marque de chewing-gum.
(chœurs) : *Baby Gum, Baby Gum, Lolita Lola Gum!*
— Baby Gum ça va pas?
— Ah on verra, j'trouverai bien. Allez, à demain!

Pas mal, pas mal du tout

— Pas mal, pas mal du tout
Pas mal, pas mal du tout
Étonnant !
Faudrait voir ça de plus près
Pas mal, pas mal du tout
Pas mal, pas mal du tout
Des yeux gris, des yeux verts
Demain je saurai leur couleur exacte
Pas mal, pas mal du tout
Pas mal...
— Pas mal du tout
— Dis, eh mon vieux, cette fille-là est à moi.
Ouais, c'est comme si c'était fait
— Ouais, pas mal...
— Comment pas mal ? Non mais dis tu veux rire ! Elle est terrible !

J'étais fait pour les sympathies

Ça y est. Mal au cœur déjà. J'suis foutu quoi, le coup d'foudre peut-être. Ah ridicule ! Oh, non, j'avais pas besoin de ça ! Pourquoi moi ?
J'étais fait pour les sympathies
L'amour en bagnole, les mensonges teintés d'ennui, les jeux de cartes biseautées, antipathie et sympathie. J'étais fait pour ça.

J'étais fait pour les sympathies
A la rigueur des tas d'amis
J'étais fait pour ça
Non pas pour l'amour

J'étais fait pour les cinq à six
A la rigueur les cinq à sept
J'étais fait pour ça
Non pas pour toujours

Mais pourquoi faut-il être deux mon Dieu
A trois c'est déjà difficile
Si l'on pouvait se mettre à six ou sept
Tout serait alors si simple, tellement plus naturel

J'étais fait pour être à plusieurs
A la rigueur pour être seul
J'étais fait pour ça
Pas pour être à deux

Maintenant c'est fini tout ça
Va falloir compter avec elle
Un jeux dangereux
Une autre paire de manches
Ah, je m'connais, je suis sûr que je suis pas adapté. J'suis pas prêt à tous les extrêmes et ça risque de me mener vachement loin.
Capable de tout
De toutes les conneries
Et d'abord savoir qui elle est et pas trop réfléchir. C'est mauvais. Allez on verra bien!

Sous le soleil exactement

Un point précis sous le tropique
Du Capricorne ou du Cancer
Depuis j'ai oublié lequel
Sous le soleil exactement
Pas à côté, pas n'importe où
Sous le soleil, sous le soleil
Exactement, juste en dessous

Dans quel pays, dans quel district?
C'était tout au bord de la mer
Depuis j'ai oublié laquelle
Sous le soleil exactement
Pas à côté, pas n'importe où
Sous le soleil, sous le soleil
Exactement, juste en dessous

Était-ce le Nouveau-Mexique
Vers le Cap Horn, vers le Cap Vert?
Était-ce sur un archipel?
Sous le soleil exactement
Pas à côté, pas n'importe où
Sous le soleil, sous le soleil
Exactement, juste en dessous

C'est sûrement un rêve érotique
Que je me fais les yeux ouverts
Et pourtant si c'était réel?
Sous le soleil exactement
Pas à côté, pas n'importe où
Sous le soleil, sous le soleil
Exactement, juste en dessous

Hier ou demain

Écoute mon cœur qui bat
Il ne bat pas pour toi
Mais pour un autre que toi
Que je ne connais pas
Hier ou demain
Je t'aurais dit oui
Hier ou demain
Mais pas aujourd'hui

Oui j'aurais pu être à toi
Mais tu n'étais pas là
J'étais libre comme toi
Mais ne le savais pas
Hier ou demain
Je t'aurais dit oui
Hier ou demain
Mais pas aujourd'hui

Hier est si loin déjà
Et je ne t'aimais pas
Et demain si tu penses à moi
Je ne serai plus là
Hier ou demain
Je t'aurais dit oui
Hier ou demain
Mais pas aujourd'hui

Un jour comme un autre

Un jour comme un autre
Où je reste seule avec moi
Pourquoi Anna, Anna
Restes-tu seule avec toi

Un jour comme un autre
Il viendra vers moi
Me dire « je t'aime Anna », Anna
Ce jour-là tout changera

Roller girl

Je suis la fille que l'on colle
Sur les Harley Davidson
Les B.M. double V
Les camions 16 tonnes
Je suis la Roller girl
Roll, Roll, Roll
Roller girl

Roller girl
Roller girl
Roll, Roll, Roll
Roller girl
Roller girl
Roll, Roll
Roller girl

Je suis celle qu'on épingle
Celle qui n'a pas froid aux yeux
A côté d'moi n'est rien
La plus vamp des vamps
Je suis la Roller girl
Roll, Roll, Roll
Roller girl
Roller girl
Roller girl
Roll, Roll, Roll
Roller girl
Roller girl
Roll, Roll
Roller girl

Je suis la fille des bulles
La Lolita des comics
Une des plus dangereuses
Des bandes dessinées
Je suis la Roller girl
Roll, Roll, Roll
Roller girl
Roller girl
Roller girl
Roll, Roll, Roll
Roller girl
Roller girl
Roll, Roll
Roller girl

Je suis l'amour en trompe-l'œil
La décalcomanie girl
Le danger immédiat
Et l'amour fiction
Je suis la Roller girl
Roll, Roll, Roll
Roller girl

Roller girl
Roller girl
Roll, Roll, Roll
Roller girl
Roller girl
Roll, Roll
Roller girl

Rien, rien, j'disais ça comme ça

— Incurable! Vous êtes au courant?
— Oh, son histoire de photos. Il est fou. Je trouve ça complètement idiot.
— Elle est quand même pas mal, non?
— Pas mal...
— Vous êtes amoureuse de lui?
— Ben, qu'est-ce qui vous prend? Mais ça va pas, non!
— Rien, rien, j'disais ça comme ça. Faut pas vous fâcher. Simplement travailler avec un type toute la journée ça peut donner des idées, c'est normal.
— Moi je suis anormale, si c'est ça que vous voulez dire.
— Pas commode hein? Je vous trouve marrante. Vous êtes sûrement une affaire, mais vous n'devez pas l'savoir.
— Quelle prétention!
— Oh! vous n'm'avez pas compris. Je n'cherchais pas à me placer.
— Vous avez c'qu'il vous faut?
— Exact!
— Elle est jolie?
— Elles sont très jolies.
— Ah la la, quel salaud!
— Allez, salut poupée!

Un poison violent c'est ça l'amour

— Qu'est-ce autre chose que la vie des sens, qu'un mouvement alternatif qui va de l'appétit au dégoût et du dégoût à l'appétit, de l'appétit au dégoût et du dégoût à l'appétit...
— J'm'en fous!
— Ta gueule, laisse-moi finir! L'âme flottant toujours incertaine entre l'ardeur qui se renouvelle et l'ardeur qui se renouvelle et l'ardeur qui se ralentit, l'ardeur qui se renouvelle et l'ardeur qui se ralentit...
— Ah! j'm'en fous!
— Mais dans ce mouvement perpétuel, de l'appétit au dégoût, de l'appétit au dégoût et du dégoût à l'appétit, on ne laisse pas de divertir par l'image d'une liberté errante. Tu sais de qui c'est? non? Bossuet.
— Bravo! Tu veux une oraison funèbre?
— Ah non! Parce que moi je suis assez cynique pour en faire ma ligne de conduite.
— Oh t'es dégueulasse! dégueulasse mon vieux!
— Ouais, ouais! un peu amnésique sur les bords, hein. Voilà où ça mène.

Un poison violent, c'est ça l'amour
Un truc à n'pas dépasser la dose
C'est comme en bagnole
Au compteur 180
A la borne 190
Effusion de sang

— Voilà j'te donne un conseil. Tu tiens à ta peau : laisse tomber!
— Tu cours après une ombre, tu vois. Et c'est même pas la mienne. Encore elle serait sur les colonnes Morris, je pourrai l'attendre à l'entrée des artistes. Mais elle est insaisissable. Où veux-tu que j'la trouve?
— Ah mon p'tit Armstrong Jones y fallait pas faire d'la photographie.
— Ah toi t'es écœurant. On n'peut pas discuter avec toi. Tu prends tout à la blague.
— Ah erreur! erreur justement! Un de ces quatre tu verras : tu m'rendras raison. Écoute :

Quand tu en auras marre
J'ai une petite pour toi

Complètement demeurée
Mais tellement esthétique
— Ah te fatigue pas va! Allez salut!

De plus en plus, de moins en moins

Avec elle, tout est possible. Est-ce qu'elle va seulement me reconnaître? Du rêve à la réalité il y a une marge. Ouais, tout est possible. Elle peut aussi bien me trouver impossible. Avec les photographies sait-on jamais...
Avec elle, tout est possible. Pour moi ça sera merveilleux la première fois. On se verra de moins en moins si je ne lui dis rien, et cela me fera de plus en plus mal.

Avec lui tout serait possible, malgré que ce ne soit jamais bien la première fois. Ce serait sûrement pas mal, et puis de mieux en mieux. Après quoi ça irait de plus en plus mal.

Mais si elle me trouve impossible? Encore que ce serait bien la première fois. J'aurai tant de chagrin, chaque jour un peu plus. Mon amour lui serait parfaitement égal.

Avec lui c'est impossible. On se quitterait jamais bien la première fois. J'aurai tant de chagrin. Et puis de moins en moins, jusqu'à ce que ça me soit complétement égal.

Il m'suffirait de la voir pour savoir

Il lui suffirait de me voir, pour m'avoir.

Boomerang

Es-tu jamais passé par là ? Je n'connais pas ! C'est le premier symptôme, j'ai lu ça quelque part. Une jam-session de percussions. Elle est dans mes yeux l'image inversée. *Je lui dis ni tu, ni vous. Je lui dis elle. Elle doit l'savoir, tu dois l'savoir quand même que j't'aime. Mais c'est pas possible d'être aussi conne ! Ah !!! Le délirium, voilà ce que j'ai !*
Je te chasse de mes pensées
Je te rejette, je te fuis
Mais tu me reviens, toujours tu me reviens
Comme un boomerang
Encore s'il pouvait me frapper
D'un coup mortel pour toujours arrêter ma vie
Mais non tu me reviens
Comme un boomerang

Parfois je crois être guéri
Je sens que mon cœur ne bat plus
Je reste jusqu'au petit jour
Entre la vie et l'amour
Prends en pitié ce pauvre amour
Achève-le une bonne fois
Va-t'en, oui va-t'en, ne reviens jamais plus
Comme un boomerang

Ne dis rien

— Ne dis
— Rien
— Surtout
— Pas
— Ne dis
— Rien
— Suis-moi
— Ne dis
— Rien

— N'aie pas
— Peur
— Ne crains
— Rien
— De moi

Suis-moi jusqu'au bout de la nuit
Jusqu'au bout de ma folie
Laisse le temps, oublie demain
Oublie tout, ne pense plus à rien

— Ne dis
— Rien
— Surtout
— Pas
— Ne dis
— Rien
— Suis-moi
— Ne dis
— Rien
— N'aie pas
— Peur
— Ne crains
— Rien
— De moi

Suis-moi jusqu'au bout de la nuit
Jusqu'au bout de ma folie
Laisse le temps, oublie demain
Oublie tout, ne pense plus à rien

Pistolet Jo

Pistolet Jo ne dort que d'un œil
L'autre reste toujours ouvert
Pistolet Jo ne dort que d'un œil
Celui d'à côté est en verre

Oh, oh, oh, oh
Pistolet Jo
Oh, oh, oh, oh, oh, oh
Pistolet Jo

Pistolet Jo m'a tapé dans l'œil
Mais un jour il m'a trompé
Pistolet Jo tu n'l'as pas volé
La balle qui t'a éborgné

Oh, oh, oh, oh
Pistolet Jo
Oh, oh, oh, oh, oh, oh, oh
Pistolet Jo

Pistolet Jo quand il t'fait d'l'œil
Tu ne peux lui résister
Pistolet Jo est irrésistible
Avec son grand œil crevé

Oh, oh, oh, oh
Pistolet Jo
Oh, oh, oh, oh, oh, oh, oh
Pistolet Jo

G.I. Jo

G.I. Jo
Tu vas mourir sous le drapeau américain
G.I. Jo
Tous les rockets auront ta peau américaine
Combien d'étoiles sur ce drapeau
One, two, three, four, five, six, seven, eight
Combien d'étoiles sur le héros
Seven, six, five, four, three, two, one, zero

G.I. Jo
Wonder Woman pleure le héros américain
G.I. Jo
Tu vas mourir, grille une dernière américaine
Combien d'étoiles sur ce drapeau
One, two, three, four, five, six, seven, eight
Combien d'étoiles sur le héros
Seven, six, five, four, three, two, one, zero

Je n'avais qu'un seul mot à lui dire

— Elle était à mes côtés
J'n'ai pas su la retenir

— Je n'avais qu'un seul mot à lui dire
« Je t'aime », alors peut-être...

Néfertiti

Néfertiti
Reine barbare
Néfertiti
Prends ta cithare
Que ta chanson aille au fil
Des eaux du Nil

Néfertiti
Reine païenne
Tes bains d'minuit
Belle Égyptienne
Font rêver les crocodiles
Dans les eaux du Nil

Néfertiti
Reine d'Égypte
Néfertiti
Dors dans ta crypte
Que ton âme s'en aille au fil
Des eaux du Nil

Néfertiti
Ne sois pas inquiète
Belle momie

Tes bandelettes
Garderont leur parfum subtil
Jusqu'à l'an deux mille

Comic strip

Viens petite fille dans mon comic strip
Viens faire des bulles, viens faire des WIP!
Des CLIP! CRAP! des BANG! des VLOP! et des ZIP!
SHEBAM! POW! BLOP! WIZZ!

J'distribue les swings et les uppercuts
Ça fait VLAM! ça fait SPLATCH! et ça fait CHTUCK!
Ou bien BOMP! ou HUMPF! parfois même PFFF!
SHEBAM! POW! BLOP! WIZZ!

Viens petite fille dans mon comic strip
Viens faire des bulles, viens faire des WIP!
Des CLIP! CRAP! des BANG! des VLOP! et des ZIP!
SHEBAM! POW! BLOP! WIZZ!

Viens avec moi par-dessus les buildings
Ça fait WHIN! quand on s'envole et puis KLING!
Après quoi je fais TILT! et ça fait BOING!
SHEBAM! POW! BLOP! WIZZ!

Viens petite fille dans mon comic strip
Viens faire des bulles, viens faire des WIP!
Des CLIP! CRAP! des BANG! des VLOP! et des ZIP!
SHEBAM! POW! BLOP! WIZZ!

N'aie pas peur bébé agrippe-toi CHRACK!
Je suis là CRASH! pour te protéger TCHLACK!
Ferme les yeux CRACK! embrasse-moi SMACK!
SHEBAM! POW! BLOP! WIZZ!
SHEBAM! POW! BLOP! WIZZZZZ!

Comic strip
(version anglaise)

Come with me let's get together in my comic strip
Let's talk in bubbles let's go BANG and ZIP
Forget your troubles and go
SHEBAM! POW! BLOP! WIZZ!

I'm the hero and when I am fighting
I go BOMP and BOFF
And have a ball so
WHIN ! VLAM ! ZONK and ZOMP
And also
SHEBAM ! POW ! BLOP ! WIZZ !
Come with me let's get together in my comic strip
Let's talk in bubbles let's go BANG and ZIP
Forget your troubles and go
SHEBAM! POW! BLOP! WIZZ!

If you want to fly above the city
Follow me and PSSCHT just like a feather
WHOOSH and WIP we'll fly along together
SHEBAM ! POW ! BLOP ! WIZZ !

Come with me let's get together in my comic strip
Let's talk in bubbles let's go BANG and ZIP
Forget your troubles and go
SHEBAM! POW! BLOP! WIZZ!

So my dear come here
Hang on to me SPLASH
I am near SMASH
I just remember this CRASH
Have no fear
And CRACK give me a kiss
SMACK ! SHEBAM! POW! BLOP! WIZZ!

Torrey Canyon

Je suis né
Dans les chantiers japonais,
En vérité, j'appartiens
Aux Américains
Une filiale
D'une compagnie navale
Dont j'ai oublié l'adresse
A Los Angeles

Cent vingt mill' tonn's de pétrol' brut,
Cent vingt mill' tonn's
Dans le Torrey Canyon

Aux Bermudes
A trent' degrés de latitud'
Se tient la Barracuda
Tankers Corporation
Son patron
M'a donné en location
A l'Union Oil Company
De Californie

Cent vingt mill' tonn's de pétrol' brut,
Cent vingt mill' tonn's
Dans le Torrey Canyon

Si je bats
Pavillon du Liberia
Le cap'tain et les marins
Sont tous italiens
Le mazout,
Dont on m'a rempli les soutes,
C'est celui du Consortium
British Petroleum

Cent vingt mill' tonn's espèc' de bruts,
Cent vingt mill' tonn's
Dans le Torrey Canyon

Chatterton

Chatterton suicidé
Hannibal suicidé
Démosthène suicidé
Nietzsche
Fou à lier
Quant à moi...
Quant à moi
Ça ne va plus très bien

Chatterton suicidé
Cléopâtre suicidée
Isocrate suicidé
Goya
Fou à lier
Quant à moi...
Quant à moi
Ça ne va plus très bien

Chatterton suicidé
Marc-Antoine suicidé
Van Gogh suicidé
Schumann
Fou à lier
Quant à moi...
Quant à moi
Ça ne va plus très bien

Hold-up

Je suis venu pour te voler
Cent millions de baisers
Cent millions de baisers
En petit's brûlures
En petit's morsures
En petit's coupures

(Chœurs)
C'est un hold-up!
Un hold-up!
Un hold-up!
Un hold-up!

Si tu ne veux pas m'les donner
J's'rai forcé de t'attacher
Et ça t'f'ra aux poignets
Des petit's brûlures
Des petit's morsures
Des petit's coupures

(Chœurs)
C'est un hold-up!
Un hold-up!
Un hold-up!
Un hold-up!

Maintenant que j'ai tes baisers
Il m'rest' plus qu'à m'tailler
Et toi à oublier
Ces petit's brûlures
Ces petit's morsures
Ces petit's coupures

(Chœurs)
C'est un hold-up!
Un hold-up!
Un hold-up!
Un hold-up!

Loulou

Loulou, l'amour n'est Loulou
Qu'un frêle youyou
Sur un océan fou, fou
Loulou, il vogue, Loulou
Puis, coule, glouglou
Avec Loulou

Loulou, range donc, Loulou
Tes petits pioupious,
Ta poupée, ton gros toutou,
Loulou, tu as grandi, Loulou
Oublie ta nounou
Et tes joujoux

Tout, tout t'es permis, Loulou
La soie, les froufrous
Et les bas noirs à trou-trous,
Joue, joue, de ta beauté, Loulou
On sera fou, fou,
De toi, Loulou

Loulou, ma petite Loulou,
Tu s'ras le chou-chou
De tous les hommes, Loulou
Sous, sous les baisers doux, doux
N'oublie pas, Loulou,
Belle Loulou

Loulou, l'amour n'est Loulou
Qu'un frêle youyou
Sur un océan fou, fou,
Loulou, il vogue, Loulou,
Puis, coule, glouglou,
Avec Loulou

Ouvre la bouche, ferme les yeux

Pour avaler les mouches bleu-marine,
Ou la quinine, ou la purée
Il n'y a qu'un seul moyen efficace
Pour que ça passe, et en douceur
Ouvr' la bouche, ferm' les yeux,
Tu verras, ça gliss'ra mieux
Ouvr' la bouche, ferm' les yeux

Si les mouches entrent un peu
T'en fais donc pas pour si peu
Ouvr' la bouche, ferm' les yeux

Pour gober leurs bobards dans les alcoves,
La foi qui sauve, ça suffit pas
Encore faut-il un estomac solide
Quand le cœur vide on broie du noir
Ouvr' la bouche, ferm' les yeux
Tu verras, ça gliss'ra mieux
Ouvr' la bouche, ferm' les yeux
Si les mouches entrent un peu
T'en fais donc pas pour si peu
Ouvr' la bouche, ferm' les yeux

Un jour t'apprendras par les télétypes
Qu'tous les braves types s'foutent en kaki
Crois-moi, il n'y a rien d'plus indigeste
Qu'les baïonnettes et les pruneaux
Ouvr' la bouche, ferm' les yeux,
Tu verras, ça gliss'ra mieux
Ouvr' la bouche, ferm' les yeux
Si les mouches entrent un peu
T'en fais donc pas pour si peu
Ouvr' la bouche, ferm' les yeux.

Les petits boudins

Dans mon agenda
Quand j'en pique un
Un petit boudin
Je l'mets sous mon bras
Jusqu'au matin
Ce petit boudin

C'est bon pour c'que j'ai
Ça me fait du bien
Les petits boudins
C'est facile et ça
N'engage à rien
Les petits boudins

Au départ c'est rien
Qu'une petit' gourde
Un petit boudin
Il suffit d'un rien
Et ça devient
Un petit boudin

Ça n'sait pas dir' non
C'est ça qu'j'aim' bien
Chez les p'tits boudins
Ça n'pose pas d'question
Ça n'mange pas d'pain
Les petits boudins

Mais il n'y a pas dans mon calepin
Que des p'tits boudins
Il y a surtout toi, toi qui n'as rien
D'un petit boudin
T'as rien de commun
Avec les petits boudins

Hip Hip Hip Hurrah

Je pratique la politique de la femme brûlée
Je brûle toutes celles que j'ai adorées
Une seule est dans mon cœur
Pourtant s'il lui arrivait malheur
Je dirais :
Hip Hip Hip Hurrah
Hip Hip Hip Hurrah
Hip Hip Hip Hurrah
Hip Hip Hip Hurrah

Je m'suis dit que les romantiques ne savent que gémir
Quand une fille les fait souffrir
Elle m'a fait trop de peine
Mon amour n'est pas loin de la haine
Et je dis :
Hip Hip Hip Hurrah
Hip Hip Hip Hurrah
Hip Hip Hip Hurrah
Hip Hip Hip Hurrah

Je redis :
Hip Hip Hip Hurrah
Hip Hip Hip Hurrah
Hip Hip Hip Hurrah
Hip Hip Hip Hurrah

Angélique et machiavélique elle était à la fois
Un démon et un ange avec moi
Et si j'apprends demain
Qu'elle regrette et qu'elle a du chagrin
Je dirai :
Hip Hip Hip Hurrah
Hip Hip Hip Hurrah
Hip Hip Hip Hurrah
Hip Hip Hip Hurrah
Oui je dirai :
Hip Hip Hip Hurrah
Hip Hip Hip Hurrah
Hip Hip Hip Hurrah
Hip Hip Hip Hurrah
Je redirai :
Hip Hip Hip Hurrah
Hip Hip Hip Hurrah
Hip Hip Hip Hurrah
Hip Hip Hip Hurrah
Oui je redirai :
Hip Hip Hip Hurrah
Hip Hip Hip Hurrah
Hip Hip Hip Hurrah
Hip Hip Hip Hurrah

Teenie Weenie Boppie

Teenie Weenie Boppie
A pris du L.S.D.
Un sucre et la voici
Au bord de la folie

Une Rolls la frôle de son aile
Un prince du Rock est au volant
Il lui fait signe agitant vers elle
Ses fines dentelles et ses volants

Teenie Weenie Boppie
A pris du L.S.D.
Un sucre et la voici
A terre évanouie

Un grand garçon en habit sudiste
Lui tend ses deux mains gantées de blanc
A son doigt une mauve améthyste
En la griffant s'est teintée de sang

Teenie Weenie Boppie
A pris du L.S.D.
Un sucre et la voici
Déjà à l'agonie

Que sont ces fleurs aux couleurs exquises
Qui dérivent au fil du courant?
C'est Mick Jagger qui dans la Tamise
S'est noyé dans ses beaux vêtements

Teenie Weenie Boppie
Est morte dans la nuit
De quoi? mais d'avoir pris
Une dose de L.S.D.

Boum badaboum

Boum badaboum boum boum
Boum badaboum boum boum
Avant de faire tout sauter
Boum boum
Laissez-moi le temps d'aimer
Badaboum
Laissez-moi encor la vie
Boum boum

Au moins mille et une nuits
Badaboum
Boum badaboum boum boum
Boum badaboum boum boum
Laissez-moi encor la vie
Boum boum
Au moins mille et une nuits
Badaboum
Laissez-moi mille et un jours
Boum boum
Avant le compte à rebours
Badaboum
Boum badaboum boum boum
Boum badaboum boum boum

Si mes jours me sont comptés
Boum boum
Je n'veux pas seulement aimer
Badaboum
S'il est d'autres paradis
Boum boum
Je veux les connaître aussi
Badaboum
Boum badaboum boum boum
Boum badaboum boum boum
S'il est d'autres paradis
Boum boum
Je veux les connaître aussi
Badaboum
Quand j'aurai tout essayé
Boum boum
Je partirai sans regret
Badaboum
Boum badaboum boum boum
Boum badaboum boum boum

Laissez-moi vivre un peu
Avant d'me faire la peau
Boum badaboum boum boum
Boum badaboum boum boum

Johnsyne et Kossigone

Johnsyne et Kossigone
Sont deux petites mignonnes
Mais non, rien à faire!
Je resterai célibataire

Kossigone
J'm'en tamponne
Et Johnsyne
Me bassine
Leurs avances
J'm'en balance
Leurs clins d'œil
J'm'en bats l'œil

Kossigone
Se cramponne
Et Johnsyne
S'agglutine
Elles m'retapent
Je m'en tape
Elles m'provoquent
Je m'en moque

Kossigone
J'm'en tamponne
Et Johnsyne
Me bassine
Qu'elles pleurnichent
Je m'en fiche
Leurs bisous
Je m'en fous

Johnsyne et Kossigone
Sont deux petites mignonnes
Mais non, rien à faire!
Je resterai célibataire

Je suis capable de n'importe quoi

Ce que j'aime
Faut pas y toucher
Si l'on cherche à me l'arracher
J'f'rai un malheur
Je n'sais pas trop quoi
J'suis capable de n'importe quoi
Au besoin
Je m'en irai loin
Mêm' s'il faut le perdre en chemin
Tout ce que j'aime
Faut rien y changer
On pourrait bien le regretter

Je suis jeune
Et pourtant déjà
J'ai vu naître au fond de moi
Un beau jour un si bel amour
Si violent
Maintenant
Ce que j'aime, faut pas y toucher
Si l'on cherche à me l'arracher,
J'f'rai un malheur
Je n'sais pas trop quoi
J'suis capable de n'importe quoi
J'suis capable de n'importe quoi

Buffalo Bill

William Frederic Cody,
Héros des États-Unis,
Hey, hey, Bill Cody,
Bill Cody, dit Buffalo Bill
Y'avait pas d'meilleur fusil

Que ce fameux Bill Cody,
Hey, hey, Bill Cody,
Bill Cody, dit Buffalo Bill

Il parcourait la région
Pour attraper les bisons,
Hey, hey, Bill Cody,
Bill Cody, dit Buffalo Bill
Y'avait pas d'meilleur fusil
Que ce fameux Bill Cody,
Hey, hey, Bill Cody,
Bill Cody, dit Buffalo Bill

Il en tua en dix-huit mois
Quatre mille deux cent cinquante-trois
Hey, hey, Bill Cody,
Bill Cody, dit Buffalo Bill
Y'avait pas d'meilleur fusil
Que ce fameux Bill Cody,
Hey, hey, Bill Cody,
Bill Cody, dit Buffalo Bill

Il eut un duel au couteau
Avec un homme à la peau
Roug' hey, hey, Bill Cody,
Bill Cody, dit Buffalo Bill
Y'avait pas d'meilleur fusil
Que ce fameux Bill Cody,
Hey, hey, Bill Cody,
Bill Cody, dit Buffalo Bill

Il est dit dans la légende
L'Indien s'appelait Geronimo
Hey, hey, Bill Cody,
Bill Cody, dit Buffalo Bill
Y'avait pas d'meilleur fusil
Que ce fameux Bill Cody,
Hey, hey, Bill Cody,
Bill Cody, dit Buffalo Bill

Quand il eut tué l'Indien,
Il le scalpa de sa main
Hey, hey, Bill Cody,
Bill Cody, dit Buffalo Bill
Y'avait pas d'meilleur fusil

Que ce fameux Bill Cody,
Hey, hey, Bill Cody,
Bill Cody, dit Buffalo Bill

William Frederic Cody,
Héros des États-Unis,
Hey, hey Bill Cody,
Bill Cody, dit Buffalo Bill

La bise aux hippies

J'aime pas De Dion,
J'aime pas Bouton
J'aime pas Aston,
J'aime pas Martin
Mais j'aime faire la bise,
La bise aux hippies,
Oui j'aime faire la bise,
La bise aux hippies.

J'aime pas Arthur,
J'aime pas Rimbaud
J'aime pas Edgar,
J'aime pas Poe
Mais j'aime faire la bise,
La bise aux hippies,
Oui j'aime faire la bise,
La bise aux hippies.

J'aime pas Edoux,
J'aime pas Samin
J'aime pas Otis
Pas plus que Piffre
Mais j'aime faire la bise,
La bise aux hippies,
Oui j'aime faire la bise,
La bise aux hippies.

J'aime pas Laurel,
J'aime pas Hardy
J'aime pas le Kid,

J'aime pas Charlie
Mais j'aime faire la bise,
La bise aux hippies,
Oui j'aime faire la bise,
La bise aux hippies.

Harley Davidson

Je n'ai besoin de personne
En Harley Davidson
Je n'reconnais plus personne
En Harley Davidson
J'appuie sur le starter
Et voici que je quitte la terre
J'irai p't'être au Paradis
Mais dans un train d'enfer

Je n'ai besoin de personne
En Harley Davidson
Je n'reconnais plus personne
En Harley Davidson
Et si je meurs demain
C'est que tel était mon destin
Je tiens bien moins à la vie
Qu'à mon terrible engin

Je n'ai besoin de personne
En Harley Davidson
Je n'reconnais plus personne
En Harley Davidson
Quand je sens en chemin
Les trépidations de ma machine
Il me monte des désirs
Dans le creux de mes reins

Je n'ai besoin de personne
En Harley Davidson
Je n'reconnais plus personne
En Harley Davidson
Je vais à plus de cent

Et je me sens à feu et à sang
Que m'importe de mourir
Les cheveux dans le vent

Contact

Elle émettait un rythme à percer le cœur
Vous, sur la terre, vous avez des docteurs
Contact
Contact
Il me faut une transfusion de mercure
J'en ai tant perdu par cette blessure
Contact
Contact
Otez-moi ma combinaison spatiale
Retirez-moi cette poussière sidérale
Contact
Contact
Comprenez-moi il me faut à tout prix
Rejoindre mon amour dans la galaxie
Contact
Contact
Contact
Contact...

Bonnie and Clyde

Vous avez lu l'histoire de Jesse James,
Comment il vécut, comment il est mort
Ça vous a plu, hein! Vous en d'mandez encore
Eh bien, écoutez l'histoire de BONNIE AND CLYDE

Alors voilà, Clyde a une petite amie,
Elle est belle, et son prénom c'est Bonnie.
A eux deux ils forment le gang Barrow;
Leurs noms : Bonnie Parker et Clyde Barrow

Moi, lorsque j'ai connu Clyde autrefois
C'était un gars loyal, honnête et droit
Il faut croire que c'est la Société
Qui m'a définitivement abîmé

Qu'est-c' qu'on a écrit sur elle et moi!
On prétend que nous tuons de sang-froid.
C'est pas drôl', mais on est bien obligé
De fair' tair' celui qui s'met à gueuler

Chaqu'fois qu'un policeman se fait buter,
Qu'un garage ou qu'une banque se fait braquer,
Pour la police, ça ne fait pas d'mystère,
C'est signé Clyde Barrow et Bonnie Parker.

Maint'nant, chaqu'fois qu'on essaie d'se ranger,
De s'installer tranquilles dans un meublé,
Dans les trois jours, voilà le tac tac tac
Des mitraillett's qui revienn'nt à l'attaqu'

Un de ces quatr', nous tomberons ensemble,
Moi j'm'en fous, c'est pour Bonnie que je tremble.
Quelle importance qu'ils me fassent la peau
Moi Bonnie, je tremble pour Clyde Barrow

D'tout' façon, ils n'pouvaient plus s'en sortir
La seule solution, c'était de mourir
Mais plus d'un les a suivis en enfer
Quand sont morts Barrow et Bonnie Parker.

Bonnie and Clyde
(version anglaise)

You've heard the story of Jesse James
Of how he lived and died
If you're still in need of something to read
Here's the story of Bonnie and Clyde

Now Bonnie and Clyde are the Barrow gang
I am sure you all have read how they were and still
And those who still
Are usually found dying or dead

They call them cold hearted killers
They say they are heartless and mean
But I say this with pride
That I once knew Clyde when he was honest
And a bright and clean

But the laws fold around
Kept taking him down and locking him up in a cell
'Til he said to me I'll never be free
So I'll meet a few of them in hell

If a policeman is killed in Dallas
And they have no clue or guide
If they can't think of find
They just wipe their slake clean
And hang it on Bonnie and Clyde

If they try to act like citizens
And rent them a nice little flat
About the third night
They're invited to fight by a
Sub gun's rat tat tat

Some day they'll go down together
They'll bury them side by side
To few it will be grief to the law a relief
But it's death for Bonnie and Clyde

Je t'aime moi non plus

— Je t'aime je t'aime
Oh oui je t'aime
— Moi non plus
— Oh mon amour
— Comme la vague irrésolue
Je vais, je vais et je viens
Entre tes reins
Je vais et je viens
Entre tes reins
Et je me retiens

— Je t'aime je t'aime
Oh oui je t'aime
— Moi non plus
— Oh mon amour
Tu es la vague, moi l'île nue
Tu vas, tu vas et tu viens
Entre mes reins
Tu vas, tu vas et tu viens
Entre mes reins
Tu vas et tu viens
Entre mes reins
Et je te rejoins

— Je t'aime je t'aime
Oh oui je t'aime
— Moi non plus
— Oh mon amour
— L'amour physique est sans issue
Je vais, je vais et je viens
Entre tes reins
Je vais et je viens
Je me retiens
— Non! maintenant
Viens...

Initials B.B.

Une nuit que j'étais
A me morfondre
Dans quelque pub anglais
Du cœur de Londres
Parcourant l'Amour Mon-
Stre de Pauwels
Me vint une vision
Dans l'eau de Seltz

Tandis que des médailles
D'impérator
Font briller à sa taille
Le bronze et l'or
Le platine lui grave

D'un cercle froid
La marque des esclaves
A chaque doigt

Jusques en haut des cuisses
Elle est bottée
Et c'est comme un calice
A sa beauté
Elle ne porte rien
D'autre qu'un peu
D'essence de Guerlain
Dans les cheveux

A chaque mouvement
On entendait
Les clochettes d'argent
De ses poignets
Agitant ses grelots
Elle avança
Et prononça ce mot :
« Alméria »

Black and white

Une négresse
Qui buvait du lait
Ah! se disait-elle,
Si je le pouvais
Tremper ma figure
Dans mon bol de lait
Je serais plus blanche
Que tous les Anglais

Un Britannique
D'vant son chocolat
Ah! se disait-il,
Et pourquoi ne pas
Tremper ma figure
Dans ce machin-là
Je serais plus
Noir qu'un Noir du Kenya

Une intellectuelle
Qui buvait du thé
Ah! se disait-elle,
Si je le pouvais
Tremper ma figure
Dans ma tasse de thé
Je serais plus jaune
Qu'les filles de Yang-Tsé

Un Américain
Qui buvait du sang
Ah! se disait-il,
Si j'avais le temps
D'tremper ma figure
Dans mon bol de sang
Je serais plus rouge
Qu'un Mohican

Ford Mustang

On s'fait des langues
En Ford Mustang
Et bang!
On embrasse
Les platanes
« Mus » à gauche
« Tang » à droite
Et à gauche, à droite

Un essuie-glace
Un paquet d'Kool
Un badge
Avec inscrit d'ssus
Keep Cool
Une barre de
Chocolat
Un Coca-Cola

On s'fait des langues
En Ford Mustang
Et bang!

On embrasse
Les platanes
« Mus » à gauche
« Tang » à droite
Et à gauche, à droite

Une bouteille
De fluide Make-up
Un flash
Un Browning
Et un pick-up
Un recueil
D'Edgar Poe
Un briquet Zippo

On s'fait des langues
En Ford Mustang
Et bang!
On embrasse
Les platanes
« Mus » à gauche
« Tang » à droite
Et à gauche, à droite

Un numéro
De Superman
Un écrou de chez
Paco
Rabanne
Une photo
D'Marilyn
Un tube d'aspirine

On s'fait des langues
En Ford Mustang
Et bang!
On embrasse
Les platanes
« Mus » à gauche
« Tang » à droite
Et à gauche, à droite

Bloody Jack

Le cœur de Bloody Jack
Ne bat qu'un coup sur quatre
Mais sous ses baisers doux
Le tien bat comme un fou

Le cœur de Bloody Jack
Ne bat qu'un coup sur quatre
Mais sous ses baisers doux
Le mien bat comme un fou

Dans le noir, je les écoute battre
Je compare nos deux battements
Et tandis que ton cœur en a quatre
Bloody Jack en a un seulement

Cœur contre cœur, le cœur bat plus vite
Comme sous l'emprise de la peur
Mais tandis qu'en toi le tien s'agite
C'est à peine si j'entends mon cœur

A côté du mien ton cœur me semble
Avoir plus d'angoisse et de ferveur
Les entendrai-je un jour battre ensemble
Bloody Jack a-t-il vraiment un cœur?

Manon

Manon
Manon
Non tu ne sais sûrement pas Manon
A quel point je hais
Ce que tu es
Sinon
Manon
Je t'aurais déjà perdue Manon

Perverse Manon
Perfide Manon
Manon
Manon
Il me faut t'aimer avec un autre
Je le sais Manon
Cruelle Manon
Non tu ne sauras jamais Manon
A quel point je hais
Ce que tu es
Au fond
Manon
Je dois avoir perdu la raison
Je t'aime Manon

La cavaleuse

Hier
Tu avais les yeux verts
Ce soir
Tu as les yeux noirs
Cette nuit
Tu les auras gris
Et dans un jour ou deux
Tout bleus
Mais toujours aussi amoureuse
Demeure la cavaleuse

Hier
A un goût amer
Avant-
Hier un avant-
Goût de
Ce qu'était hier
Et certains jours n'en ont
Aucun
Car toujours aussi malheureuse
Demeure la cavaleuse

Hier
Se joue au poker
Hélas
Aux échecs aussi
Au jeu
Du hasard l'enjeu
C'est encore et toujours
L'amour
Et toujours aussi hasardeuse
Demeure la cavaleuse

Ce soir
C'est à la guitare
Que tout
Se joue contre joue
Faut ou-
Blier de compter
Ses mille et une nuits
D'ennui
C'est ainsi toute langoureuse
Que se meur' la cavaleuse

La plus jolie fille du monde n'arrive pas à la cheville d'un cul-de-jatte

La plus jolie fille du monde
Amoureuse ou pas
Superficielle ou profonde
N'a que ce qu'elle a
Qu'elle se mette à quatre pattes
Ou la tête en bas
A la cheville d'un cul-de-jatte
Elle n'arrive pas

Non, la plus belle des filles
Qu'on tient dans ses bras
N'arrive pas à la cheville
De ce garçon-là
Roturière ou aristocrate
Ou fille à papa
A la cheville d'un cul-de-jatte
Elle n'arrive pas

La plus jolie fille du monde
Amoureuse ou pas
Superficielle ou profonde
N'a que ce qu'elle a
Qu'elle se déhanche ou qu'elle boite
Qu'elle marche droit
A la cheville d'un cul-de-jatte
Elle n'arrive pas

Non, la plus belle des filles
Qu'on tient dans ses bras
N'arrive pas à la cheville
De ce garçon-là
Qu'elle soit de gauche ou de droite
De n'importe quoi
A la cheville d'un cul-de-jatte
Elle n'arrive pas

Comment te dire adieu

Sous aucun prétex-
Te je ne veux
Avoir de réflex-
E malheureux
Il faut que tu m'ex-
Pliques un peu mieux
Comment te dire adieu

Mon cœur de silex
Vite prend feu
Ton cœur de pyrex
Résiste mieux
Je suis bien perplex-
E je ne peux
Me résoudre aux adieux

Je sais bien qu'un ex-
Amour n'a pas de chance ou si peu
Mais pour moi une ex-
Plication vaudrait mieux

Sous aucun prétex-
Te je ne veux
Devant toi surex-
Poser mes yeux
Derrière un Kleenex
Je saurais mieux
Comment te dire adieu

Tu as mis à l'index
Nos nuits blanches nos matins gris-bleu
Mais pour moi une ex-
Plication vaudrait mieux

L'anamour

Aucun Boeing sur mon transit
Aucun bateau sous mon transat
Je cherche en vain la porte exacte
Je cherche en vain le mot exit

Je chante pour les transistors
Ce récit de l'étrange histoire
De tes anamours transitoires
De Belle au Bois Dormant qui dort

Tu sais ces photos de l'Asie
Que j'ai prises à deux cents Asa
Maintenant que tu n'es plus là
Leurs couleurs vives ont pâli

J'ai cru entendre les hélices
D'un quadrimoteur mais hélas
C'est un ventilateur qui passe
Au ciel du poste de police

Je t'aime et je crains
De m'égarer
Et je sème des grains
De pavot sur les pavés
De l'anamour

Desesperado

Les étoiles sont des éclats de grenade
Qu'un jour en embuscade
Un desesperado
Desesperado
D'un geste de détresse
Vers la voûte céleste
Jeta au ciel là-haut

Serrant dans ses dents l'anneau de sa grenade
Voici que par bravade
Le desesperado
Desesperado
Prenant la nuit pour cible
Le ciel entier se crible
Du geste du héros
Les étoiles sont des éclats de grenade
Qu'un jour en embuscade
Un desesperado
Dans un geste sublime
Rejeta vers les cimes
Comme un oiseau de feu

Desesperado ta mauvaise étoile
Brille au firmament dans la nuit des temps
Deseperado parfois les nuages
Ont l'odeur de poudre la couleur du sang

Requiem pour un con...

Écoute les orgues
Elles jouent pour toi
Il est terrible cet air-là
J'espère que tu aimes
C'est assez beau non
C'est le requiem pour un con

Je l'ai composé spécialement pour toi
A ta mémoire de scélérat
C'est un joli thème,
Tu ne trouves pas, non
Semblable à toi-même
Pauvre con

Voici les orgues
Qui remettent ça
Faut qu't'apprennes par cœur cet air-là
Que tu n'aies pas même
Une hésitation
Sur le requiem pour un con

Quoi tu me regardes
Tu n'apprécies pas
Mais qu'est-ce qu'y a là-dedans
Qui te plais pas
Pour moi c'est idem
Que ça t'plaise ou non
J'te l'rejoue quand même
Pauvre con

Écoute les orgues
Elles jouent pour toi
Il est terrible cet air-là
J'espère que tu aimes
C'est assez beau non
C'est le requiem pour un con
Je l'ai composé spécialement pour toi
A ta mémoire de scélérat
Sur ta figure blême
Aux murs des prisons
J'inscrirai moi-même : « Pauvre con »

Capone et sa p'tite Phyllis

Voici Capone et sa p'tite Phyllis
Bang
Bang
Bang fait le gang
Voici Capone et sa p'tite Phyllis
Qui lui tient chaud la nuit

Il a attrapé la p'tite Phyllis
Bang
Bang
Bang fait le gang
Il a attrapé la p'tite Phyllis
A Chicago la nuit

Capone a dans la peau la p'tite Phyllis
Bang
Bang
Bang fait le gang
Capone a dans la peau la p'tite Phyllis
A Sing Sing ell' le suit

Capone est mort fou de la p'tite Phyllis
Fini le gang
En vingt-cinq y'avait pas d'antibiotiques
Ça lui a coûté la vie
Tant pis pour lui

Plus dur sera le chut

Tel un dieu de Liverpool
Il s'est mis autour du cou
Le fil du micro baladeur
Et s'étrangle dans les affres
Du Rock and roll
Ses cris affreux
Font vibrer les haut-parleurs
Il donne, agitant le manche
De sa guitare sur sa hanche
Des coups de saturateurs
Il est Brian Jones et Ringo
Mick Jagger, Otis Redding
Aux yeux des supporters

Plus dur sera le chut
Plus dur sera le chut
Plus dur sera le chut
Plus dur sera le chut

Tout à l'heure elles vont peut-être
Faire péter l'applaudimètre
Et dans son for intérieur
Emporté par la violence
Des cris et la fulgurance
Du flash des reporters
Il se plonge dans l'abîme
De l'orgueil il est sublime
Il est vraiment le meilleur
Et c'est sans aucun problème, pour lui
Cela va durer toujours
Mais c'est une erreur

Plus dur sera le chut
Plus dur sera le chut
Plus dur sera le chut
Plus dur sera le chut

Toutes voudraient se le faire
Avec sa voix du tonnerre
Mais c'est gâce à l'ingénieur

Du son qui dans la coulisse
Pousse à fond sur le cent-dix
L'amplificateur

Plus dur sera le chut
Plus dur sera le chut
Plus dur sera le chut
Plus dur sera le chut

La vie est une belle tartine

Lusitania, Titanic
J'ai rêvé du *Pourquoi pas*
J'enviais leur destin tragique
Aucun n'a voulu de moi

Ah! oui la vie est une belle tartine

J'étais couché sur la voie
En attendant la B.B.
Mais quelques mètres avant moi
Le train bleu a déraillé

Ah! oui la vie est une belle tartine

J'essayais des somnifères
Rêves gris et rêves roses
Le tube entier, rien à faire
J'avais dépassé la dose

Ah! oui la vie est une belle tartine

Je m'étais donné la peine
De tuer ma p'tite amie
Peine perdue car la peine
Capitale est abolie

Ah! oui la vie est une belle tartine

L'herbe tendre

D'avoir vécu le cul
Dans l'herbe tendre
Et d'avoir su m'étendre
Quand j'étais amoureux
J'aurais vécu obscur
Et sans esclandre
En gardant le cœur tendre
Le long des jours heureux
Pour faire des vieux os
Faut y aller mollo
Pas abuser de rien pour aller loin
Pas se casser le cul
Savoir se fendre
De quelques baisers tendres
Sous un coin de ciel bleu
Pas se casser le cul
Savoir se fendre
De quelques baisers tendres
Sous un coin de ciel bleu

La chanson de Slogan

— Tu es faible tu es fourbe tu es fou
Tu es froid tu es faux tu t'en fous
— Évelyne je t'en prie Évelyne dis pas ça
Évelyne tu m'as aimé crois-moi

— Tu es vil tu es veule tu es vain
Tu es vieux tu es vide tu n'es rien
— Évelyne tu es injuste Évelyne tu as tort
Évelyne tu vois tu m'aimes encore

69, année érotique

Gainsbourg et son Gainsborough
Ont pris le ferry-boat
De leur lit par le hublot
Ils regardent la côte
Ils s'aiment et la traversée
Durera toute une année
Ils vaincront les maléfices
Jusqu'en soixante-dix

Soixant'neuf
Année érotique
Soixant'neuf
Année érotique

Gainsbourg et son Gainsborough
Vont rejoindre Paris
Ils ont laissé derrière eux
La Tamise et Chelsea
Ils s'aiment et la traversée
Durera toute une année
Et que les dieux les bénissent
Jusqu'en soixante-dix

Soixant'neuf
Année érotique
Soixant'neuf
Année érotique

Qu'ils s'aiment et la traversée
Durera toute une année
Qui pardonn'ra ces caprices
Jusqu'en soixante-dix

Soixant'neuf
Année érotique
Soixant'neuf
Année érotique

Jane B.

Signalement
Yeux bleus
Cheveux châtains
Jane B.
Anglaise
De sexe féminin
Age : entre vingt et vingt et un
Apprend le dessin
Domiciliée chez ses parents

Yeux bleus
Cheveux châtains
Jane B.
Teint pâle, le nez aquilin
Portée disparue ce matin
A cinq heures moins vingt

Yeux bleus
Cheveux châtains
Jane B.
Tu dors au bord du chemin
Le couteau de ton assassin
Au creux de tes reins

Élisa

Élisa, Élisa, Élisa
Saute-moi au cou
Élisa, Élisa, Élisa
Cherche-moi des poux
Enfonce bien tes ongles
Et tes doigts délicats
Dans la jungle
De mes cheveux, Lisa

Élisa, Élisa, Élisa
Saute-moi au cou
Élisa, Élisa, Élisa
Cherche-moi des poux
Fais-moi quelques anglaises
Et la raie au milieu
On a treize, quatorze ans à
Nous deux

Élisa, Élisa, Élisa
Les autres on s'en fout
Élisa, Élisa, Élisa
Rien que toi, moi, nous
Tes vingt ans, mes quarante
Si tu crois que cela
Me tourmente
Ah non vraiment, Lisa

Élisa, Élisa, Élisa
Saute-moi au cou
Élisa, Élisa, Élisa
Cherche-moi des poux
Enfonce bien tes ongles
Et tes doigts délicats
Dans la jungle
De mes cheveux, Lisa

Orang-outang

J'aime ma poupée orang-outang
Orang-outang, orang-outang
Je l'adore, jamais je ne dors sans
Orang-outang, orang-outang
Il fait les yeux blancs
Il n'a plus de dents
Mais depuis longtemps
J'aime ce gros dégoûtant
Je connais pourtant des garçons charmants
Qui m'aiment vraiment
Et qui roulent en Ford Mustang
Mais moi j'aime mon orang-outang
Orang-outang, orang-outang

Il fait les yeux blancs
Il n'a plus de dents
Mais depuis longtemps
J'aime ce gros dégoûtant

18-39

Tous ceux-là qui dansaient ça
Maintenant ne sont plus là
Ils sont morts et enterrés, tous crevés
C'est normal c'est pas d'hier
Le temps de l'entre-deux guerres
Faut toujours se décider à crever

Le one-step, le black-bottom
Le fox, la de Dion-Bouton
Tous ces tacots ont les pneus crevés
Mais c'est la vie qui veut ça
On n'peut pas êtr' toujours là
Eh oui, tous on finira par crever

Bien sûr il en reste encore
Mais c'est comm' s'ils étaient morts
Ils sont tous déjà à moitié crevés
Le toubib fait ce qu'il peut
Pour les prolonger un peu
Mais ils ne vont pas tarder à crever

Le one-step, le black-bottom
Le fox, la de Dion-Bouton
Tous ces tacots ont les pneus crevés
Mais c'est la vie qui veut ça
On n'peut pas êtr' toujours là
Eh oui, tous on finira par crever

Tous ceux-là qui dansaient ça
Maintenant ne sont plus là
Ils sont morts et enterrés, tous crevés
C'est normal c'est pas d'hier
Le temps de l'entre-deux guerres
Faut toujours se décider à crever

Le one-step, le black-bottom
Le fox, la de Dion-Bouton
Tous ces tacots ont les pneus crevés
Mais c'est la vie qui veut ça
On n'peut pas êtr' toujours là
Eh oui, tous on finira par crever

Le canari est sur le balcon

Avant d'ouvrir le gaz elle pense à son canari
Avant d'en finir une fois pour toutes avec la vie
Elle prend la cage et va sur le balcon
Le vent glacé de l'hiver la saisit, lui donne des frissons
Elle a ouvert le gaz et s'allonge sur son lit
Sur le pick-up elle a mis son disque favori
Déjà elle n'a plus toute sa raison
Elle voit d'étranges fleurs, des fleurs bizarres et des papillons
Tandis que sur Londres lentement descend la nuit
Sur le guéridon auprès de la fille endormie
On peut lire griffonné au crayon
Rien que ces quelques mots : *le canari est sur le balcon.*

L'oiseau de paradis

Comme l'oiseau de paradis
Brûlant de mille pierreries
L'amour argile, l'amour fragile
Entre nos mains naît à la vie
Précieux joyau d'orfèvrerie
Il devient selon nos envies
Amour cristal, amour opale,
Amour émeraude ou rubis
Il est l'aigle et le colibri

Au gré de notre fantaisie
Le gris moineau, le noir corbeau
L'oiseau de l'empereur d'Asie
Aux quatre coins des ciels de lit
Il vient hanter nos insomnies
Mais en lit-cage, l'oiseau sauvage
Ne vit jamais toute une vie
Voici que sifflotent, la nuit,
Les flèches de la jalousie
A tire d'aile se fait la belle
L'amour blasé, l'amour meurtri
Mais voilà, comme par magie,
Qu'un autre oiseau de paradis
Un autre amour a vu le jour
Au treizième coup de minuit

Turlututu capot pointu

Avec ta voiture
Ta voiture
Lulu tu tues
Ma petite lulu tu tues
Capot pointu
Tu nous fais peur
Les deux pieds sur l'accélérateur
Ah
Tu regardes ailleurs
Jamais dans le rétroviseur
Ah
Au compteur 100
A la borne 100
Effusion de sang
Avec ta voiture
Ta voiture
Lulu tu tues
Ma petite lulu tu tues
Capot pointu
Tu écrases les petits cochons
Crack
Les poules, les canards, les dindons
Crack

Petit' lulu
Lulu tu tues
Turlututu capot pointu
Tu écrases les petits lapins
Crack
Les oies et les petits poussins
Crack
Petit'lulu
Lulu tu tues
Tulututu capot pointu
Avec ta voiture
Ta voiture
Lulu tu tues
Ma petite lulu tu tues
Capot pointu

La robe de papier

Il m'avait acheté ma robe de papier
Pour le plaisir de la déchirer
D'arracher de mes seins le dessin délicat
Imprimé sur le papier de soie
Longtemps j'entendrai ma robe de papier
Et ses bruissements de papier froissé
Je n'ai mis qu'une fois ma robe de papier
Sur mon corps il me l'a déchirée
De la voir finir dans la corbeille à papier
Je n'ai pu m'empêcher de pleurer

Le drapeau noir

Mon lit est un radeau qui dérive sur l'eau
Et là-haut, là-haut, tout là-haut
Là-haut flotte ma culotte
Un petit drapeau noir dans le vent du soir

J'ai jeté à la mer
Un flacon de démaquillant
Écrit au rouge à lèvres
Voici ce qu'on peut lire dedans dans un Kleenex blanc

La fille qui fait tchic ti tchic

Je suis la fille qui fait
Tchic ti tchic
Ma robe de métal fait
Tchic ti tchic
Oui c'est elle qui fait
Tchic ti tchic
A chaque mouvement que je fais
Tchic ti tchic

Quand tu ne l'entendras plus
Tchic ti tchic
Quand elle se sera tue
Tchic ti tchic
C'est que je ne l'aurai plus
Tchic ti tchic
Ma p'tite robe en alu
Tchic ti tchic

Dans ma robe d'argent
Tchic ti tchic
Je sens comme un courant
Tchic ti tchic
Électrique de deux cents
Tchic ti tchic
Vingt volts qui descend
Tchic ti tchic

Le long de ma colonne
Tchic ti tchic
Vertébrale, c'est comme
Tchic ti tchic
Si j'emmenais un homme

Tchic ti tchic
De Gomorrhe à Sodome
Tchic ti tchic

Je suis la fille qui fait
Tchic ti tchic
Ma robe de métal fait
Tchic ti tchic
Oui c'est elle qui fait
Tchic ti tchic
A chaque mouvement que je fais
Tchic ti tchic

Quand tu ne l'entendras plus
Tchic ti tchic
Quand elle se sera tue
Tchic ti tchic
C'est que je ne l'aurai plus
Tchic ti tchic
C'est que je serai nue

Hélicoptère

Suspendue au-dessus de toi
Dans un hélicoptère
Un hélicoptère
Immobile
Je ne vois que toi
De mon hélicoptère
Mon hélicoptère
Je ne vois
Ni le soleil
Ni la mer
Ni même les algues amères
Je ne vois vraiment que toi
Qui ne sais pas que je suis là
Dans cet hélicoptère
Cet hélicoptère

Mais voici qu'une fille est apparue
Qui s'allonge toute nue
Sur le sable auprès de toi
Suspendue au-dessus de toi
Dans un hélicoptère
Un hélicoptère
Immobile
Je ne vois que toi
De mon hélicoptère
Mon hélicoptère
Je ne vois
Ni le soleil
Ni la mer
Ni même les algues amères
Je ne vois vraiment que toi
Qui ne sais pas que je suis là
Dans cet hélicoptère
Cet hélicoptère

Cannabis

La mort a pour moi le visage d'une enfant
Au regard transparent
Son corps habile au raffinement de l'amour
Me prendra pour toujours

Elle m'appelle par mon nom
Quand soudain je perds la raison
Est-ce un maléfice
Ou l'effet subtil du cannabis?

La mort ouvrant sous moi ses jambes et ses bras
S'est refermée sur moi
Son corps m'arrache enfin les râles du plaisir
Et mon dernier soupir

Charlie Brown

Un petit garçon comme Charlie
A qui jamais rien ne réussit
Ça s'casse la figure
A tous les coins d'la ville
Dieu que la vie est dure
Pour Charlie

Mais ce petit garçon
Qu'est Charlie
Qui n'récolte jamais que des ennuis
Et qui les prend pourtant
Avec philosophie
C'est l'image d'un enfant d'aujourd'hui

Moi-même j'étais comme Charlie
Semblable à Charlie Brown
Je grimpais à la corde de mon cerf-volant
Afin d'mieux voir le firmament
Mais voici que la corde casse et Charlie
Seul dans l'herbe de la prairie
Encore un peu plus triste que tout à l'heure
Retient les larmes de Charlie Brown

Melody

Les ailes de la Rolls effleuraient des pylônes
Quand m'étant malgré moi égaré
Nous arrivâmes ma Rolls et moi dans une zone
Dangeureuse, un endroit isolé

Là-bas, sur le capot de cette Silver Ghost
De dix-neuf cent dix s'avance en éclaireur
La Vénus d'argent du radiateur
Dont les voiles légers volent aux avant-postes

Hautaine, dédaigneuse, tandis que hurle le poste
De radio couvrant le silence du moteur
Elle fixe l'horizon et l'esprit ailleurs
Semble tout ignorer des trottoirs que j'accoste

Ruelles, culs-de-sac aux stationnements
Interdits par la loi, le cœur indifférent
Elle tient le mors de mes vingt-six chevaux vapeur
Princesse des ténèbres, archange maudit
Amazone modern' style que le sculpteur
En anglais, surnomma *Spirit of Ecstasy*

Ainsi je déconnais avant que je ne perde
Le contrôle de la Rolls. J'avançais lentement
Ma voiture dériva et un heurt violent
Me tira soudain de ma rêverie. Merde!

J'aperçus une roue de vélo à l'avant,
Qui continuait de tourner en roue libre,
Et comme une poupée qui perdait l'équilibre
La jupe retroussée sur ses pantalons blancs

— Tu t'appelles comment?
— Melody
— Melody comment?
— Melody Nelson

Melody Nelson a les cheveux rouges
Et c'est leur couleur naturelle

Ballade de Melody Nelson

Ça c'est l'histoire
De Melody Nelson
Qu'à part moi-même personne
N'a jamais prise dans ses bras
Ça vous étonne
Mais c'est comme ça

Elle avait de l'amour
Pauvre Melody Nelson
Ouais, elle en avait des tonnes
Mais ses jours étaient comptés
Quatorze automnes
Et quinze étés

Un petit animal
Que cette Melody Nelson
Une adorable garçonne
Et si délicieuse enfant
Que je n'ai con-
Nue qu'un instant

Oh! Ma Melody
Ma Melody Nelson
Aimable petite conne
Tu étais la condition
Sine qua non
De ma raison

Valse de Melody

Le soleil est rare
Et le bonheur aussi
L'amour s'égare
Au long de la vie

Le soleil est rare
Et le bonheur aussi
Mais tout bouge
Au bras de Melody

Les murs d'enceinte
Du labyrinthe
S'entrouvent sur
L'infini

Ah! Melody

Ah! Melody
Tu m'en auras fait faire
Des conneries
Hue hue et ho
A dada sur mon dos
Oh! Melody
L'amour tu ne sais pas ce que c'est
Tu me l'as dit
Mais tout ce que tu dis est-il vrai?

Ah! Melody
Tu m'en auras fait faire
Des conneries
Hue hue et ho
A dada sur mon dos
Oh! Melody
Si tu m'as menti j'en ferai
Une maladie
Je ne sais pas ce que je te ferai

L'hôtel particulier

Au cinquante-six, sept, huit, peu importe
De la rue X, si vous frappez à la porte
D'abord un coup, puis trois autres, on vous laisse entrer
Seul et parfois même accompagné

Une servante, sans vous dire un mot, vous précède
Des escaliers, des couloirs sans fin se succèdent
Décorés de bronzes baroques, d'anges dorés,
D'Aphrodites et de Salomés

S'il est libre, dites que vous voulez le quarante-quatre
C'est la chambre qu'ils appellent ici de Cléopâtre
Dont les colonnes du lit style rococo
Sont des nègres portant des flambeaux

Entre ces esclaves nus taillés dans l'ébène
Qui seront les témoins muets de cette scène,
Tandis que là-haut un miroir nous réfléchit,
Lentement j'enlace Melody

Melody voulut revoir le ciel de Sunderland
Elle prit le sept cent sept, l'avion cargo de nuit
Mais le pilote automatique aux commandes
De l'appareil fit une erreur fatale à Melody

Cargo culte

Je sais moi des sorciers qui invoquent les Jets
Dans la jungle de Nouvelle-Guinée
Ils scrutent le zénith convoitant les guinées
Que leur rapporterait le pillage du fret
Sur la mer de corail au passage de cet
Appareil ces créatures non dénuées
De raison ces Papous attendent des nuées
L'avarie du Viscount et celle du Comet
Et comme leur totem n'a jamais pu abattre
A leurs pieds ni Boeing ni même D.C. quatre
Ils rêvent de hijacks et d'accidents d'oiseaux
Ces naufrageurs naïfs armés de sarbacanes
Qui sacrifient ainsi au culte du cargo
En soufflant vers l'azur et les aéroplanes

Où es-tu Melody et ton corps disloqué
Hante-t-il l'archipel que peuplent les sirènes
Ou bien accrochée au cargo dont la sirène
D'alarme s'est tue, es-tu restée
Au hasard des courants as-tu déjà touché
Ces lumineux coraux des côtes guinéennes
Où s'agitent en vain ces sorciers indigènes
Qui espèrent encore en des avions brisés
N'ayant rien à perdre ni Dieu en qui croire,
Afin qu'ils me rendent mes amours dérisoires
Moi, comme eux, j'ai prié les cargos de la nuit

Et je garde cette espérance d'un désastre
Aérien qui me ramènerait Melody
Mineure détournée de l'attraction des astres.

— Tu t'appelles comment?
— Melody
— Melody comment?
— Melody Nelson

Mallo-Mallory

Mallory venait à peine d'avoir dix-sept ans
Qu'dans un garage elle fit l'amour à mêm' le ciment
Avec un gangster qui la coucha dans l'cambouis
Elle mit son poing sur ses dents et n'poussa pas un cri
Il la laissa ce beau salaud
A moitié morte sur le carreau
Sa mère pourtant lui avait dit
Prends bien garde à toi Mallo-Mallory

Comme elle n'avait pris aucun plaisir cette fois-là
Mallory voulut essayer de remettre ça
Mais toujours elle retombait sur de drôl's de gars
Qui lui prenaient ses sous et la passaient à tabac
Combien de fois on l'a retrouvée
Évanouie sur le palier
Sa mère pourtant lui avait dit
Prends bien garde à toi Mallo-Mallory

Elle se fiança avec un garçon boucher
Un rouquin timide qui osait à peine l'embrasser
Sans prononcer un mot il lui tenait la main
Tout fier de montrer Mallory à tous ses copains
La nuit d'ses noces elle se tira
Pour la passer sous un aut' gars
Sa mère pourtant lui avait dit
Prends bien garde à toi Mallo-Mallory

Le boucher fou de douleur prit un grand couteau
Il la r'trouva sans peine sur le quai d'un métro
La tirant par les ch'veux jusqu'au bout d'la station

Il lui planta son couteau au beau milieu du front
Sa mère pourtant lui avait dit
Prends bien garde à toi Mallo-Mallory

Laiss's-en un peu pour les autres

Frôlant le parquet tout en dansant
L'touriste parcourt mes sous-vêtements
Laissant au parking mes sentiments
Je me répète par cœur c't'air 1900

Mais qu'est-ce qu'elle raconte celle-là ?

Laiss's-en un peu pour les autres
Me prends pas tout
Est-ce ainsi que l'on se vautre?
Dis, t'es pas fou!
Laiss's-en un pour Étienne
Pour Jojo et pour Loulou
Je ne serai plus jamais tienne
'Spèce de voyou

Arrivent par cars d'autres régiments
Qu'attendent parqués comme des harengs
Va savoir par quoi qu'ils m'attirent tant...
Composé par qui c't'air 1900?

Ah, quel importance!

Laiss's-en un peu pour les autres
Me prends pas tout
Est-ce ainsi que l'on se vautre?
Dis, t'es pas fou!
Laiss's-en un pour Étienne
Pour Jojo et pour Loulou
Je ne serai plus jamais tienne
'Spèce de voyou

Ils me délivrent par caisses leurs beaux sentiments
Multiplient par quatre leurs attouchements
Moi, en fin de parcours, les embrassant
J'leur murmure par cœur c't'air 1900

Dis, tu vas pas remettre ça, hein?

Laiss's-en un peu pour les autres
Me prends pas tout
Est-ce ainsi que l'on se vautre?
Dis, t'es pas fou!
Laiss's-en un pour Étienne
Pour Jojo et pour Loulou
Je ne serai plus jamais tienne
'Spèce de voyou

La noyée

Tu t'en vas à la dérive
Sur la rivière du souvenir
Et moi courant sur la rive
Je te crie de revenir
Mais lentement tu t'éloignes
Et dans ma course éperdue
Peu à peu je te regagne
Un peu de terrain perdu

De temps en temps tu t'enfonces
Dans le liquide mouvant
Ou bien frôlant quelques ronces
Tu hésites et tu m'attends
En te cachant la figure
Dans ta robe retroussée
De peur que n'te défigurent
Et la honte et les regrets

Tu n'es plus qu'une pauvre épave
Chienne crevée au fil de l'eau
Mais je reste ton esclave

Et plonge dans le ruisseau
Quand le souvenir s'arrête
Et l'océan de l'oubli
Brisant nos cœurs et nos têtes
A jamais nous réunit

Zizi t'as pas d'sosie

Zizi tu n'as pas ton sosie
Même la petite Zazie
N't'arrive pas à la cheville, Zizi
Toutes les zizis de fantaisie
D'Asie ou de Papouasie
Car tu leur mets les pointes sur les i

Josy zozote de jalousie
Josy désire tous ces oiseaux
Et même Daisy du Crazy
Daisy dit zut à Zizizi
Zizi tu n'as pas ton sosie
Zizi tu n'as pas ton sosie

A poil ou à plumes

Du champ' du brut
Des vamps des putes
Des stars des tzars d'l'amour
Des poules toutes faites
Au moule d'la tête
Aux quilles des filles d'amour

A poil ou à plumes
La femme sera toujours
Sans voile, sans costume
Faite pour l'amour

Du strass des diam's
Du Strauss du Brahms
Des zips des strips d'l'amour
Brillants ou mats
S'tirent dans les pattes
Sur les poupées d'amour

A poil ou à plumes
La femme sera toujours
Sans voile, sans costume
Faite pour l'amour

Brune blonde-havane
Le Baron tzigane
En smok' se moque d'l'amour
Mais le Prince du sang
S'en rince les dents
A la vodka d'l'amour

A poil ou à plumes
La femme sera toujours
Sans voile, sans costume
Faite pour l'amour

Le fox le swing
L'intox Irving
Berlin Gershwin l'amour
Un air d' King Oliver
Ou d' Cole Porter
Pour faire l'amour

A poil ou à plumes
La femme sera toujours
Sans voile, sans costume
Faite pour l'amour

Du Casino de Paris
Au night-clubs privés d'amour
Et puis après la vie
Rêver d' grand-duc
Chez l'duc
d'l'amour

A poil ou à plumes
La femme sera toujours
Sans voile, sans costume
Faite pour l'amour

Le rent' dedans

Oh oui fais-moi du rent' dedans
N'aie pas peur, vas-y carrément
Tu ne seras pas mon premier accident
Dans le sublime les mots déments
Vas-y à fond, rajoutes-en
Oui j'ai besoin d'y croire aux beaux serments
Je m'fais avoir comme lon la
La plupart de toutes les nanas
On leur fait avaler n'importe quoi
Balance-les-moi tes boniments
Ta salade, moi tu comprends
Il m'faut un minimun de sentiments

Oh oui fais-moi du rent' dedans
N'aie pas peur, vas-y carrément
Tu ne seras pas mon premier accident
J'ai beau me dire que tout ça c'est que du vent
Qu'après ce n'est plus comme avant
Que derrière le soleil vient le sale temps
Je m'fais avoir comme lon la
La plupart de toutes les nanas
On leur fait avaler n'importe quoi
Redis-moi d'ces trucs épatants
« Je t'aime » ou quelque chose d'approchant
Il m'faut un minimum de sentiments

Oh oui fais-moi du rent' dedans
N'aie pas peur, vas-y carrément
Tu ne seras pas mon premier accident
Dans le sublime les mots déments
Vas-y à fond, rajoutes-en
Oui j'ai besoin d'y croire aux beaux serments
Je m'fais avoir comme lon la
La plupart de toutes les nanas
On leur fait avaler n'importe quoi
Balance-les-moi tes boniments
Ta salade, moi tu comprends
Il m'faut un minimun de sentiments

Oh oui fais-moi du rent' dedans

Tout le monde est musicien

Savez-vous jouer du cornet d'frites
Ou bien du cornet à piston
Et savez-vous siffler un litre
Et jouer des flûtes à l'occasion
Tout le monde est musicien
Y'a pas que Beethoven et Chopin
Suffit d'accorder ses violons
Quand s'étire l'accordéon
Tout le monde est musicien
Du sam'di au dimanche matin
Suffit d'balancer les arpions
Au rythme de l'accordéon

Et ceux qui roulent des mécaniques
Dans les p'tits bals à matelots
Et qui accompagnent la musique
En jouant des coudes et du couteau
Tout le monde est musicien
Y'a pas que Beethoven et Chopin
Suffit d'accorder ses violons
Quand s'étire l'accordéon
Tout le monde est musicien
Du sam'di au dimanche matin
Suffit d'balancer les arpions
Au rythme de l'accordéon

Et ceux qui poussent la chanson
Dans le bureau des commissaires
Et qui se retrouvent au violon
Avant de jouer la fille de l'air
Tout le monde est musicien
Y'a pas que Beethoven et Chopin
Suffit d'accorder ses violons
Quand s'étire l'accordéon
Tout le monde est musicien
Du sam'di au dimanche matin
Suffit d'balancer les arpions
Au rythme de l'accordéon

Et ceux qui font chanter les autres
Avec des photos à la clef
Où l'on voit sur la femme des autres
Comment vous jouez à la poupée
Tout le monde est musicien
Y'a pas que Beethoven et Chopin
Suffit d'accorder ses violons
Quand s'étire l'accordéon
Tout le monde est musicien
Du sam'di au dimanche matin
Suffit d'balancer les arpions
Au rythme de l'accordéon

Et les ténors d'la politique
Qui nous balancent le mêm' refrain
Mais nous on connaît la musique
D'puis l'temps qu'ça ira mieux demain
Tout le monde est musicien
Y'a pas que Beethoven et Chopin
Suffit d'accorder ses violons
Quand s'étire l'accordéon
Tout le monde est musicien
Du sam'di au dimanche matin
Suffit d'balancer les arpions
Au rythme de l'accordéon

Savez-vous jouer du cornet d'frites
Ou bien du cornet à piston
Et savez-vous siffler un litre
Et jouer des flûtes à l'occasion
Tout le monde est musicien
Y'a pas que Beethoven et Chopin
Suffit d'accorder ses violons
Quand s'étire l'accordéon
Tout le monde est musicien
Du sam'di au dimanche matin
Suffit d'balancer les arpions
Au rythme de l'accordéon

Élisa

Élisa, Élisa, Élisa
Saute-moi au cou
Élisa, Élisa, Lisa
On t'emmène avec nous
Tu seras mon infirmière
Et ma fille à soldat
A la guerre
Comme à la guerre, Lisa

Élisa, Élisa, Élisa
Saute-nous au cou
Élisa, Élisa, Lisa
On t'emmène avec nous
Tu seras notre infirmière
Notre fille à soldat
A la guerre
Comme à la guerre, Lisa

N'oublie pas Élisa
Celle qui vous sautait au cou
N'oublie pas Élisa
Celle qui était folle de vous
N'oublie pas ses caresses
Soldat ne l'oublie pas
Dans l'ivresse
Du départ au combat

N'oublie pas Élisa
Celle qui vous sautait au cou
N'oublie pas Élisa
Celle qui était folle de vous
Nos amours se confondent
Dans le bleu horizon
Déjà grondent
L'orage et le canon

Les millionnaires

Où sont passés les millionnaires
Aujourd'hui tout le monde est sans l'sous
On dirait qu'ils se sont fait la paire
Mais où? Mais où?
Est-ce en Chine ou au Pérou?

Je cherche un gros lard
Plein de dollars
Qui me donnerait le gîte et la soupe
Qui me remettrait le vent en poupe
J'veux bien d'un bonhomme
Oui mais un grossiome
Et même s'il veut me prendre en croupe
J'y regarderais pas à la loupe

Où sont passés les millionnaires
Aujourd'hui tout le monde est sans l'sous
On dirait qu'ils se sont fait la paire
Mais où? Mais où?
Est-ce en Chine ou au Pérou?

Entre un beau mec
Et un gros chèque
J'choisis le second pour la Guadeloupe
J'trouverai le premier sur ma chaloupe
Oui bien sur les Tarzan
C'est marrant
Oh la la! Oh, mais qu'est-ce qu'on loupe!
Il vaut bien mieux l'avoir en croupe

Où sont passés les millionnaires
Aujourd'hui tout le monde est sans l'sous
On dirait qu'ils se sont fait la paire
Mais où? Mais où?
Est-ce en Chine ou au Pérou?

Aujourd'hui hélas l'fric
S'lâche avec un élastique
Pour s'rincer l'œil ils viennent en groupe
Et les ouvrent grands comme des soucoupes

Alors avec sa jolie anatomie
La pépée qui est sans le sou
Peut toujours s'engager dans la troupe

Où sont passés les millionnaires
Aujourd'hui tout le monde est sans l'sous
On dirait qu'ils se sont fait la paire
Mais où ? Mais où ?
Est-ce en Chine ou au Pérou ?

Les bleus sont les plus beaux bijoux

Lorsque sur moi il pleut des coups
De poing ou d'ta canne en bambou
Que l'rimmel coule le long d'mes joues
Que j'm'évanouis, que j'suis à bout
Je m'dis qu'les bleus sont les bijoux
Les plus précieux et les plus fous
Et qu'si un soir on est sans l'sous
J'pourrai toujours les mettre au clou

J'ai des émeraudes autour du cou
Des améthystes un peu partout
Si t'étais pas aussi jaloux
J'irais au bal, quel succès fou !
J'arriverais couverte de bijoux
Qui étincelleraient de tous
Leurs feux, j'vois d'ici l'œil jaloux
Des autres nanas et d'leurs matous

Tabasse-moi encore, voyou
R'file-m'en encore pour quelques sous
Vas-y rentre-moi dans le chou
Tellement j'ai mal que j'sens plus les coups
Ouais... mes bleus sont mes seuls bijoux
Y'en a qu'j'ai payé un prix fou
Tu m'as tellement rouée de coups
Me v'là millionnaire de partout

C'soir encore t'es complètement saoul
Tu m'regardes avec tes yeux fous
Ça y'est voilà que tu m'secoues
Doucement mon amour vas-y mou...
J'ai beau être de caoutchouc
Et même rebondir sous les coups
Un jour tu casseras ton joujou
Tu le regretteras après coup

King Kong

J'étais dans un snack-bar
A me refaire les ongles
Égarée dans la jungle
En rêvant de Tarzan
Arrive un malabar
Une espèce de gorille
Dont le regard oh, oui
Me berça jusqu'au sang

Ah King Kong, King Kong, King Kong
T'es le kong, t'es le king
Ah King Kong, King Kong, King Kong
T'es le king des kongs

Me revoilà au snack-bar
A me refaire une frimousse
Égarée dans la brousse
En rêvant de Jim la Jungle
Arrive un grand gaillard
Une espèce de voyou
Dont le regard en d'ssous
Me fit rougir jusqu'aux ongles

Ah King Kong, King Kong, King Kong
T'es le kong, t'es le king
Ah King Kong, King Kong, King Kong
T'es le king des kongs

Je me retrouve au snack-bar
A me refaire une patience
Égarée dans les transes

En rêvant de Luc Bradfer
Voilà qu'arrive une armoire
A glace, un bellâtre
Dont le regard bleuâtre
Me mit les pattes en l'air

Ah King Kong, King Kong, King Kong
T'es le kong, t'es le king
Ah King Kong, King Kong, King Kong
T'es le king des kongs

De nouveau au snack-bar
A me refaire une santé
Égarée en forêt
En rêvant de King Kong
Arrive un beau lascard
Une espèce de métèque
Dont le regard aussi sec
Me fit comme un coup de gong

Ah King Kong, King Kong, King Kong
T'es le kong, t'es le king
Ah King Kong, King Kong, King Kong
T'es le king des kongs

Dessous mon pull (Finale)

De l'auteur de mes jours
Au passeur de mes nuits
Ce gâcheur de ma vie
Aux grands yeux de l'amour
De l'homme de ma vie
A tous mes chéris
A bout portant je leur dis :
Y'a toujours foule
Dessous mon pull
Les jolies poules

Courent pas les rues
Sous mes dessous
Le mec à la coule
En perd la boule
Le souffle et la vue

D'mes petits amis
Mes cinq à sept heures
Aux petits sauteurs
De mes après-minuit
De l'homme de ma vie
A tous mes chéris
A bout portant je leur dis :
Y'a toujours foule
Dessous mon pull
Les jolies poules
Courent pas les rues
Sous mes dessous
Le mec à la coule
En perd la boule
Le souffle et la vue

Du Prince de mes nuits blanches
Songeant à mes ex-
Amoureux aux ex-
Plorateurs de mes hanches
De l'homme de ma vie
A tous mes chéris
A bout portant je leur dis :
Y'a toujours foule
Dessous mon pull
Les jolies poules
Courent pas les rues
Sous mes dessous
Le mec à la coule
En perd la boule
Le souffle et la vue

Du preneur de mes reins
Au frôleur de mes lèvres
D'mon donneur de fièvre
Au baiseur de mes mains
De l'homme de ma vie
A tous mes chéris
A bout portant je leur dis :

Y'a toujours foule
Dessous mon pull
Les jolies poules
Courent pas les rues
Sous mes dessous
Le mec à la coule
En perd la boule
Le souffle et la vue

Du voyou de mon cœur
Au dur de mes faiblesses
D'l'aristo de mes fesses
Au voyeur d'mon corps
De l'homme de ma vie
A tous mes chéris
A bout portant je leur dis :
Y'a toujours foule
Dessous mon pull
Les jolies poules
Courent pas les rues
Sous mes dessous
Le mec à la coule
En perd la boule
Le souffle et la vue

Le sixième sens

Un mégot de Philip Morris l'eau de Chanel
Je mange un caramel
En écoutant la pluie que tu fais sous la douche
Tu t'approches tout bleu de mousse d'Obao
Buvant ton cacao
En sifflotant un air d'un film de Lelouch

Je me remets le rouge qu'hier tu m'enlevas
Et j'accroche mes bas
En regardant l'impasse sur laquelle je débouche
Et devant ton reflet qui se brosse les dents
À la menthe je sens
Que c'est la dernière fois qu'avec toi je couche

Le petit matin pâle a des odeurs d'essence
Amèrement je pense
Que cett' nuit nous avons fait ça comme on se mouche
Il faudrait être aveugle pour rien sentir du tout
La rupture a un goût
Spécial
On entendrait oh sûr ! voler les mouches

Ce sont les cinq sens de la vie
Le sixième dit que c'est fini

La décadanse

— Tourne-toi
— Non
— Contre moi
— Non, pas comm' ça
— Et danse
La décadanse
Oui c'est bien
Bouge tes reins
Lentement
Devant les miens
— Reste là
Derrière moi
Balance
La décadanse
Que tes mains
Frôlent mes seins
Et mon cœur
Qui est le tien
— Mon amour
De toujours
Patience
La décadanse
Sous mes doigts
T'emmènera
Vers de lointains
Au-delà
— Des eaux troubles
Soudain troublent
Mes sens

La décadanse
M'a perdue
Ah tu me tues
Mon amour
Dis m'aimes-tu?
— Je t'aimais
Déjà mais
Nuance
La décadanse
Plus encore
Que notre mort
Lie nos âmes
Et nos corps
— Dieux! Pardo-
Nnez nos
Offenses
La décadanse
A bercé
Nos corps blasés
Et nos âmes égarées
— Dieux!
Pardonnez nos offenses
La décadanse
A bercé
Nos corps blasés
Et nos âmes égarées

Les langues de chat

Je cherche un p'tit papa gâteau
Qui m'f'rait des langues de chat
Afin qu'mes nuits s'éclairent au chocolat
J'aim'rais bien un p'tit biscuit LU
Dans le courrier du cœur
D'palmier qui devant moi serait baba

Je cherche un p'tit papa gâteau
Qui m'f'rait des langues de chat
Afin qu'mes nuits s'éclairent au chocolat
Je n'ai que faire d'un diplomate
A galette d'une pâte brisée
Qui devant moi serait baba

Je cherche un p'tit papa gâteau
Qui m'frait des langues de chat
Afin qu'mes nuits s'éclairent au chocolat
Hier j'avais un nègre en chemise
Un délice antillais
Qui de mon amour parfait se moqua

Je cherche un p'tit papa gâteau
Qui m'frait des langues de chat
Afin qu'mes nuits s'éclairent au chocolat
Il f'sait que m'balancer des tartes
Des gaufres, des beignets
J'en restais sur le flanc, j'étais baba

Je cherche un p'tit papa gâteau
Qui m'frait des langues de chat
Afin qu'mes nuits s'éclairent au chocolat
Je voudrais bien d'un puits d'amour
Qui viendrait entre mes bras
Et sous lequel je serai baba

Elle est si...

Elle est si chatte que je lui dis mou
Elle est si grosse que je lui dis vous
Elle est si laide que je lui dis bou
Et si lady que je lui dis you

Elle est fainéasse je lui dis do
Something remue tes roudoudous
Elle somnole je lui fais hou
Elle sursaute et fait la moue

Elle est si bête faut lui dire tout
Elle est si gourde faut lui dire où
Elle est si tiède et moi qui bous
Je veux remettre ça elle me dit des clous

Elle en veut tellement que je lui dis pouce
Et pour souffler je lui lis Proust
Mais elle est si sotte que je lui dis pousse
Toi d'là ça suffit allez oust!

Frankenstein

Fallait un cerveau aussi grand qu'Einstein
Pour en greffer un autre à Frankenstein
Faire de plusieurs cadavres en un instant
Un mort vivant

Rassembler, coudre ensemble les morceaux
Le nez, les yeux, les lèvres et la peau
Les connexions nerveuses fixées au cou
Par des écrous

Mais il fallait aussi un assistant
Qui, ayant brisé le cœur par accident,
Lui substitua celui d'un assassin
Un assassin

Après quelques décharges électriques
Il se mit à rouler des mécaniques
Puis, renversant bec bunzène et cornues,
Il disparut

Je serai avec toi le jour de tes noces
Avait promis au Docteur le colosse
Et lorsque la fiancée arriva
Il l'étrangla

Les petits ballons

On me gonfle avec la bouche
A la taille que l'on veut
Puis après le bouche-à-bouche
On fait ce que l'on veut
De moi mais rien ne me touche
J'n'éprouve aucune émotion
Je n'frémis que si l'on touche
A mes petits ballons

Rien non rien ne m'effarouche
Plus que les baisers de feu
Encore plus que les cartouches
De gauloises bleues
Mais ce qui le plus me douche
Me laisse comme glaçon
Ce sont ces types un peu louches
Qui m'font des pinçons

Insensible je me couche
Sans jamais fermer les yeux
Sans jamais ouvrir la bouche
Pour te dire je
T'aime non rien ne me touche
J'n'éprouve aucune émotion
Je n'frémis que si l'on touche
A mes petits ballons

Sex shop

Dis, petite salope, raconte-moi
Comment c'était entre ses bras
Était-ce mieux qu'avec moi
Ouais, petite vicieuse, dis-moi tout
Combien de fois, combien de coups
Quand même pas jusqu'au bout

Non, petite salope, tu me mens
Il ne t'en a pas fait autant
Que tu me le prétends
Mais, petite conne, ça ne fait rien
Invente-moi encore ses mains
Sur ton ventre et tes seins

Quand même tu m'as pas fait ça
C'est pas vrai
Dis-moi que c'est pas vrai

Dis, petite salope, redis-moi
Comment c'était entre ses bras
Était-ce mieux qu'avec moi
Mais, petite garce, si tu m'as dit vrai
Je ne te pardonnerai
Je te jure jamais

Menteuse, menteuse

Di doo dah

Di doo di doo dah
O di doo di doo dah
Mélancolique et désabusée
Di doo di doo di doo dah
O di doo di doo dah
J'ai je n'sais quoi d'un garçon manqué
Di doo di doo di doo dah
O di doo di doo dah
Je n'ai jamais joué à la poupée
Di doo di doo di doo dah
O di doo di doo dah
Je griffe ceux qui essaient de m'embrasser
Les autres filles se posent pas d'questions
Elles courent les rues et les dancings et les garçons
Pas si cons

Di doo di doo di doo dah
O di doo di doo dah
Difficile de m'imaginer

En chantant di doo di doo dah
O di doo di doo di doo dah
Qu'un de ces quatr' ça va m'arriver

Di doo di doo di doo dah
O di doo di doo dah
Mélancolique et désabusée
Di doo di doo di doo dah
O di doo di doo dah
J'ai je n'sais quoi d'un garçon manqué
Di doo di doo di doo dah
O di doo di doo dah
Je suis l'portrait d'mon père tout craché
Il chantait : *di doo di doo dah*
O di doo di doo dah
Quand il m'accompagnait au lycée
Les autres filles ont de beaux nichons
Et moi, moi je reste aussi plate qu'un garçon
Que c'est con

Di doo di doo di doo dah
O di doo di doo dah
Difficile de m'imaginer
En chantant di doo di doo dah
O di doo di doo di doo dah
Qu'un de ces quatr' ça va m'arriver

Help camionneur

Sur les bords des routes, je fais des signes aux camionneurs
Les gros bras, les brutes, les gorilles ne me font pas peur
Help ! Help ! Arrête-toi mon beau poids-lourd
Prends-moi, emmène-moi sur ton gros cul
Porte-moi aux nues

Les gosses de riche des Porsche et des Maseratti
Ne m'inspirent à moi que du dégoût, que du mépris
Help ! Help ! Arrête-toi mon beau quinze tonnes
Prends-moi sur ton camion frigorifique
Loin de ce trafic

Les gens m'éclaboussent en m'effleurant de leurs ailes
Il me semble percevoir l'bruit d'un moteur Diesel
Help! Help! Arrête-toi beau camionneur
Mais oui j'entends là-bas comme un klaxon
Est-ce Calberson?

C'est pas vrai dans l'virage un camion paraît enfin
Je suis dans ses phares, j'avance, il fait hurler ses freins
Help! Help! Je suis à toi mon beau routier
Prends-moi, prends-moi sur ton camion-citerne
La vie est si terne

Encore lui

Je descends à La Chapelle
Et cet homme descend aussi
J'prends la rue de L'Évangile
Et le voilà qui me suit
Rue des Roses puis rue des Fillettes
Je me retourne c'est encore lui
Voici les Filles-du-Calvaire
Et l'Hôpital Saint-Louis
La rue de La Grange-aux-Belles
Et le Faubourg-Saint-Denis
La rue Notre-Dame-de-Lorette
Je me retourne c'est encore lui

Passé la rue des Abbesses
Et le boulevard de Clichy
Je prends la rue des Martyrs
Puis la rue de Paradis
Me voici enfin devant chez moi
Je me retourne c'est encore lui
Quatre à quatre l'escalier
En bas j'entends comme un bruit
Vite je donne un tour de clé
Et me glisse dans mon lit
Le cœur battant je ferme les yeux
Je me retourne c'est encore lui

Puisque je te le dis

Puisque je te le dis
Mais oui je t'aime
Puisque je te dis qu'non
T'es drôle quand même
Ça fait au moins deux heures
Qu'on est là-dessus
Ça commence à bien faire
Moi j'en peux plus

Puisque je te le dis
Je te le jure
Puisque je te dis qu'non
Mais si je t'assure
Pas plus tard que tout à l'heure
Je s'rai à toi
C'est c'que tu cherches à me faire dire
Hein c'est bien ça

Puisque je te le dis
Bien sûr c'est vrai
Puisque je te dis qu'non
Qu'est-ce que j'aurais
D'plus à t'mentir d'ailleurs
T'auras qu'à voir
Quand on s'ra seuls tous les deux
Si c'est des bobards

Puisque je te le dis
Tu as ma parole
Puisque je te dis qu'non
C'n'est pas l'alcool
Viens viens allons ailleurs
Où? n'importe où
Chez toi chez moi peu importe
Je n'tiens plus debout

Puisque je te le dis
Mais oui je veux
Puisque je te dis qu'non
J'veux c'que tu veux

Je t'aime mais oui
Mais oui je t'aime
Puisque tu me le dis

Les capotes anglaises

Je souffle dans les capotes anglaises
Ça fait des jolis ballons
J'en ai lancé treize
De mon balcon
Cellophanes de supermarché
Peaux diaphanes qui selon
Le vent de l'été
Volent ou non

Je souffle dans les capotes anglaises
J'en fais des ballons-sondes
Mais j'vous mets à l'aise
En deux secondes
Je ne les prends que pour ça
Pour faire des ballons-saucisses
Des aérostats
Rien d'autre non

Je souffle dans les capotes anglaises
Zeppelin, Explorer deux
Ça crée un malaise
C'est pas sérieux
Satellites artificiels
Montez vite jusqu'à Orion
Allez dans le ciel
Faire les cons

Leur plaisir sans moi

Maman, connais pas
La solitude, je n'connais que trop
Dire qu'il y'en a des comm'moi
Qui dorment bien au chaud
Hier soir j'ai lu *Sans famille* dans le métro
Je suis d'l'assistan-
Ce et croyez-moi c'est bien attristant

Le monde, connais pas
Mais par ici je connais par cœur
Si j'avais du fric, j'prendrai un billet pour ailleurs
J'ai un vieil atlas quand je l'ouvre je pleure
J'aimerais voir Istan-
Bul et Bagdad et l'Afghanistan

L'amour, connais pas
L'amour physique oui, sur l'bout des doigts
Avec des garçons qui prennent leur plaisir sans moi
Tristan et Iseult j'ai lu au moins cent fois
Je suis si triste en
Y pensant je cherche mon Tristan

Mon amour baiser

Oh mon amour mon amour baiser
Baiser d'amour
Baiser tendre
Baiser fou
Oh mon amour mon amour baiser
Baiser mouillé
Baiser chaud
Baiser doux
Oh mon amour mon amour baiser
Baiser brûlant
Baiser long

Gros bisou
Baiser doigt
Sucer pouce
Et puis baiser bouche
Baiser doigt
Sucer pouce
Puis baiser peau douce
Oh mon amour mon amour baiser
Baiser d'amour
Baiser tendre
Baiser fou
Oh mon amour mon amour baiser
Baiser mouillé
Baiser chaud
Gros bisou
Baiser cou
Baiser gorge
Baiser sein
Baiser ventre
Baiser reins
Baiser hanche
Baiser cuisse
Baiser tout

Banana boat

Banana boat
Pas la moindre fille à l'horizon
Ah si j'pouvais m'embarquer
Que de retard d'affection
Banana boat
Bien avant d'arriver à Dakar
Le premier que je prendrai
Sera le marin de quart
Pas longtemps car
Banana boat
J'irai voir le marin dans les soutes
Avec lui ça va chauffer
Et pas seulement au mazout
Banana boat
Après quoi je remonterai en cabine

Me faire une petite idée
D'comme on traite dans la marine une gamine
Banana boat
Après trois ou quatre matelots
Histoire de récupérer
Je ferai des frais au cuistot
Puis rassasiée j'irai
Près des haubans de misaine
Et là je m'efforcerai
D'sortir d'sa réserve hautaine...
Le capitaine

Kawasaki

Sur ma mécanique
Orange l'aiguille indique
Deux cents, l'allure est fantastique
Je fonce d'autant
Qu'je fais partie d'un gang
De banlieue
Sa devise est
Bang

Une belle mécanique
Cette Kawasaki, l'week-end
De tout mon cœur j'la brique
Si un gars du gang
La touche
Je lui flanque
Vite fait une paire de gifles
Bang

Réflexe mécanique
De justesse j'évite
Quelques pylônes électriques
Ma machine tangue
Dangereusement
Manque de chance
Un pneu éclate et
Bang

Sous ma mécanique
Je suis prise de panique
Je sens que ça tourne au tragique
J'ai là sur la langue
Un goût d'risque et de sang
Et mon cœur qui fait
Bang

La cible qui bouge

Près du flipper qui passe au vert qui passe au rouge
Je danse seule juste pour le plaisir de danser
Je r'mue des hanches c'est comme une cible qui bouge
Sur le bas de mon dos le regard des hommes est braqué

J'aime les coins un peu sordides j'aime les bouges
J'aime les zincs j'aime les bistrots enfumés
Je r'mue des hanches c'est comme une cible qui bouge
Je prends un malin plaisir à les allumer

J'marche au Coca tandis qu'les autres marchent au rouge
Au bout d'une plombe ils se mettent tous à tituber
Je r'mue des hanches c'est comme une cible qui bouge
Et c'est pas rare que ça finisse par bagarrer

Près du flipper qui passe au vert qui passe au rouge
Je danse seule juste pour le plaisir de danser
Je r'mue des hanches c'est comme une cible qui bouge
Salut les mecs vendredi soir je reviendrai

La baigneuse de Brighton

Au milieu des vagues
Accroupie les yeux vagues
La baigneuse de Brighton
A dans son derrière,
Pliées en zigzag,
Des photos quelques vagues
Souvenirs de Brigthon
Et du bord de mer

Royal Pavillon,
The Lanes and The Old Steine,
Adelaïde Crescent and Rottingdean,
Black Rock Railway,
The Palace Pier,
Kemp Town,
Regency Crescent
And Whittchawk Down

Une écriture vague
Au-dessous du tampon
D'la poste de Brighton
Me dit que c'est lui
Mais quoi je divague
Non non c'est pas d'la blague
Je lis : *Salut pauvre conne*
Adieu c'est fini

C'est la vie qui veut ça

J'aimerais te dire que je te suis fidèle
Mais d'abord je trouve que ça s'rait pas bien
Car vois-tu ce n'est pas vrai
Et autant qu'tu saches
A quoi t'en tenir avec moi
Non jamais je ne t'ai rien promis de tel
Au tout début tu trouvais ça très bien
Maintenant qu'tu l'as oublié
Tu trouves que c'est vache
Mais moi j' vois pas en quoi

J'y peux rien c'est la vie qui veut ça
C'est la vie, ça n'est pas moi
Moi je voudrais bien être autrement
Mais j'vois pas comment

Souviens-toi la première fois à l'hôtel
Tu m'as dit qu'j'étais une petite putain
Alors t'aurais préféré
Que je te le cache
Mais moi je ne vois pas pourquoi
Si tu veux m'garder il faut me prendre telle quelle
Et t'faire à l'idée que j'ai des copains
Moi j'te dis la vérité
Et tout de suite tu te fâches
Il n'y a vraiment pas de quoi

J'y peux rien c'est la vie qui veut ça
C'est la vie, ça n'est pas moi
Moi j'voudrais bien être autrement
Mais j'vois pas comment

L'amour en privé

L'amour c'est ce qu'on peut
Faire de mieux
Alors pourquoi s'en priver
Il se passe des choses à deux
Lorsqu'on se retrouve en privé
Tirez les verrous
Fini les tabous
Comme on se lave en privé
D'la tête aux genoux
Comme des Papous
On se laisse dériver
C'est l'amour en privé

L'amour c'est ce qu'on peut
Faire de mieux
Alors pourquoi s'en priver
Tu m'aimes, je t'aime
Nous nous... on se le dit en privé
Tirez les verrous
On viole d'un coup
Nos propriétés privées
D'la tête aux genoux
Des baisers partout
On se laisse dériver
C'est l'amour en privé

Je suis venu te dire que je m'en vais

Je suis venu te dire que je m'en vais
Et tes larmes n'y pourront rien changer
Comme dit si bien Verlaine « Au vent mauvais »
Je suis venu te dire que je m'en vais
Tu t'souviens des jours anciens et tu pleures

Tu suffoques, tu blêmis à présent qu'a sonné l'heure
Des adieux à jamais
Oui je suis au regret
De te dire que je m'en vais
Oui je t'aimais, oui, mais

Je suis venu te dire que je m'en vais
Tes sanglots longs n'y pourront rien changer
Comme dit si bien Verlaine « Au vent mauvais »
Je suis venu te dire que je m'en vais
Tu t'souviens des jours heureux et tu pleures
Tu sanglotes, tu gémis à présent qu'a sonné l'heure
Des adieux à jamais
Oui je suis au regret
De te dire que je m'en vais
Car tu m'en as trop fait!

Vu de l'extérieur

Tu es belle vue de l'extérieur
Hélas je connais tout ce qui se passe à l'intérieur
C'est pas beau même assez dégoûtant
Alors ne t'étonne pas si aujourd'hui je te dis va-t'en
Va t'faire voir, va faire voir ailleurs
Tes roudoudous, tout mous tout doux
Et ton postérieur
Il est beau vu de l'extérieur
Malheur à moi qui ai pénétré à l'intérieur
C'était bon ça évidemment
Mais tu sais comme moi que ces choses-là n'ont qu'un temps
Va t'faire voir, va faire voir ailleurs
Tes roploplos tout beaux tout chauds
Et ton gros pétard

Il est beau vu de l'extérieur
Qu'est-ce qui m'a pris grand Dieu d'm'aventurer à l'intérieur
C'était bon ça évidemment
Mais tu sais comme moi que ces choses-là n'ont qu'un temps
Va t'faire voir, va faire voir ailleurs
Tes deux doudounes, tes gros balounes
Et ton p'tit valseur

Il est beau vu de l'extérieur
J'aurais dû me méfier pas m'risquer à l'intérieur
C'était bon ça évidemment
Mais tu sais comme moi que ces choses-là n'ont qu'un temps
Va t'faire voir, va faire voir ailleurs
Et sans délai tes boîtes à lait
Et ton popotin

Il est beau vu de l'extérieur
Pauvre de moi qui m'suis risqué à l'intérieur
C'était bon ça évidemment
Mais tu sais comme moi que ces choses-là n'ont qu'un temps
Va t'faire voir, va faire voir ailleurs
Tes beaux lolos en marshmallow
Et ton p'tit panier
Il est beau vu de l'extérieur
Mais tu sais comme moi tout ce qui s'passe à l'intérieur
C'est pas beau même assez dégoûtant
Alors ne t'étonne pas si aujourd'hui je te dis va-t'en
Va t'faire voir, va t'faire voir ailleurs...

Panpan cucul

Quand je m'trimbale
Une p'tit' poupée dans mon tape-cul
C'est comme si je lui faisais
Panpan cucul

Tandis que mon tas de ferraille
Fait teuf teuf teuf
Elle, elle arrêt' pas de faire aïe
Houla ouille

Quand je m'trimbale
Une p'tit' poupée dans mon tape-cul
C'est comme si je lui faisais
Panpan cucul

S'échappant de son p'tit valseur
Comm' d'une bande dessinée
Les étoiles de la douleur
Se mettent à scintiller

Quand je m'trimbale
Une p'tit' poupée dans mon tape-cul
C'est comme si je lui faisais
Panpan cucul

La voici bientôt en chaleur
Sur des charbons
Ardents, moi j'donn' des coups d'avertisseurs
Qui font...

Par hasard et pas rasé

Par hasard et pas rasé
J'rapplique chez elle
Et sur qui j'tombe
Comme par hasard
Un para le genre de mec
Qui les tombe toutes
Ça m'en fiche un coup
Je suis comme un fou
Je m'en vais
Au hasard en rasant
Les murs du cimetière
Je saute de tombe en tombe
Au hasard des allées
Ça m'a fait l'effet d'une bombe
Toutes les mêmes après tout
Cette fille je m'en fous...

Par hasard et pas rasé
J'rapplique chez elle
Et sur qui j'tombe
Comme par hasard
Un para le genre de mec
Qui les tombe toutes
Ça m'en fiche un coup
Je suis comme un fou
Je m'en vais
Au hasard en rasant

Les murs du cimetière
Je saute de tombe en tombe
Au hasard des allées
Ça m'a fait l'effet d'une bombe
A raser

Des vents des pets des poums

Déjà deux heures que j'fais l'pet d'vant sa porte comme un
[groom
Elle manque pas d'air celle-là !
Je devais l'emmener souper dans un grill-room
En l'attendant je fais des vents des pets des poums
Non mais pour qui elle s'prend celle-là pour la Bégum
Après on devait aller danser au Voom-Voom
En l'attendant je fais des vents des pets des poums
Saint-Tropez c'est râpé pour toi pauvre clown
Elle t'a pété dans la main cette fille-là, badaboum
En l'attendant je fais des vents des pets des poums

Tiens, celui-là était pas mal du tout, il a fait boum
Et celui-ci il est parti comme une balle doom-doom
En l'attendant tu fais des vents des pets des poums
Et celui-là dis donc pschtt, un vrai simoun
Celui-ci pardon, il a fait aussi chaud qu'au Cameroun
En l'attendant tu fais des vents des pets des poums
Tiens ç'lui-ci était bien envoyé, il a fait voom
Et celui-là vlan, il a fait vroom
En l'attendant je fais des vents des pets des poums

Titicaca

Je sais pas ce qu'il y a d'vrai là-d'd'encre
On dit qu'c'est une princesse Inca
Elle a l'pubis noir comme l'encre
Ouais, pour un cas c'est un cas

Cette fille-là on peut dire que c'est un cas
J'aimerais la noyer dans le Titicaca

Vous savez bien cette prinsœur
Qui vomissait perles et diamants
Elle, elle s'rait plutôt comme sa sœur
Elle vomit crapauds et serpents

Cette fille-là on peut dire que c'est un cas
J'aimerais la noyer dans le Titicaca

Quand un toutou fait de beaux rêves
On dessine un os dans un nuage
Moi, quand il m'arrive d'rêver d'Ève
L'os est dans le nez d'cette sauvage

Cette fille-là on peut dire que c'est un cas
J'aimerais la noyer dans le Titicaca

A la voir c'est l'genre délicongle
Elle fait toujours vachement soignée
Sauf que le rouge qu'elle a aux ongles
C'est mon pauvre sang coagulé

Cette fille-là on peut dire que c'est un cas
J'aimerais la noyer dans le Titicaca

Si par hasard devant chez moire
Vous passez, faites le sourd
J'suis en train d'remplir la baignoire
Et elle vous appelle au secours

Cette fille-là on peut dire que c'est un cas
J'aimerais la noyer dans le Titicaca

Enfin d'toute façon c'est pas grave
J'en ai tiré une bonne leçon :
Prendre les filles pour c'qu'elles ne sont paves
Et les laisser pour ce qu'elle sont

Allô Popocatepelletan vingt-deux vingt-deux
Y a un cadavre à embarquer...

Pamela Popo

J'connais dans une boîte de Soho
Une nommée Pamela Popo
Une de ces p'tites nanas dont la peau
Est plus noire qu'un conte d'Edgar Allan Poe

Sur une musique de rococo
Cette petite Pamela Popo
A mis au point un de ces numéros
De strip-tease à vous faire froid dans le dos

Elle retire d'abord un maillot
De corps sur lequel est marqué *Pamela Popo*
En lettres d'or, et sans un mot
Elle esquisse le Slow

Après quoi, les lolos
A l'air, Pamela Popo
Se met à soupirer oh oh
Oh oh oh
Oh Pamela Popo

Enfin on tamise les projos
Sur Pamela Popo
Qui de dos
Baisse sa culotte « petit-négro »

La poupée qui fait

C'est une petite poupée qui fait pipi caca
Une petite poupée qui dit papa
Elle a des petites socquettes blanches
Et une culotte à trou-trous
Une petite chaînette autour du cou
Elle a des petites socquettes blanches
Et une culotte à trou-trous
Quand elle remue du croupion ça m'rend coucou

C'est une petite poupée qui fait pipi caca
Une petite poupée qui dit papa
Faut la rattraper par la manche
Sinon elle part en arrière
Elle bascule en gardant les yeux grands ouverts
Faut la rattraper par la manche
Sinon elle part en arrière
Elle se couche sur le dos les pattes en l'air

C'est une petite poupée qui fait pipi caca
Une petite poupée qui dit papa
Je lui réponds d'une voix blanche
Je t'aime petit mannequin
Avant de la balancer sur les coussins
Je lui réponds d'une voix blanche
Je t'aime petit mannequin
Et je désarticule le pauvre pantin

C'est une petite poupée qui fait pipi caca
Une petite poupée qui dit papa
Et je fais gaffe avec mes hanches
De n'pas trop la bousculer
Il est si facile de la faire pleurer
Oui je fais gaffe avec mes hanches
De n'pas trop la bousculer
Car j'ai bien peur de déchirer ma poupée

L'hippopodame

C'est un Rubens
C'est une hippopodame
Avec un D
Comme dans marshmallow
Et si j'en pince
Pour c't'hippopodame
C'est qu'avec elle j'ai des prix de gros

Ah quel suspense
Sur mon hippopodame
Avec un D
Comme dans vas-y mollo
Les ressorts grincent
Sous l'hippopodame
Mais au-d'ssus je m'sens bien dans sa peau

C'est pas une mince
Affaire c't'hippopodame
Avec un D
Comme dans gigolo
Lorsqu'elle me coince
Mon hippopodame
Entre ses deux groseilles à maquereaux

Puis elle se rince
Vite fait l'hippopodame
Avec un D
Comme dans lavabo
Elle redevient princ-
Esse hippopodame
Et me refile mon petit cadeau

C'est un Rubens
C'est une hippopodame
Avec un D
Comme dans marshmallow
Et si j'en pince
Pour c't'hippopodame
C'est qu'avec elle j'ai des prix de gros

Sensuelle et sans suite

Une histoire sensuelle et sans suite
Ça fait crac, ça fait pschtt
Crac je prends la fille et puis pschtt
J'prends la fuite
Elles en pincent toutes pour ma pomme cuite
J'suis un crack pour ces p'tites
Crac les v'là sur l'dos et moi pschtt
J'en profite

Leurs p'tits cœurs palpitent
Tandis qu'elles s'excitent
Qu'elles s'envoient au zénith

Elles sont gonflées, ouais, mais très vite
Elles craquent et alors pschtt
Crac c'est les nerfs, et puis pschtt
Y'a comme une fuite
J'aime jouer avec la dynamite
Quand ça craque, ça fait pschtt
Crac j'allume la mèche et puis pschtt
Je m'exit

Leurs p'tits cœurs palpitent
Tandis qu'elles s'excitent
Qu'elles s'envoient au zénith

Ces histoires sensuelles et sans suite
Ça fait crac, ça fait pschtt
Crac je prends la fille et puis pschtt
J'prends la fuite

My chérie Jane

Dans mes jeans
Au soleil
My chérie, my chérie, my chérie Jane
On me glisse
A l'oreille
My chérie, my chérie, my chérie Jane
A mes trousses
On se jette
Je me hisse sur une branche maîtresse
Ils sont tous
Comme des bêtes
A baver my chérie, chérie Jane

Malgré ça je me sens moche
Ça va pas dans ma caboche
J'ai des nuages gris-bleu
Qui soudain me sortent par les yeux

Et puis merde
Avec vos
My chérie, my chérie, my chérie Jane
Il se perd
Des pieds au
Cul, chérie, my chérie, my chérie Jane
Oh eh oh
Eh taxi
Mets la gomme, tirons-nous en vitesse
Dans l'rétro
Il me dit
Mais bien sûr my chérie, chérie Jane

My chérie, my chérie, my chérie Jane
My chérie, my chérie, my chérie Jane
Oh eh oh
Eh taxi
Mets la gomme, tirons-nous en vitesse
Conduis-moi
Je t'en prie
Mais bien sûr my chérie, chérie Jane
Vers çui-là
Qui m'a dit
Le premier « my chérie, chérie Jane »

Bébé Gai

Oh babe babe babe bébé gai
Je babe je babe je babe je babe je bégaye
J'ai les dents qui claquent
Comme l'Union Jack
Oh babe babe bébé gai
J'ai tous mes mots qui rebondissent
J'en prononce un il en sort disse
Comme d'un fusil-mitrailleur

Oh babe babe bébé gai
Je babe je babe je babe je babe je bégaye
Je butte sur chaqu'
Syllab' pa-ta-trac
Oh babe babe bébé gai
Ça me porte gravement préjudice
Moi qui rêvais d'être une actrice
C'est bien foutu j'en ai peur

Oh babe babe babe bébé gai
Je babe je babe je babe je babe je bégaye
Mes baisers sont smack
Très aphrodisiaques
Oh babe babe bébé gai
Les garçons toujours plein d'malice
Disent que j'ai la langue qui s'dévisse
Et ça fait leur bonheur

Telle est la télé

On me refile des vieux navets
D'avant-guerre qui n'avaient
Guère de succès à leur époque
Tellement c'était toc
Après quoi on m'parle de bouquins
Que je lirais même pas au petit coin
Et Dieu sait si j'y passe des heures à rêvasser
Telle est la, telle est la, telle est la télé
Telle est la, telle est la, telle est la télé

Je m'retrouve à l'Assemblée
Et comme j'ai droit qu'à la fermer
Je coupe le son
J'mets la radio et j'regarde le résultat
C'qui fait qu'on dirait qu'c'est Dutronc
Qui vote la motion de censure
Au moins comme ça, ça m'rassure
L'État c'est moi et moi et moi
Telle est la, telle est la, telle est la télé
Telle est la, telle est la, telle est la télé

Le soir j'fais d'l'œil aux speakerines
Qui sont toutes mes p'tites copines
Sauf une, et je me sens moins seul dans mon lit
Un jour que je me baladais tout nu
Dans ma chambre y'en a une qui m'a vu
Et comme c'était la deuxième chaîne elle a rougi
Telle est la, telle est la, telle est la télé
Telle est la, telle est la, telle est la télé

Nazi Rock

Voici venir la nuit des longs couteaux

Enfilez vos bas noirs, les gars
Ajustez bien vos accroch'bas
Vos port' jarr'tell's et vos corsets
Allez venez ça va s'corser
On va danser le
Nazi Rock Nazi
Nazi Nazi Rock Nazi
On va danser le
Nazi Rock Nazi
Nazi Nazi Rock Nazi

Maquillez vos lèvres, les gars
Avec des rouges délicats
Faites-vous des bouches sanglantes
Ou noires ou bleues si ça vous tente
On va danser le
Nazi Rock Nazi
Nazi Nazi Rock Nazi
On va danser le
Nazi Rock Nazi
Nazi Nazi Rock Nazi

Sur vos boucles blondes, les gars
Mettez fixatifs et corps gras
N'épargnez ni onguents ni fards
Venez avant qu'il n'soit trop tard
On va danser le
Nazi Rock Nazi
Nazi Nazi Rock Nazi
On va danser le
Nazi Rock Nazi
Nazi Nazi Rock Nazi

Tata teutonne

Otto est une tata teutonne
Pleine de tics et de totos
Qui s'autotète les tétés
En se titillant les tétons
Et sa mitrailleuse fait
Tatatatata tata
Ratatatata
Tatatatata tata
Ratatatata

Assez porté sur la tortore
Il s'tape des tonnes de steak tartare
Puis Otto rote et jette hautain
Son étron au trou des tinettes
Son gros pétard pète et fait
Tatatatata tata
Ratatatata
Tatatatata tata
Ratatatata

Pour ce Teuton tout est torture
Tata ayant tâté de tout
Otto fait les tasses à tâtons
Oui mais question tutu tintin
Une voix derrière lui fait
Tatatatata tata
Ratatatata
Tatatatata tata
Ratatatata

J'entends des voix off

Mous-
Tache
Pos-
Tiche
P'tite
Mèche
D'lous-
Tic
Œil
Vache
Bouche
Sèche
Moche
Reich
Louche
Speech

J'entends des voix off
Qui me disent « Adolf,
Tu cours à la catastrophe »
Mais je me dis « bof »
Tout ça c'est du « bluff »

Vieux
Chnock
Pauv'
Cloche
P'tit
Schmock
Faux
Derche
Grosses
Miches
Pauvr'
Cruche
Bau-
Druche
D'Au-
Triche

J'entends des voix off
Qui me disent « Adolf,
Tu cours à la catastrophe »
Mais je me dis « bof »
Tout ça c'est du « bluff »

Grand
Lâche
Type
Louche
Grosse
Vache
D'basse
Souche
Pomme
Fritz
Sale
Chleu
Mouche
Verte
Jérôme
Boche

J'entends des voix off
Qui me disent « Adolf,
Tu cours à la catastrophe »
Mais je me dis « bof »
Tout ça c'est du « bluff »

Eva

Eva aime *Smoke gets in your eyes*
Cet air-là l'emmène au paradise
Au lit
Dans ses Holi-
Days on ice

Eva aime *Smoke gets in your eyes*
Ah comme parfois j'aimerais qu'elle aille
Se faire foutre avec *Smoke gets in your eyes*
Dans mon nid d'aigle
Ses espiègles

Rires jaillissent
Ell' me fait voir sa petite barbe de maïs
Mais j'peux pas faire
L'amour mes nerfs
Me trahissent
Quand j'entends *Smoke gets in your eyes*

Eva aime *Smoke gets in your eyes*
Il faut que je casse ce disque
Avant que je la haïsse
Et que cet air américain m'envahisse

Zig-zig avec toi

Zig-zig avec toi
Et lorsque ton corps zigzague
Zig-zig toi et moi
Zig-zig hum! quel émoi
Zig-zig oui je t'aime
J'aime ton petit corps blême
Zig-zig toi et moi
Zig-zig hum! quel émoi

Big big je vois grand
N'est-c'pas qu'je suis un bon zigue
Big big c'est pour toi
Bib big hum! quel émoi
Big big mon amour
Est si grand qu'j'en fais pas l'tour
Big big c'est pour toi
Big big hum! quel émoi

Et allez l'orchestre!
Encore une fois!

Zig-zig avec toi
Et lorsque ton corps zigzague
Zig-zig toi et moi
Zig-zig hum! quel émoi
Zig-zig oui je t'aime
J'aime tes petits seins blêmes

Zig-zig toi et moi
Zig-zig hum! quel émoi

Big big je vois grand
N'est-c'pas qu'je suis un bon zèbre
Big big c'est pour toi
Big big hum! quel émoi
Big big mon amour
Est si grand qu'j'en fais pas l'tour
Big big c'est pour toi
Big big hum! quel émoi

Tout le monde danse!

Est-ce est-ce si bon ?

Sont-ce ces insensés assassins?
Est-ce ainsi qu'assassins s'associent?
Si, c'est depuis l'Anschluss que sucent
Ces sangsues le juif Suss

S.S. si bon si bon
S.S. si bon
S.S. si bon si bon
S.S. si bon

C'est sain c'est sauf ça se sent sûr
Sans s'en soucier car ça se censure
Il eût fallu en plus qu'en Prusse
Ces processus se sussent

S.S. si bon si bon
S.S. si bon
S.S. si bon si bon
S.S. si bon

Yellow star

Bom she bom
Bom she bom
She bom bom
She bom bom

J'ai gagné la *Yellow star*
Et sur cette *Yellow star*
Inscrit sur fond jaune vif
Y'a un curieux hiéroglyphe
Sur cette *Yellow star*
Yellow star

J'ai gagné la *Yellow star*
Et sur cette *Yellow star*
Y'a peut-être marqué shérif
Ou marshall ou big chief
Sur cette *Yellow star*
Yellow star

J'ai gagné la *Yellow star*
Je porte la *Yellow star*
Difficile pour un Juif
La loi du Struggle for life
Quand il a la *Yellow star*
Yellow star
Oh yeah!

Rock around the bunker

Y tombe
Des bombes
Ça boume
Surboum
Sublime
Des plombes

Qu'ça tombe
Un monde
Immonde
S'abîme
Rock around the bunker
Rock around the bunker
Rock around the bunker
Rock around the bunker

C'est l'hé-
Catombe
Ça r'tombe
En trombe
Ça fume
Tout flambe
Les tombes
Les temples
Exemple
Sublime
Rock around the bunker
Rock around the bunkerd
Rock around the bunker
Rock around the bunker

Infâme
Napalm
Les flammes
Surplombent
L'abîme
Goddam
Tout crame
Tout tremble
Et tombe
En ruine
Rock around the bunker
Rock around the bunker
Rock around the bunker
Rock around the bunker

S.S. in Uruguay

S.S. in Uruguay
Sous un chapeau de paille
J'siffle un jus de papaye
Avec paille
S.S. in Uruguay
Sous le soleil duraille
Les souvenirs m'assaillent
Aïe Aïe Aïe
Il y a des couillonnes
Qui parlent d'extraditionne
Mais pour moi pas questionne
De payer l'additionne
S.S. in Uruguay
J' n'étais qu'un homme de paille
Mais j'crains des représailles
Où que j'aille

S.S. in Uruguay
Sous un chapeau de paille
J'siffle un jus de papaye
Avec paille
S.S. in Uruguay
J'ai gardé d'mes batailles
Croix gammée et médailles
En émail
Y'a toujours ces couillonnes
Qui parlent d'extraditionne
Mais pour moi pas questionne
De payer l'additionne
S.S. in Uruguay
J'ai ici d'la canaille
Qui m'obéit au doigt
Heil ! Et à l'œil

L'ami Caouette

L'ami Caouette
Me fait la tête
Qu'a Caouette ?
La p'tite Noé
Veut plus m'parler
Qu'a Noé ?
L'ami Cao
M'a mis K.O.
Qu'a Cao ?
La p'tite Ramel
M'est infidèle
Qu'a Ramel ?
M'sieur Hannibal
M'mine le moral
Qu'a Hannibal ?
Mam'zelle Leçonlon
Me traite de con
Qu'a Leçonlon ?

L'ami Caouette
Me fait la tête
Qu'a Caouette ?
Mam'zelle Gibi
M'traite d'abruti
Qu'a Gibi ?
L'ami Outchou
M'jette des cailloux
Qu'a Outchou ?
Mam'zelle Binet
S'est débinée
Oh ! Qu'a Binet ?
Le p'tit Member
Me jette des pierres
Qu'a Member ?
Mam'zelle Lamar
D'moi en a marre
Qu'a Lamar ?

L'ami Caouette
Me fait la tête
Qu'a Caouette ?
Mam'zelle Ramba
Veut plus qu'j'la voie
Qu'a Ramba ?
Monsieur Nasson
M'donne du bâton
Qu'a Nasson ?
Mam'zelle Nassucre
Me traite de trouduc
Qu'a Nassucre ?

Le cadavre exquis

Si l'on jouait au jeu du cadavre exquis
Histoire d'nous passer un peu notre ennui
Tu écris un mot, n'importe quoi
Et moi j'en écris un autre après toi
« La petite mouche à merde
A mis les bouchées doubles »
« Y'a des coups d'pied qui s'perdent
Dans les roubles »
Oui c'est ça le jeu du cadavre exquis
Nous allons y jouer toute le nuit

Emmanuelle aime les caresses
Buccales et manuelles
« Remue un peu tes fesses »
Me dit-elle
Moi j'préfère jouer au jeu du cadavre exquis
Que de l'enfiler toute la nuit

L'humour noir vient d'Afrique
Exemple : Amin DiDi
Je bande magnétique
Pour lui
Si l'on jouait au jeu du cadavre exquis
Histoire d'nous passer un peu notre ennui

La fille aux claquettes

Lorsque j'ai l'cafard dans la tête
Que je visionne tout en noir
Je me mets à jouer des claquettes
En longeant le bord du trottoir

Tout's les emmerdes de la vie
Disparaissent par enchantement
Flic! Flac! Floc! Même sous la pluie
Dans ma p'tit' tête, il fait beau temps

Ce matin comme j'esquissais
Un nouveau pas très épatant
Voilà t'y pas que j'ai glissé
Dans la merde! C'est dégoûtant

Ce qui me gêne c'est l'odeur
Mais il paraît qu'ça porte bonheur

Les roses fanées

J'aime les roses
Gigolo
J'aime les roses
Gigolo
J'aime les roses fanées
Gigolo, Gigolo, Gigolo
Les vieilles peaux
Gigolo
Les vieilles peaux
Gigolo
J'aime les vieilles paumées
Gigolo, Gigolo, Gigolo

Ceux qui boudent
Les vieux boudes
N'y connaissent rien
Aux danses de l'enfer
Je préfère
Le fox-trot des annnées vingt

J'aime les roses
Gigolo
J'aime les roses
Gigolo
J'aime les roses fanées
Gigolo, Gigolo, Gigolo
Les vieilles peaux
Gigolo
Les vieilles peaux
Gigolo
J'aime les vieilles paumées
Gigolo, Gigolo, Gigolo

J'aime les vioques
Qui débloquent
J'aime les vieilles guenons
Ces vieilles chouettes
Ça sent chouette
L'after-shave lotion

J'aime les roses
Gigolo
J'aime les roses
Gigolo
J'aime les roses fanées
Gigolo, Gigolo, Gigolo
Les vieilles peaux
Gigolo
Les vieilles peaux
Gigolo
J'aime les vieilles paumées
Gigolo, Gigolo, Gigolo

Elles se piquent
Ces vieilles biques
D'avoir de beaux restes
Vieux fossiles
Leurs faux cils
Cachent des pensées un peu lestes

J'aime les roses
Gigolo
J'aime les roses
Gigolo
J'aime les roses fanées
Gigolo, Gigolo, Gigolo
Les vieilles peaux
Gigolo
Les vieilles peaux
Gigolo
J'aime les vieilles paumées
Gigolo, Gigolo, Gigolo

L'amour prison

J'ai connu
Ma codétenue
Dans un petit bal, au bord de l'eau
J'lui paye un coke
J'la fous en cloque

Bon, j'étais bon
Pour l'amour prison

D'ses caresses
D'ses baisers « sangsue »
Très très vite j'en ai eu plein l'dos
Tout ça pour un coke
Et un slow-rock

Bon, j'suis pas bon
Pour l'amour prison

Je lime, je lime, je lime, je lime,
Je lime en douce mon barreau
Quel crime, quel crime, quel crime, quel crime
Quel crime ai-je commis
Messieurs du barreau ?
A perpète
A perte de vue
Devrais-je faire l'amour derrière les barreaux
De son paddok
J'en d'viens cinoque

Bon, j'suis pas bon
Pour l'amour prison

Je lime, je lime, je lime, je lime,
Je lime en douce mon barreau
J'ai pris la porte sans issue
J'me suis enfui par les lavabos
A moi les cokes
Les five o'clock
Et le slow-rock
Tout bon
J'suis pas bon
Pour l'amour prison

J'suis pas bon
Pour l'amour prison
Non, j'suis pas bon
Pour l'amour prison
Oh! non

L'île enchanteresse

Où sont les îles enchanteresses ici ça pue
Le poisson séché et le barbu
Y'a des araignées commac
Qui grimpent dans mon hamac
Et me sautent sur le colbac

J'y ai connu une déesse crépue
Qui m'couvrait de baisers lippus
Debout sur un tabouret
Ma p'tite pute énamourée
Me dansait le tamouré

Démangeaisons violentes
Des pupuc's des poux et des lentes

Quand de crabe farci et d'ivresse repu
J'allais dormir brisé, rompu

Voilà qu'la dysenterie
M'fait passer toute la nuit
A courir les lavatory

Démangeaisons violentes
Des pupuc's des poux et des lentes

Disparue l'île enchanteresse a p'us
Je viens d'lui balancer dessus
Par simple mesure d'hygiène
Vu ses germes pathogènes
Une petite bombe à hydrogène

Adieu petite aborigène

Le bras mécanique

Elle a un bras mécanique
Des joints en plastique
Une pince de homard
Électronique
Le pouce et l'index
Tout en inox
Dans un gant en box
Super luxe
Un œil en onyx
Qui n'est pas de lynx
Un pneumothorax
En duplex
Un fauteuil relax
Comme Robert Dacier
Et pour son sexe
Des tampons Jex

Un bras mécanique
Un sein en plastique
Un arrière-train
Électrique
Qu'elle brique à l'arpic
Et rince à l'ajax
Et c'est pas du lux

Croyez-moi
Un crochet X
Tout en inox
Une rolex
Payée hors taxe
Des comics relax
Comme Félix le Cat
Des livres à l'index
Axés sur le sexe

Un bras mécanique
Un sac en plastique
Un poumon d'acier
Anti-atomique
Tout en inox
Et en pyrex
Avec ampex
Et rayons X
Essuie-glace
Pieds nickelés
Caleçon en zing
Gilet pare-balles
Pour être relax
Comme Mannix
Avec miroir convexe
Braqué sur le sexe

Un bras mécanique
Un slip en plastique
Et quand elle en pince
De homard le risque
Quand on est dans l'axe
De son œil d'onyx
C'est qu'cette poule de luxe
Vous fixe
Comme le Sphynx
Et vous annexe
Avec son cric
Tout en inox
Mais elle se vexe
Devient furax
Si jamais vot' sexe
N'est pas en erex

L'homme à tête de chou

Je suis l'homme à tête de chou
Moitié légume moitié mec
Pour les beaux yeux de Marilou
Je suis allé porter au clou
Ma Remington et puis mon break
J'étais à fond de cale à bout
De nerfs, j'avais plus un kopeck,
Du jour où je me mis avec
Elle je perdis à peu près tout,
Mon job à la feuille de chou
A scandales qui me donnait le bifteck
J'étais fini foutu échec
Et mat aux yeux de Marilou
Qui me traitait comme un blanc-bec
Et me rendait moitié coucou.
Ah non tu peux pas savoir mec
Il lui fallait les discothèques
Et bouffer au Kangourou
Club alors je signais des chèques
Sans provisions j'étais fou fou
A la fin j'y fis le caillou
Comme un melon une pastèque
Mais comment...
Je ne vais pas tout
Déballer comme ça aussi sec.
Quoi? Moi? L'aimer encore? Des clous.
Qui et où suis-je? Chou ici ou
Dans la blanche écume varech
Sur la plage de Malibu.

Chez Max coiffeur pour hommes

Chez Max coiffeur pour hommes
Où un jour j'entrais comme
Par hasard me faire raser la couenne
Et rafraîchir les douilles
Je tombe sur cette chienne
Shampooineuse
Qui aussitôt m'aveugle par sa beauté païenne
Et ses mains savonneuses
Elle se penche et voilà ses doudounes
Comme deux rahat-loukoums
A la rose qui rebondissent sur ma nuque boum boum
Je pense à la fille du Calife
De la mille et deuxième nuit
Et sens la pointe d'un canif
Me percer le cœur je lui dis
« Petite je te sors ce soir o.k. »
Elle a d'abord un petit rire comme un hoquet
Puis sous le sirocco du séchoir
Dans mes cheveux
La petite garce laisse choir
« Je veux ».

Marilou reggae

Quand Marilou danse reggae
Ouvrir braguette et prodiguer
Salutations distinguées
De petit serpent katangais

Quand Marilou danse reggae
Sur Marilou passer à gué
Beaucoup caresses et endiguer
Spermatozoïdes aux aguets

Quand Marilou danse reggae
Au bord climax faire le guet
Changer vitesse changer braquet
Et décoller avion Bréguet

Quand Marilou danse reggae
Elle et moi plaisirs conjugés
En Marilou moi seringuer
Faire mousser en meringué

Quand Marilou danse reggae
Quand Marilou bien irriguée
Jamais jamais épiloguer
Record à corps homologué

Quand Marilou danse reggae
Petit détail à divulguer
En petit nègre dialogué
Après l'amour pisser sagaie

Transit à Marilou

Vroom vroom me voici rose zinc
Avion fantôme hou hou
Aéroplane vieux coucou
Dont l'altimètre se déglingue
C'est à peine si je distingue
Les balises du terrain où
Je me pose en casse-cou
J'alanguis dans la nuit buccale
Où je vais transiter un coup
Serais-je chez les cannibales?
Une haleine de peppermint
M'envahit le cockpit ding ding
Je me sens vibrer la carlingue
Se dresser mon manche à balou
Dans la tour de contrôle en bout

De piste une voix cunnilingue
Me fait « glou glou
Je vous reçois cinq sur cinq »
Mais qu'est-ce que c'est que ce trou
Perdu, suis-je en pays zoulou ?
Mais non voyons suis-je dingue
Je suis à Marilou

Flash forward

Un soir qu'à l'improviste chtac
Je frappe à ma porte toc toc
Sans réponse je pousse le loqu
Et j'écoute gémir le hamac
Grincer les ressorts du paddock
J'avance dans le black
Out et mon Kodak
Impressionne sur les plaques
Sensibles de mon cerveau une vision de claque
Je sens mon rythme cardiaque
Qui passe brusquement à mach
Deux tic tac tic tac
Comme sous un électrochoc
Elle était entre deux macaques
Du genre festival à Woodstock
Et semblait une guitare rock
A deux jacks
L'un à son trou d'obus l'autre à son trou de balle
Crac
Eh doc...
Qui moi paranoïaque ?
Demandez donc un peu au vioque
Qui est portier de nuit au Rox-
Y Hôtel si je débloque
C'est à jamais sur le bloc-
Notes de ma mémoire black
Sur white et quoi que
Je fasse ça me reviendra en flash back
Bordel jusqu'à ce que j'en claque

Aéroplanes

Marilou se fait des aéroplanes
En repliant des dépliants d'agences de voyages genre Cook
Où l'on peut voir des pin up à gros seins new-look
Sur fond d'azur de Louisiane
Elle est marrante, c'est une fan
Du cap'tain Cook
Elle a sur lui tout un press-book
Aussi sur Tarzan dont elle est folle comme Jane
Je la vois assez l'enlacer et lui de liane en liane
Pousser son cri en volapük
Du côté de Pernambouc
Et moi Chita le singe qui leur cavale au cul dans la savane
Pauvre idiote tu rêves tu planes
Me traites de fauché de plouc
De minable d'abominable bouc
Qu'importe, injures un jour se dissiperont comme volute Gitane

Premiers symptômes

J'ai ressenti les premières atteintes du mal
Sous les sarcasmes de Marilou
Mes oreilles après des mots comme « vieux con, pédale »
Se changèrent en feuilles de chou
Aux aurores j'allais au café buraliste
Faire provision de fumigènes
Et je demandais au pompiste
Derrière le zinc le plein de kérosène
Puis traînant mes baskets
Je m'allais enfermer dans les water-closets
Où là je vomissais mon alcool et ma haine
Titubant je m'en revenais
Et les petits enfants riaient
De mes oreilles en chou-fleur
J'avais pris peu à peu la tronche d'un boxeur

Ma lou Marilou

Oh ma lou
Oh ma lou
Oh Marilou
Petite gueuse
Shampooineuse
De mes rêves
Oh ma lou
Oh ma lou
Oh Marilou
Si tu bronches je te tords le cou
Oh ma lou
Oh ma lou
Oh Marilou
Tiens-toi à
Carreau la
Vie est brève
Oh ma lou
Oh ma lou
Oh Marilou
Un faux pas et t'voilà au trou
Oh ma lou
Oh ma lou
Oh Marilou
Tu as mon âme
Monogame
Et ma sève
Oh ma lou
Oh ma lou
Oh Marilou
C'est pour toi et un point c'est tout
Oh ma lou
Oh ma lou
Oh Marilou
J'aim' tes deux
Seins tes yeux
Et ta fève
Oh ma lou
Oh ma lou
Oh Marilou
Fais gaffe ou
Je te rentre dans le chou

Variations sur Marilou

Dans son regard absent
Et son iris absinthe
Tandis que Marilou s'amuse à faire des vol-
Utes de sèches au menthol
Entre deux bulles de comic strip
Tout en jouant avec le zip
De ses Levis
Je lis le vice
Et je pense à Caroll Lewis

Dans son regard absent
Et son iris absinthe
Tandis que Marilou s'évertue à faire des vol-
Utes de sèches au menthol
Entre deux bulles de comic strip
Tout en jouant avec son zip
A entrebâiller ses Levis
Dans son regard absent et son iris
Absinthe dis-je je lis le vice
De Baby Doll
Et je pense à Lewis
Caroll

Dans son regard absent
Et son iris absinthe
Quand crachent les enceintes
De la sono lançant
Accords de quartes et de quintes
Tandis que Marilou s'esquinte
La santé s'éreinte
A s'envoyer en l'air...

Lorsqu'en un songe absurde
Marilou se résorbe
Que son coma l'absorbe
En pratiques obscures
Sa pupille est absente

Mais son iris absinthe
Sous ses gestes se teinte
D'extases sous-jacentes
A son regard le vice
Donne un côté salace
Un peu du bleu lavasse
De sa paire de Levis
Et tandis qu'elle exhale
Un soupir au menthol
Ma débile mentale
Perdue en son exil
Physique et cérébral
Joue avec le métal
De son zip et l'atoll
De corail apparaît
Elle s'y coca-colle
Un doigt qui en arrêt
Au bord de la corolle
Est pris près du calice
Du vertige d'Alice
De Lewis Caroll

Lorsqu'en songes obscurs
Marilou se résorbe
Que son coma l'absorbe
En des rêves absurdes
Sa pupille s'absente
Et son iris absinthe
Subrepticement se teinte
De plaisirs en attente
Perdue dans son exil
Physique et cérébral
Un à un elle exhale
Des soupirs fébriles
Parfumés au menthol
Ma débile mentale
Fait tinter le métal
De son zip et narcisse
Elle pousse le vice
Dans la nuit bleu lavasse
De sa paire de Levis
Arrivée au pubis
De son sexe corail
Écartant la corolle
Prise au bord du calice

De vertigo Alice
S'enfonce jusqu'à l'os
Au pays des malices
De Lewis Caroll

Pupille absente iris
Absinthe baby doll
Écoute ses idoles
Jimmy Hendrix Elvis
Presley T-Rex Alice
Cooper Lou Reed les Roll
Ing Stones elle en est folle
Là-dessus cette Narcisse
Se plonge avec délice
Dans la nuit bleu pétrole
De sa paire de Levis
Elle arrive au pubis
Et très cool au menthol
Elle se self-contrôle
Son petit orifice
Enfin poussant le vice
Jusqu'au bord du calice
D'un doigt sex-symbole
S'écartant la corolle
Sur fond de rock'n'roll
S'égare mon Alice
Au pays des malices
De Lewis Caroll

Meurtre à l'extincteur

Pour éteindre le feu au cul de Marilou
Un soir n'en pouvant plus de jalousie
J'ai couru au couloir de l'hôtel décrocher de son clou
L'extincteur d'incendie
Brandissant le cylindre
D'acier je frappe paf et Marilou se met à geindre
De son crâne fendu s'échappe un sang vermeil
Identique au rouge sanglant de l'appareil
Elle a sur le lino
Un dernier soubresaut

Une ultime secousse
J'appuie sur la manette
Le corps de Marilou disparaît sous la mousse

Marilou sous la neige

Marilou repose sous la neige
Et je me dis et je me redis
De tous ces dessins d'enfant que n'ai-je
Pu préserver la fraîcheur de l'inédit

De ma Lou en bandes dessinées je
Parcourais les bulles arrondies
Lorsque je me vis exclu de ses jeux
Érotiques j'en fis une maladie

Marilou se sentait prise au piège
Tous droits d'reproduction interdits
Moi naïf j'pensais que me protégeaient
Les droits du copyright opera mundi

Oh ma Lou il fallait que j'abrège
Ton existence c'est ainsi
Que Marilou s'endort sous la neige
Carbonique de l'extincteur d'incendie

Lunatic Asylum

Le petit lapin de Playboy ronge mon crâne végétal
Shoe shine boy
Oh Marilou petit chou
Qui me roulait entre ses doigts comme du caporal
Me suçotait comme un cachou
Et savait le dialecte chou
Poupouppidou
Tu sais ma Lou

Dans cette blanche clinique
Neuropsychiatrique
A force de patience et d'inaction
J'ai pu dresser un hanneton
Sur ma tête héliport
L'hélicoléoptère
De ses élytres d'or
Refermant l'habitacle
Incline ses antennes
Porteuses d'S.O.S.
Mais merde les phalènes
Frémissantes de stress
Interceptent en vol
Mes signaux de détresse
Manque de bol
Les parasites de radio Pou
Ont brouillé mes messages fou
Que j'étais de toi Marilou

Ballade de Johnny Jane

Hey Johnny Jane
Te souviens-tu du film de Gainsbourg *Je t'aime*
Je t'aime moi non plus un joli thème
Hey Johnny Jane
Toi qui traînes tes baskets et tes yeux candides
Dans les no man's land et les lieux sordides
Hey Johnny Jane
Les décharges publiques sont des atlantides
Que survolent les mouches cantharides
Hey Johnny Jane
Tous les camions à benne
Viennent y déverser bien des peines infanticides

Hey Johnny Jane
Tu balades tes cheveux courts ton teint livide
A la recherche de ton amour suicide
Hey Johnny Jane
Du souvenir veux-tu trancher la carotide
A coups de pied dans les conserves vides
Oh Johnny Jane

Un autre camion à benne
Te transportera de bonheur en bonheur sous les cieux limpides

Hey Johnny Jane
Ne fais pas l'enfant ne sois pas si stupide
Regarde les choses en face sois lucide
Hey Johnny Jane
Efface tout ça, recommence, liquide
De ta mémoire ces brefs instants torrides
Hey Johnny Jane
Un autre camion à benne
Viendra te prendre pour t'emmener vers d'autres Florides

Hey Johnny Jane
Toi qui traînes tes baskets et tes yeux candides
Dans les no man's land et les lieux sordides
Hey Johnny Jane
Écrase d'un poing rageur ton œil humide
Le temps ronge l'amour comme l'acide

Raccrochez c'est une horreur

Elle Allô
Allô allô
Allô
Allô allô
C'est Johnny?
C'est Lulu?
Allô
Allô allô

Lui Salut poulette!

Elle C'est qui?

Lui T'inquiète! Tu m'connais pas comme j'te connais hé hé.
Eh dis donc on pourrait faire dodo ensemble.
Qu'est-ce que t'en dis?

Elle Raccrochez c'est une horreur!
Allô
Allô allô

Lui Ouais — ouais, j'suis toujours là.

Elle T'as de la suite dans les idées hein!

Lui Eh poupée, tu couches à poil ou en pyjama? Réponds.

Elle Raccrochez c'est une horreur!
Allô
Allô allô
T'es un pauvre malade hein!
Faut aller t'faire soigner!

Lui T'occupe! Tu sais c'que j'ai envie d'te faire?
Devine?
Des bisous tout partout

Elle Raccrochez c'est une horreur!
Allô
Allô allô
Eh dis donc le maniaque sexuel,
Tu pourrais pas m'oublier un peu ?

Lui Petite, devine un peu c'que j'suis en train d'me faire en ce moment...

Elle Raccrochez c'est une horreur!

Yesterday, yes a day

Yesterday, yes a day
Like any day
Alone again for everyday
Seemed the same sad way
To pass the day
The sun went down without me
Suddenly someone else has touched my shadow
He said « Hello »

Yesterday, yes a day
Like any day
Alone again for everyday
Seemed the same sad way
He tried to say
« What did you do without me
Why you crying alone on your shadow »
He said « bye now »

Yesterday, yes a day
Like any day
Alone again for everyday
Seemed the same sad way
To pass the day
The sun went down without you
Fouling me in his arms I'd become his shadow
He said « let's go »

Yesterday, yes a day
Like any day
Alone again for everyday
Seemed the same sad way
To pass the day
Living my life without him
Don't let him go he's found my shadow
Don't let him go

Yesterday, yes a day
But today
No, I don't care if others say
It's the same sad way
To pass the day
'Cause they all live without it
Without making love in the shadows
Today I know

My Lady Héroïne

Oh ma Lady Héroïne
Oh ma beauté ma divine
Referme sur moi tes ailes
Mon bel ange ma toute belle

Oh ma Lady Héroïne
Ma liaison clandestine
En douceur mon sucre candi
Emmène-moi au paradis

Oh ma Lady Héroïne
Oh ma beauté ma divine
Toi mon amour platonique
Mon bébé ma fille unique

Oh ma Lady Héroïne
Aussi pure que Justine
Tous les malheurs de ta vertu
Et tous ses bonheurs me tuent

Oh ma Lady Héroïne
Dans ta beauté je devine
Quand ton regard me transperce
Tous les charmes de la Perse

Oh ma Lady Héroïne
Mon opium ma cocaïne
Es-tu venue d'Extrême-Orient
Ou bien d'un marché persan

Trois millions de Joconde

J'me suis fait faire trois millions de Joconde
Sur papier-cul
Et chaque matin j'emmerde son sou-
Rire ambigu

C'est doux
C'est doux
C'est doux
Doux doux doux

C'est ainsi que je me venge de tou-
Tes les nanas
Qui m'ont baisé avec leur sou-
Rire d'Mona Lisa

C'est doux
C'est doux
C'est doux
Doux doux doux

J'me suis fait faire trois millions de Joconde
Sur papier-cul
Et chaque matin j'emmerde son sou-
Rire ambigu

C'est doux
C'est doux
C'est doux
Doux doux doux

Allez allez vous faire aimer ailleurs
Mes p'tites chéries
Je m'suis mis à la colle avec la sou-
Ris qui sourit

C'est doux
C'est doux
C'est doux
Doux doux doux

J'me suis fait faire trois millions de Joconde
Sur papier-cul
Et chaque matin j'emmerde son sou-
Rire ambigu

C'est doux
C'est doux
C'est doux
Doux doux doux

Adieu les filles j'm'en vais me consoler
Dans les V.C.
Avec la jolie poupée de Léo-
Nard de V.C.

C'est doux
C'est doux
C'est doux
Doux doux doux

Joujou à la casse

Petit joujou si tu te casses
Ou je veux dire si tu te tires
Petit joujou c'est à la casse
Que tu t'en iras finir
Petit joujou si tu me lâches
Si tu me jettes si tu me vires
Petit joujou si je me fâche
Tu peux t'attendre au pire

Casse-toi
Joujou à la casse
Casse-toi
Et je te briserai
Comme tu m'auras brisé le cœur
Petite garce je t'aime
T'aime, t'aime, t'aime

Moi des joujoux j'en ai des caisses
Des comme toi y en a des masses
Si tu attends que je me baisse
Et que je te ramasse
Compte, compte là-d'ssus
Amuse-toi à y croire
Tu n'seras pas déçue
Essaye un peu pour voir

Casse-toi
Joujou à la casse
Casse-toi
Et je te briserai
Comme tu m'auras brisé le cœur
Petite garce je t'aime
T'aime, t'aime, t'aime

Si tu n'as pas compris
Je m'en vais te faire le croquis
D'une poupée
Désarticulée brisée
Tu verras à quel point est triste
Un tableau hyperréaliste
Qui dépeint
Un amour qui s'éteint

Casse-toi
Joujou à la casse
Casse-toi
Et je te briserai
Comme tu m'auras brisé le cœur
Petite garce je t'aime
T'aime, t'aime, t'aime
Oui je t'aime

Baby Lou

Sur les abords du périphique
J't'ai aperçue par ma vitre
On aurait dit comme le générique
D'un film ricain sans sous-titres
Tu ne m'as même pas demandé où j'allais
On aurait dit que tu t'en foutais

Moi je filais droit sur l'Atlantique
Voir les bateaux qui chavirent
Je voulais me noyer dans le romantique
L'idée semblait te séduire
Tu m'dis « je n'ai jamais vu l'océan
Qui sait, là-bas c'est peut-être plus marrant »

J'ai compris ta philosophie Baby Lou
Et ta façon de voir la vie Baby Lou
Et pourquoi pas si c'est ce qui te va
Tu n'es pas concernée
Plutôt du genre consterné
Et pourquoi pas si c'est ce qui te va

J'te regarde dans le rétro de la Buick
Sous les nuages qui se déchirent
Compter les poteaux télégraphiques
Tu ne trouves rien d'autre à me dire
Tu as vraiment l'air de te foutre de tout
De prendre tous les autres pour des fous

J'ai compris ta philosophie Baby Lou
Et ta façon de voir la vie Baby Lou
Et pourquoi pas si c'est ce qui te va
Tu n'es pas concernée
Plutôt du genre consterné
Et pourquoi pas si c'est ce qui te va

Regarde, voici la mer
Comme toi tout aussi amère

Privé

A l'entrée du Rock Palladium
Ça chauffait ça chauffait ça chauffait fallait voir comme
On pouvait voir sur le podium
Le batteur qui battait de la caisse claire et des toms

Quand je voulus franchir la porte
V'là les gorilles qui sortent
De leurs gros bras ils m'écartent
Et me demandent ma carte
C'est
Privé
Pas la peine d'insister
Il faut vous barrer
Je vous dis c'est
Privé
On n'y peut rien ça n'est pas un pub
Ici c'est un club
Privé
Si vous n'êtes pas inscrit
Passage interdit
On vous dit qu'c'est
Privé
J'vous connais pas
Vous n'êtes pas
Membre. Dégagez!

A l'entrée du Rock Palladium
Ça chauffait ça chauffait ça chauffait fallait voir comme
L'piano Fender mettait la gomme
Et jouait et jouait et jouait ad libidum

Si les videurs m'font obstacle
J'm'en vais louper le spectacle
J'leur dis arrêtez le barrage
Veuillez passer ce message
C'est
Privé
Ultra confidentiel
Oui c'est personnel
Je vous dis qu'c'est privé
C'est pour la fille qu'est assise au bar
Qu'a les cheveux noirs
Privé
Ça ne vous regarde pas
C'est entre elle et moi
J'veux la voir en privé
Ne cherchez pas à comprendre c'est top secret!
Privé

J'suis entré au Rock Palladium
Ça chauffait ça chauffait ça chauffait fallait voir comme
J'voyais briller l'aluminium
De la guitare qui s'donnait qui s'donnait un maximum

Entouré d'armoires à glace
Je sens mon sang qui se glace
Voilà les loulous qui louchent
Sur ma copine, j'dis pas touche
C'est
Privé
Pas la peine d'insister
Il faut vous barrer
Je vous dis qu'c'est
Privé
Comme au poker
Un as et deux neuf
Je fais ça au bluff
Privé
Faut pas vous y frotter
Seulement regarder
J'peux pas vous en priver
N'essayez pas de vous brancher
C'est chasse gardée!
Privé! Privé!

Disc Jockey

Disc Jockey
Pour moi c'est O.K.
Ta musique
Ton disque tourne au tragique

Disc Jockey
Ce disque que tu matraquais
En septembre
A pour moi un goût de cendres
Dansent, dansent
Dansent tous les souvenirs bateaux
Dansent
Comme une bouteille vide qu'on jette à l'eau

Disc Jockey
J'croyais avoir un ticket
Retour open
Ce n'était qu'un aller simple pour mes peines
Dansent, dansent
Dansent tous les souvenirs bateaux
Dansent
Comme une bouteille vide qu'on jette à l'eau

Remets encore une fois ce disque!
Dansent, dansent
Dansent tous les souvenirs bateaux
Dansent
Comme une bouteille vide qu'on jette à l'eau
Oui remets encore une fois ce disque!
Dansent, dansent
Dansent tous les souvenirs bateaux
Dansent
Comme une bouteille vide qu'on jette à l'eau

Disc Jockey
Je te hais...

Tennisman

Qui est le plus beau de tous les dieux du stade
Le prototype qui plaît aux femmes
Champion plein aux as couvert de pubs et de badges
Tennisman, tennisman
C'est un play-boy, un gentleman
Tennisman, tennisman
Qui a ses supporters, ses fans
Au quatre coins du monde il prend son fade
Ses colères, ses sueurs sont froides
Vite oubliées près d'une fille aux yeux de jade
Tennisman, tennisman
C'est un play-boy, un gentleman
Tennisman, tennisman
Qui a ses supporters, ses fans
Sur tous les courts de tennis il fait un malheur
En trois sets, en quat' sets, en cinq sets
Toutes sont prêtes à lui donner leur cœur

Tennisman, tennisman
Tu as les filles, tu as les fans
En trois sets, en quat' sets, en cinq sets
Qu'tu sois vaincu vainqueur!
Le racket d'la raquette les rockets
Smash et passing-shot il connaît par cœur
Tennisman, tennisman
Tu as les filles, tu as les fans
Ouais c'est le plus beau de tous les dieux du stade
Le prototype qui plaît aux femmes
Champion plein aux as couvert de pubs et de badges
Tennisman, tennisman
C'est un play-boy, un gentleman
Tennisman, tennisman
Qui a ses supporters, ses fans

Sparadrap

Spara sparadrap
Pour amour blessé
Spara sparadrap
Pour un cœur brisé
La vie est cruelle
Et les filles sont bien trop belles
Spara sparadrap
Sur les sentiments
Spara sparadrap
Tu as la gueule en sang
La vie est cruelle
Et les filles sont infidèles
Hey man
Quand la vie te roue de coups... hou!
Hey, hey, hey man
N'essaye pas de rendre coup pour coup
Fais celui qui s'en fout
Les filles et l'amour
Tu es pour
A chaque fois ça te joue des tours
Elle t'appelle au secours
Fais le sourd
Oublie-la et fais un détour

Spara sparadrap
L'amour est fini
Spara sparadrap
Tu as le cœur meurtri
Et dès que tu aimes
Toutes les filles sont les mêmes
Spara sparadrap
Si elle te relance
Spara sparadrap
Saute dans l'ambulance
Au chant des sirènes
Tu passes au rouge elle reste blême
Hey man
Quand tu auras pris trop de coups
Hey, hey, hey man
Que tu te retrouveras sur les genoux
Fais celui qui s'en fout
Les filles et l'amour
Tu es pour
A chaque fois ça te joue des tours
Elle t'appelle au secours
Fais le sourd
Oublie-la et fais un détour

Rock'n rose

Gin vodka orange
La vie est un mélange
De jus de fruits d'alcools blancs et de liqueurs
Jus de chaussette et jus de banane
Y a tout là-haut un drôle de barman
Qui n'arrête pas d'agiter son shaker
Là-haut dans son bar
Dieu sait ce qu'il te prépare
Quel goût aura la coupe qui t'est destinée
Sucré salé acide ou amer
Quelle que soit la couleur de ton verre
De toute façon il te faudra l'avaler

Rock'n rose rock'n rose
C'est un mélange choc

Qui se boit on the rocks
Rock'n rose rock'n rose
Un cocktail explosif
Un cocktail Molotov
Rock'n rose rock'n rose

Gin vodka orange
La vie est un mélange
De jus de fruits d'alcools blancs et de coca
De peppermint et de limonade
Quand l'goût de la vie te semble fade
Dis-toi bien que le Grand Barman veille sur toi
Ce mec en smocking
Du monde c'est le king
Il connaît des mélanges à tout casser
Avec des pailles comme détonateur
Fais-lui confiance il te connaît par cœur
Et te prépare un truc dont il a le secret

Rock'n rose rock'n rose
C'est un mélange choc
Qui se boit on the rocks
Rock'n rose rock'n rose
Un cocktail explosif
Un cocktail Molotov
Rock'n rose rock'n rose

Lucette et Lucie

Je connais deux jumelles
Lucette et Lucie
Deux petits sosies
Comme deux gouttes d'eau
Lucette et Lucie
Fraîches et jolies
Qui s'assemble
Se ressemble
Je n'ai jamais su laquelle
D'entre ces deux belles
Est entrée dans ma vie
Comment savoir qui m'a souri

Lucette ou Lucie
Deux petites Suédoises
Lucette et Lucie
Venues droit de leur pays
Et qui prennent la vie
Lucette et Lucie
Comme une plaisanterie
Qui s'assemble
Se ressemble
Je ne sais jamais laquelle
D'entre ces deux belles
Entre dans mon lit
Comment savoir qui me séduit
Lucette ou Lucie

Lucie Lucette Lucette Lucie
Entre l'une et l'autre je passe mes nuits
On fait l'amour en stéréophonie
Et nous vivons en parfaite harmonie
Nous ignorons ce qu'est la jalousie
Lucette et moi moi et Lucie

Ce sont mes âmes sœurs Lucette et Lucie
Mes petites chéries
Elles poussent des soupirs Lucette et Lucie
Et des petits cris
Qui s'assemble
Se ressemble
Je ne sais jamais laquellle
D'entre ces deux belles
S'est évanouie
Laquelle des deux s'est fait la paire
Lucette ou Lucie

Lucie Lucette Lucette Lucie
Entre l'une et l'autre je passe mes nuits
On fait l'amour en stéréophonie
Et nous vivons en parfaite harmonie
Lucette et moi moi et Lucie
Lucie Lucette Lucette Lucie
Le septième ciel à trois c'est le paradis
On fait l'amour en stéréphonie
Nous ignorons ce qu'est la jalousie
Lucette et moi moi et Lucie
Entre les deux je fais ami ami

On fait l'amour en stéréophonie
On est bien plus heureux qu'à Miami
Lucette et moi moi et Lucie
Amour eau fraîche et susucre candi
On fait l'amour en stéréophonie
Dans le triangle rectangle du lit
Lucette et moi moi et Lucie

Le vide au cœur

J'ai jeté tous mes livres
N'ai gardé de Rimbaud
Rien que Le Bateau ivre
Et Edgar Allan Poe

Dans ma solitude
Ma compagne d'habitudes
Dans mon insistance
En de trop folles espérances
Dans ma déraison
J'ai beau fixer l'horizon
En attendant quoi
Moi-même je ne le sais pas

Parce que romantique
Ou peut-être trop cynique
Parce que trop lucide
Dans mon cœur j'ai fait le vide
Dans ma déraison
J'ai beau fixer l'horizon
J'ai le mal de vivre
Oui j'ai de la peine à me suivre

Je suis mal mal mal
Mal dans ma peau
Ça fait mal mal mal
Comme un couteau
Qui mettrait à nu mon cœur sous sa lame
Pour y voir clair dans mon âme

Briser les miroirs
Pour ne jamais plus me voir
Ne plus voir personne
Décrocher le téléphone
Rayer tous les disques
Quitte à prendre le risque
Lourd de conséquences
De me perdre dans le silence

Je suis mal mal mal
Mal dans ma peau
Ça fait mal mal mal
Comme un couteau
Qui mettrait à nu mon cœur sous sa lame
Pour y voir clair dans mon âme
Mais à qui à qui le blâme

Je suis mal mal mal
Mal dans ma peau
Ça fait mal mal mal
Comme un couteau
Qui mettrait à nu mon cœur sous sa lame
Pour y voir clair dans mon âme
Pas de quoi en faire un drame

Good Bye Emmanuelle

Emmanuelle, Emmanuelle, Emmanuelle, Good Bye
Emmanuelle aime les caresses buccales et manuelles
Emmanuelle aime les intellectuels et les manuels
Emmanuelle, Emmanuelle, Emmanuelle, Good Bye

Emmanuelle, Emmanuelle, Emmanuelle, Good Bye
Emmanuelle n'a pas appris à aimer dans les manuels
Emmanuelle a besoin de sa dose de « Je t'aime » annuelle
Emmanuelle, Emmanuelle, Emmanuelle, Good Bye

Emmanuelle, Emmanuelle, Emmanuelle, Good Bye
Emmanuelle aime les caresses buccales et les manuelles
Emmanuelle aime les intellectuels et les manuels
Emmanuelle, Emmanuelle, Emmanuelle, Good Bye

Enregistrement

Si le passé est amnésique
Et le futur hypothétique
Le présent étant chimérique
Il ne restera de nos nuits que
Quelques mots d'amour sur bande magnétique
Quelques soupirs, quelques murmures
Dont l'écho ne sera que l'écho magnétique
D'un présent passé au futur

Si le présent meurt en un déclic
Nos étreintes photogéniques
Passent au passé photographique
Il ne restera de nos nuits que
Pour preuve que les épreuvres photographiques
Diapositives sur le mur
Seules preuves des brèves rencontres érotiques
D'un présent passé au futur

Si le futur est nostalgique
Des caméras électroniques
Testent cinq sens pour ce sens critique
Il ne restera de nos nuits que
Des mouvements graphiques et pornographiques
Sur un écran au chair-obscur
Les débuts lancinants les fins frénétiques
D'un présent passé au futur

La petite Rose

Pour la petite Rose
J'ai fait sculpter ces roses
Ces roses par les mains
D'un humble Michel-Ange
Qui ouvre pour les anges
Des roses sans parfum

Pour la petite Rose
Le ciseau du virtuose
A taillé un à un
Des pétales étranges
De pâleur qui s'arrangent
En un précieux écrin

Sur les roses de Rose
Peu à peu se dépose
La rosée du chagrin
La nature en échange
Aux larmes mélange
La rosée du matin

Pauvre petite chose
Cueillie à peine close
Par les doigts du destin
As-tu gagné au change
Es-tu avec les anges
Ou bien n'es-tu plus rien

Pour la petite Rose
J'ai fait sculpter ces roses
Ces roses par les mains
D'un humble Michel-Ange
Qui ouvre pour les anges
Des roses sans parfum

Quand ça balance

Quand ça balance, ça balance,
Ça balance c'est fou
Quand ça rentre dedans
Je me prends un pied géant
Le reste je m'en fous
Je m'en balance, m'en balance
M'en balance de tout
Lorsque la rythmique
Et la ligne mélodique
Ne forment qu'un tout

Moi les nuances, les nuances
Les nuances j'm'en fous
Faut que ça bastonne sec
Et dans le silence des breaks
Faut que ça m'secoue
J'vois d'la garance, d'la garance,
D'la garance partout
Du rose bonbon
Du blues dans tous les tons
Les tons les plus doux

Ah! la cadence, la cadence,
La cadence c'est fou
T'es un manuel
Ou t'es un intellectuel
La danse elle s'en fout
Ah l'endurance, l'endurance,
L'endurance debout
Je vous jure, je vous fiche
Bien mon billet qu'au finish
Vous serez sur les genoux

Dans l'existence, l'existence,
L'existence y'a tout
Casse-pipes et casse-tête
Mais rien n'vaut un air un peu chouette
Qui vous rentre dans l'chou
Quand ça balance, ça balance
Ça balance c'est fou

Quand ça rentre dedans
Je me prends un pied géant
Le reste je m'en fous

Rétro song

Lorsque je rétrospective
Mes amours passées
Des larmes rétroactives
Viennent m'aveugler
Je suis bien trop émotive
Faut pas trop que j'rétrovise
Les souvenirs c'est trop rétro
Et trop c'est trop

Comme la Metro-Goldwyn
Je m'fais du ciné
J'vois défiler trop d'bobines
En projection privée
Je vais d'Saint-Tropez aux rives
De Tahiti trop exotique
Les souvenirs c'est trop rétro
Et trop c'est trop

Finies les rétrospectives
Ciao à mon passé
J'ai pris la prérogative
De tout effacer
Je suis bien trop émotive
Faut pas trop que j'rétrovise
Les souvenirs c'est trop rétro
Et trop c'est trop

Mesdames, mesdemoiselles, mes yeux

Mesdames, mesdemoiselles, mes yeux
Ont pleuré pour de beaux messieurs
Trop excessive, trop possessive
Bien trop lascive et trop naïve
Trop agressive, trop émotive
Trop sensitive et trop captive

Mesdames, mesdemoiselles, mes yeux
Ont pleuré pour de beaux messieurs
Jamais passive, végétative
Trop impulsive, trop offensive
Trop affective, démonstrative
Trop intensive et destructive

Mesdames, mesdemoiselles, mes yeux
Ont pleuré pour de beaux messieurs
Trop explosive, trop convulsive
Trop corrosive, trop exclusive
Trop incisive, trop objective
Trop intuitive et détective

Mesdames, mesdemoiselles, mes yeux
Ont pleuré pour de beaux messieurs

Yes man

C'est un yes man
Un quadruman
Homme havane
Homme banane
Un yes man
Un recordman
A la sarbacane

C'est un yes man
Érotomane
Homme havane
Homme banane
Un yes man
Jéroboam
Venu droit des savanes

C'est un yes man
Pas un mélomane
Homme havane
Homme banane
Un yes man
Qu'est pas Schumann
Plutôt carotte man

C'est un yes man
Une brute infâme
Homme havane
Homme banane
Un yes man
Qu'a un membre
Saxophone soprane

C'est un yes man
Mégalomane
Homme havane
Homme banane
Un yes man
Rien dans le crâne
Et tout dans les cannes

C'est un yes man
Jamais en panne
Homme havane
Homme banane
Un yes man
Qui a des fans
Pour son bel organe

Merde à l'amour

Je dis merde, merde, merde à l'amour
Qui m'a joué tant d'mauvais tours
Ceux qui perdent, perdent, perdent toujours
Comprennent le contre et le pour
Merde à l'amour et assez l'paradis
Puisque l'enfer est l'envers de l'amour

Je dis merde, merde, merde à l'amour
A ses baisers de velours
Ceux qui perdent, perdent, perdent toujours
Comprennent le contre et le pour
Merde à l'amour et à ses mélodies
Qui gueulent, gueulent dans les chansons d'amour

Je dis merde, merde, merde à l'amour
A tous ses bonheurs d'un jour
Ceux qui perdent, perdent, perdent toujours
Comprennent le contre et le pour

Je dis merde, merde, merde à l'amour
A ses baisers de velours
Je dis merde, merde, merde à l'amour
Et gueule, gueule dans les chansons d'amour

Ciel de plomb

Ciel de plomb
Pas un homme à l'horizon
C'est l'angoisse
Dois-je mettre mon cœur à la glace
Et préserver mes peines
Ciel de plomb
C'est l'absence de passion
Qui m'angoisse
Je me sens partir en diagonale
Sans la chaleur d'un mâle
D'un mâle
Sans la chaleur d'un mâle

J'ai perdu le sens
Tous les plaisirs des sens
Je suis en perdition
Je suis en détresse
J'ai le stress
Avec mes cigarettes
En incandescence
J'envoie des s.o.s.
Ciel de plomb
Mais personne ne me répond
Quelle angoisse
Je me sens partir en diagonale
Sans la chaleur d'un mâle
Sans la chaleur d'un mâle

Ciel de plomb
Pas un homme à l'horizon
C'est l'angoisse
Mettez-vous un peu à ma place
Vous comprendrez sans peine
Ciel de plomb
Cette abscence d'émotion
Ça m'angoisse
Toutes les rêveries ne valent
Pas la présence d'un mâle
D'un mâle
La présence d'un mâle

J'ai perdu le sens
Tous les plaisirs des sens
Je suis en perdition
Je suis en détresse
J'ai le stress
Avec mes cigarettes
En incandescence
J'envoie des s.o.s.
Ciel de plomb
Mais personne ne me répond
Quelle angoisse
Je me sens partir en diagonale
Sans la chaleur d'un mâle
Sans la chaleur d'un mâle

Tic tac toe

Jacky était mon pote
J'croyais toucher l'jack-pot
Question de peau
Mais manque de pot
J'avais pour lui le tic tac toe
J'refilais à mon pote
L'total de mes bank-notes
Toutes les liasses
Venues des passes
A faire et refaire le tic tac toe
Sa tactique
C'était l'claque
Et son tic
Les claques
Un beau mec mais un mac
Que ce maudit Jack

Jacky était mon pote
J'croyais toucher l'jack pot
J'avais le cœur dans un étau
Qui faisait tac tic tac et toe
J'refilais à mon pote
L'total de mes bank-notes

Toutes les liasses
Venues des passes
A faire et refaire le tic tac toe
Sa tactique
C'était l'claque
Et son tic
Les claques
Un beau mec mais un mac
Que ce maudit Jack

Un soir j'surprends mon pote
Tout nu sous son trench-coat
Mais pas tout seul
J'entends qu'ça gueule
Et l'matelas qui fait tic tac toe
Jacky, Jacky mon pote
Tu as gagné l'jack-pot
J'prends aussitôt
Son rigolo
J'ai tiré sur lui tic tac toe!

Vamps et vampires

Because les seins
Because les reins
Because l'amour
Because toujours
Because très belle
Because cocktail
Because au bar
Because dollars

Ces vamps et ces vampires
On peut pas rêver pire
Ces vamps et ces vampires
Ça te suce et t'expires

Because Gershwin
Because Berlin
Because magique
Because musique

Because smoking
Because dancing
Because baiser
Because monnaie

Ces vamps et ces vampires
On peut pas rêver pire
Ces vamps et ces vampires
Ça te suce et t'expires

Because voiture
Because fourrure
Because bijoux
Because de tout
Because ça change
Because un ange
Because déchu
Because perdu

Ces vamps et ces vampires
On peut pas rêver pire
Ces vamps et ces vampires
Ça te suce et t'expires

Sea sex and sun

Sea, sex and sun
Le soleil au zénith
Vingt ans dix-huit
Dix-sept ans à la limite
J'ressuscite
Sea, sex and sun
Toi petite
Tu es d'la dynamite

Sea, sex and sun
Le soleil au zénith
Me surexcitent
Tes p'tits seins de bakélite

Qui s'agitent
Sea, sex and sun
Toi petite
C'est sûr tu es un hit

Sea, sex and sun

(version anglaise)

Sea, sex and sun
Excuse me, I am a French man
And I'm afraid
I don't speak very well English
But
I think that you
Are the most pretty little girl
I ever knew

Sea, sex and sun
And I would like
To make love with you

Sea, sex and sun
For a French man
It's very difficult to explain
But, what can I do
I like your body your eyes
Baby blue

Sea, sex and sun
So I would like
To make love with you

Sea, sex and sun
I am a French man
And I am used to saying
Je t'aime
How old are you
You look sixteen
But your smile
Twenty two

Sea, sex and sun
Anyway I would like
To make love with you

Mister Iceberg

Mister Iceberg a sur l'épaule Nord
Une petite aux boucles d'or
Et sur l'épaule Sud
Une grande solitude
Mister Iceberg hausse l'épaule Nord
Pour secouer la fille qui dort
Puis hausse l'épaule Sud
Comme à l'habitude

Mister Iceberg a sur l'épaule Nord
Une petite fille incolore
Et sur l'épaule Sud
Comme un interlude
Mister Iceberg hausse l'épaule Nord
Pour rayer son disque d'or
Et son épaule Sud
Esquisse un prélude

Mister Iceberg a sur l'épaule Nord
Une petite qui dit encore
Et sur l'épaule Sud
Un peu d'lassitude
Mister Iceberg hausse l'épaule Nord
Pour lui faire voir qu'il est mort
Puis hausse l'épaule Sud
C'est son attitude

Mister Iceberg aime l'amour on the rocks
Mister Iceberg aime les petites filles en socks

Mister Iceberg
(version anglaise)

Mister Iceberg holds in his north hand
A girl the color of sand
And in his south hand
A no woman's land
Mister Iceberg has a heart of stone
He wants to be left alone
North and south he's ice
She's his sacrifice

Mister Iceberg Mister Iceberg
Mister Iceberg likes to make love on the rocks
Mister Iceberg Mister Iceberg
Mister Iceberg likes his little girls in socks

Mister Iceberg holds in his north hand
A girl the color of sand
And in his south hand
A no woman's land
Mister Iceberg 's tired of his game
Let her go they're all the same
She's his interlude
Frozen attitude

Mister Iceberg Mister Iceberg
Mister Iceberg likes to make love on the rocks
Mister Iceberg Mister Iceberg
Mister Iceberg likes his little girls in socks

Mister Iceberg holds in his north hand
A girl the color of sand
And in his south hand
A no woman's land
Mister Iceberg has a heart of stone
He wants to be left alone
North and south he's ice
She's his sacrifice

Mister Iceberg Mister Iceberg
Mister Iceberg likes to make love on the rocks
Mister Iceberg Mister Iceberg
Mister Iceberg likes his little girls in socks

Ex-fan des sixties

Ex-fan des sixties
Petite Baby Doll
Comme tu dansais bien le rock n'roll
Ex-fan des sixties
Où sont tes années folles
Que sont devenues toutes tes idoles

Où est l'ombre des Shadows
Des Byrds des Doors
Des Animals des Moo-
Dy Blues
Séparés Mac Cartney
George Harrison
Et Ringo Starr et John
Lennon

Ex-fan des sixties
Petite Baby Doll
Comme tu dansais bien le rock n'roll
Ex-fan des sixties
Où sont tes années folles
Que sont devenues toutes tes idoles

Disparus Brian Jones
Jim Morrison
Eddy Cochrane Buddy
Holly
Idem Jimmy Hendrix
Otis Redding
Janis Joplin T-Rex
Elvis

Apocalypstick

Je laisse des traces de mon passage
Sur tout ce que j'effleur' avec mon maquillage
    Apocalypstick
    Apocalypstick
Sur toutes les anatomies
Ma bouche se dessine en décalcomanie
    Apocalypstick
    Apocalypstick

Tout ce que j'aime et que je touche
Du bout des lèvres gard' l'empreinte de ma bouche
    Apocalypstick
    Apocalypstick
Rouge de vamp ou de vampire
C'est avec ce crayon que s'inscrit mon délire
    Apocalypstick
    Apocalypstick

Exercice en forme de Z

Zazie
A sa visite au zoo
Zazie suçant son Zan
S'amusait d'un ver luisant
D'Isidore Isou
Quant zut! Un vent blizzard
Fusant de son falzar
Voici zigzaguant dans les airs
Zazie et son Blazer

L'oiseau
Des îles est pris au zoom
Par un papparazzi
Zigouilleur visionnaire
De scherzi de Mozart

Drôle de zigoto
Zieuteur du genre blasé
Mateur de photos osées

Zazie
Sur les vents alizés
S'éclate dans l'azur
Aussi légère que bulle d'Alka Seltzer
Elle visionne le zoo
Survolant chimpanzés
Gazelles lézards zébus buses et grizzlis d'Asie

L'oiseau
Des îles est pris au zoom
Par l'autre zèbre, bonne zigue
Zazie le fusillant d'un bisou
Lui fait voir son bazar
Son zip et Zippo
Fendu de A jusqu'à Zo

Mélodie interdite

Il est interdit de passer
Par cette mélodie
Il est interdit de passer
Par cet air-là
Cette mélodie est privée
Strictement interdit, danger

Il est interdit de passer
Par cette mélodie
Il est interdit de passer
Par cette mélodie
Il est interdit de passer
Par cet air-là
Cette mélodie est à lui
Et son passage est interdit

Il est interdit de passer
Par cette mélodie
Il est interdit de passer

Par cette mélodie
Il est interdit de passer
Par cet air-là
De l'emprunter c'est défendu
C'est un passage sans issue

Il est interdit de passer
Par cette mélodie
Il est interdit de passer
Par cette mélodie
Il est interdit de passer
Par cet air-là
C'que cette mélodie me rappelle
C'est strictement confidentiel

L'aquoiboniste

C'est un aquoiboniste
Un faiseur de plaisantristes
Qui dit toujours à quoi bon
A quoi bon
Un aquoiboniste
Un modeste guitariste
Qui n'est jamais dans le ton
A quoi bon

C'est un aquoiboniste
Un faiseur de plaisantristes
Qui dit toujours à quoi bon
A quoi bon
Un aquoiboniste
Un peu trop idéaliste
Qui répèt' sur tous les tons
A quoi bon

C'est un aquoiboniste
Un faiseur de plaisantristes
Qui dit toujours à quoi bon
A quoi bon

Un aquoiboniste
Un drôle de je m'enfoutiste
Qui dit à tort à raison
A quoi bon

C'est un aquoiboniste
Un faiseur de plaisantristes
Qui dit toujours à quoi bon
A quoi bon
Un aquoiboniste
Qui s'fout de tout et persiste
A dir' j'veux bien mais au fond
A quoi bon

C'est un aquoiboniste
Un faiseur de plaisantristes
Qui dit toujours à quoi bon
A quoi bon
Un aquoiboniste
Qu'a pas besoin d'oculiste
Pour voir la merde du mon-
De à quoi bon

C'est un aquoiboniste
Un faiseur de plaisantristes
Qui dit toujours à quoi bon
A quoi bon
Un aquoiboniste
Qui me dit le regard triste
Toi je t'aime, les autres sont
Tous des cons

Vie, mort et résurrection d'un amour passion

Nous nous sommes dit tu
Nous nous sommes dit tout
Nous nous sommes dit vous
Puis nous nous sommes tus.

Nous nous sommes foutu
Sur la gueule tant de fois
Et moi, dans mon émoi,
Je nous voyais foutus.

Toi, tu as abattu
Tes as et tes atouts
Moi j'étais prête à tout,
Par avance battue.

Et je te disais tue-moi
Tue-moi si tu es un homme
Tu n'es qu'une pauvre pomme
Car tu n'as jamais pu.

Nicotine

Il est parti chercher des cigarettes
En fait
Il est parti
Il est parti chercher des cigarettes
D'puis sept
Heures et demie
Mais comment ai-je pu être aussi bête
Il m'jette
C'est bien fini

Il est parti chercher des cigarettes
En fait
Il est parti
A moins peut-être qu'une camionnette
Tout net
Me l'ait occis
C'qui tendrait à prouver qu'les cigarettes
Vous mettent
A l'agonie

Il est parti chercher des cigarettes
En fait
Il est parti
Il est parti chercher des cigarettes
D'puis sept
Heures et demie
Pour moi désormais finie la fumette
Plus d'cette
Saloperie

Rocking-chair

Amour pervers
Me susurre Henry Miller
Dans son *Tropique du Cancer*
Du Cancer
Baudelaire
Me donne ce soir la chair
De poulette littéraire
Dans mon rocking-chair

Apollinaire
En a aussi des sévères
Et des pas mûres dans ses vers
Dans ses vers
Onze mille ver-
Ges me sens à bout de nerfs
Agitée comme un shaker
Dans mon rocking-chair

Est-ce en Mystère
Vingt ou en hélicoptère
Que viendra Humbert Humbert
Humbert Humbert
Je m'f'rai légère
Comme du polyester
Basculée les jambes en l'air
Dans mon rocking-chair

Dépressive

Dans tes bras je crève
D'ennui et je rêve
D'autre chose d'évasion
Je n'sais ce qui cloche
Tout me semble moche
L'pire c'est que c'est sans raison
En quoi est-ce un crime
D'faire de la déprime
Et de broyer du charbon ?
Ça me rend malade
J'en prends pour mon grade
Plein la gueule pour pas un rond
Je sens que je craque
P't'être qu'une paire de claques
Me redonn'rait ma raison
En quoi est-ce un crime
D'faire de la déprime
Et de broyer du charbon ?
Et toi tu me dis que
Je suis comme un disque
Qui ne tournerait pas rond

Le velours des vierges

Toi qui rêves au velours des vierges
Aux satins innocents
Ces jeunes sirènes émergent
D'un océan de sang

Regarde-les s'approcher
Comme légions d'amazones
Venues braver les cyclones
Jeunes et brillants archers
Leur arc et leurs yeux bandés
S'aventurant dans des zones
Inexplorées

Toi qui rêves au velours des vierges
Aux satins innocents
Ces jeunes sirènes émergent
D'un océan de sang

Vois-tu là-bas leurs chevaux
Courir un vent de folie
La hargne de ces furies
Leur passant par les nasaux
Ils se jettent à l'assaut
Se ruant à l'agonie
Au grand galop

Toi qui rêves au velours des vierges
Aux satins innocents
Ces jeunes sirènes émergent
D'un océan de sang

Cohortes en rangs serrés
S'éloignent les filles d'Ève
A la lueur de ton glaive
Va-t'en compter les blessés
Là-bas l'un s'est relevé
Et te supplie dans ton rêve
De l'achever

Toi qui rêves au velours des vierges
Aux satins innocents
Tes romans-fleuves ont des berges
Aux sables émouvants

Classée X

Classée X
Excès d'sexe
Classée X
A l'index
Classée X
C'est l'intox
Classée X
Parce qu'ex-
Cessive
Lascive
Je fais l'amour
Avec X
Ou Y
Aucun X
Ne me vexe
Classée X
On m'annexe
Classée X
Parce qu'ex-
Cessive
Lascive
Si j'aime c'est qu'c'est
Sexy

Classée X
Excès d'sexe
Classée X
A l'index
Classée X
C'est l'intox
Classée X
Parce qu'ex-
Cessive
Lascive
Sur pellicule

On me fixe
En plein axe
En Tri-X
Au Pentax
Classée X
Très relax
Classée X
Parce qu'ex-
Cessive
Lascive
Si j'aime c'est qu'c'est
Sexy

Mélo mélo

Mélo mélo mélo mélo dis-
Moi toi qui t'en vas
Mélo mélo mélo mélo dis-
Moi dis-moi pourquoi

Hommes et femmes
Perdent leur âme
Parmi les flammes
Des mélodrames

Mélo mélo mélo mélo dis-
Moi toi qui t'en vas
Mélo mélo mélo mélo dis-
Moi dis-moi pourquoi

Tout' cette gamme
De mots infâmes
Ces kilogrammes
De télégrammes

Mélo mélo mélo mélo dis-
Moi toi qui t'en vas
Mélo mélo mélo mélo dis-
Moi dis-moi pourquoi

De monogame
A polygame
Tout un programme
Et quel programme

Mélo mélo mélo mélo dis-
Moi toi qui t'en vas
Mélo mélo mélo mélo dis-
Moi dis-moi pourquoi

A qui le blâme
A moi cela me
Saoule et me came
Ces psychodrames

Les femmes ça fait pédé

Les femmes ça fait pédé
C'est très efféminé
Tellement efféminé qu'ça fait pédé
Les femmes ça met des jupes
Non mais de quoi j'm'occupe
Les femmes ça met des bas, nylon ou soie

Les femmes ça fait pédé
C'est très efféminé
Tellement efféminé qu'ça fait pédé
Les femmes ça met du rouge aux lèvres
Et quand ça bouge les hanches
Ça fait marcher les P.-D.G.

Les femmes ça fait pédé
C'est très efféminé
Tellement efféminé qu'ça fait pédé
Les femmes ça se parfume
Les femmes ça boit ça fume
Des liqueurs de banane et des havanes

Les femmes ça met du rouge à lèvres
Et quand ça bouge les hanches
Ça fait marcher les P.-D.G.
Les femmes ça fait pédé
C'est très efféminé
Tellement efféminé qu'ça fait pédé

Les femmes ça fait mmh
Tellement efféminé
Qu'il y'a plus d'un pédé qui y'est resté

Betty Jane Rose

Dans les parkings en sous-sol, sol mineur
On peut voir errer, ré, ré, ré, là la mineure
Betty Jane Rose cherchant sa dose de drague majeure

Betty, Betty Jane Rose, Betty Jane Rose, Betty Jane
Betty, Betty Jane Rose, Betty Jane Rose, Betty Jane

Betty Jane n'a pas de dodo majeur
Pour mettre au chaud sa petite raie, raie mineure
Betty Jane Rose cherche sa dose de drague majeure

Betty, Betty Jane Rose, Betty Jane Rose, Betty Jane
Betty, Betty Jane Rose, Betty Jane Rose, Betty Jane

Dans les parkings en sous-sol, sol mineur
Tout le monde veut l'aimer, l'adorer la mineure
Betty Jane Rose cherche sa dose de drague majeure

Betty, Betty Jane Rose, Betty Jane Rose, Betty Jane
Betty, Betty Jane Rose, Betty Jane Rose, Betty Jane

Pour les loubards, ses p'tits amis majeurs,
Elle tombe sur le cul, s'couche sur le dos mineur
Oh, Betty Jane Rose cherche sa dose de drague majeure

Betty, Betty Jane Rose, Betty Jane Rose, Betty Jane
Betty, Betty Jane Rose, Betty Jane Rose, Betty Jane

Javanaise remake

J'avoue
J'en ai
Bavé
Pas vous
Love
Avant
D'avoir
Eu vent
De vous
Love

A votre
Avis
Qu'avons-
Nous vu
Love
De vous
A moi
Vous m'a-
Vez eu
Love

Hélas
Avril
En vain
Me voue
Love
J'avais
Envie
De voir
En vous
Love

La vie
Ne vaut
D'être
Vécue
Love
Mais c'est
Vous qui

L'avez
Voulu
Love

Navré
D'avoir
Ouvert
Mes veines
Love
Pour une vraie
Sava
Lavo
Paveu
Love

Aux armes et cætera

Allons enfants de la patrie
Le jour de gloire est arrivé
Contre nous de la tyrannie
L'étendard sanglant est levé

Aux armes et cætera

Entendez-vous dans les campagnes
Mugir ces féroces soldats
Ils viennent jusque dans nos bras
Égorger nos fils nos compagnes

Aux armes et cætera

Amour sacré de la patrie
Conduis soutiens nos bras vengeurs
Liberté liberté chérie
Combats avec tes défenseurs

Aux armes et cætera

Nous entrerons dans la carrière
Quand nos aînés n'y seront plus
Nous y trouverons leur poussière
Et la trace de leurs vertus

Aux armes et cætera

Les locataires

J'ai des locataires
J'ai des chambres à la journée
P'tit déjeuner
Café au lait
Service compris
Et taxes en sus
J'ai des puces

J'ai des locataires
Ventilateur au plafond
Cosy corner
Mat'las crevé
Et dessus de
Lit en pilou
J'ai des poux

J'ai des locataires
Radio avec parasites
Pour la télé
En noir et blanc
Deux pièces de cent
Sous dans la fente
J'ai des lentes

J'ai des locataires
Des lavabos ébréchés
Pas très nickel
Eau chaude eau froide
Pas d'savon aux
Bidet bain douche
J'ai des mouches

J'ai des locataires
Sur le plan des sanitaires
Baignoire commune
Au rez-d'-chaussée
Sac disposable
Pour celle qui saigne
J'ai des teignes

J'ai des locataires
Vécés au fond du couloir
Linoléum
Un peu dégeu
Trou à la turque
Papier journal
J'ai la gale

Des laids des laids

Quand on m'dit que j'suis moche
J'me marre doucement pour ne pas t'réveiller
Tu es ma p'tite Marilyn
Et moi j'suis ton Miller
Hein ? non pas Arthur plutôt Henry
Le spécialiste du hardcore

La beauté cachée
Des laids des laids
Se voit sans
Délai délai

Même musique même reggae pour mon chien
Que tout l'monde trouvait si vilain
Pauv' toutou c'est moi qui bois
Et c'est lui qu'est mort d'une cirrhose
Peut-être était-ce par osmose
Tellement qu'il buvait mes paroles

La beauté cachée
Des laids des laids
Se voit sans
Délai délai

Enfin faut faire avec c'qu'on a
Not' sale gueule nous on y peut rien
D'ailleurs nous les affreux
J'suis sûr que Dieu nous accorde
Un peu de sa miséricorde
Car

La beauté cachée
Des laids des laids
Se voit sans
Délai délai

Brigade des stups

A la brigade des stups
J'suis tombé sur des cops
Ils ont cherché mon spliff
Ils ont trouvé mon paf

A la brigade des stups
Y'a un ancien mataf
Qu'est complètement louf
Toujours à moitié paf

A la brigade des stups
Idée fixe la chnouf
J'ai les moules je flippe
C'est pas mon genre de trip

A la brigade des stups
C'qu'ils voulaient c'est un scoop
V'là que l'ancien mataf
M'demande un autographe

A la brigade des stups
J'leur dis j'fume que les troupes
Je suis la Betty Boop
Du cinématographe

Lola Rastaquouère rasta

Comment oses-tu me parler d'amour toi hein
Toi qui n'as pas connu Lola Rastaquouère
Je lui faisais le plein comme au Latécoère
Qui décolle en vibrant vers des cieux africains

Lola Rastaquouère rasta

Elle avait de ces yeux un vrai chat abyssin
Et ses seins deux sphères
Entre lesquelles j'abandonnais deux mois de salaire
Pour y rouler mon pauvre joint

Lola Rastaquouère rasta

Quand dans son sexe cyclopéen
J'enfonçais mon pieu tel l'Ulysse d'Homère
Je l'avais raide plutôt amère
C'est moi grands dieux qui n'y voyais plus rien

Lola Rastaquouère rasta

Dans la moiteur torride de sa croupe d'airain
On pouvait voir éclore des renoncules par-derrière
Et par-devant un conifère
Me rappelait un air jamaïcain

Lola Rastaquouère rasta

Relax baby be cool

Le Klan le Klan la cagoule
Relax baby be cool
Autour de nous le sang coule
Relax baby be cool
A la morgue il y a foule
Relax baby be cool

Le Klan le Klan la cagoule
Relax baby be cool
Tout le monde il est maboul
Relax baby be cool
Tous les cons sont faits au moule
Relax baby be cool

Le Klan le Klan la cagoule
Relax baby be cool
Ne t'en fais donc pas ma poule
Relax baby be cool
Pas de quoi avoir les moules
Relax baby be cool

Le Klan le Klan la cagoule
Relax baby be cool
Bientôt désertée la boule
Relax baby be cool
Comme le crâne de Yul
Relax baby be cool
Brynner
Relax baby be cool

Daisy Temple

Oh Daisy Temple

Tu aimes les boubous
Tu aimes ta nounou
Tu aimes les cachous
Et les noix de cajou

Oh Daisy Temple
Oh Daisy Temple

Tu aimes les boubous
Tu aimes les gourous
Les rastas les papous
Watuzis et zoulous

Oh Daisy Temple
Oh Daisy Temple

Tu aimes les boubous
Tu aimes les tatous
Tu as tous les atouts
Et tu es prête à tout

Oh Daisy Temple
Oh Daisy Temple

Eau et gaz à tous les étages

Ma petite quéquette
Sort de ma braguette
Je pisse et je pète
En montant chez Kate
Moralité
Eau et gaz à tous les étages

Pas long feu

Cette fois je crois que nous sommes complètement ça y est
Mais c'est une question que c'est absolument ça ne fait rien
Parce que se ronger les sangs ça s'rait tout à fait y'a pas de quoi
Alors moi je sens que j'frai

Pas long feu pas long feu pas long feu ici
Pas long feu
Pas long feu pas long feu dans cett'chienn' de vie
Pas long feu

Quand la vie semble inévitablement c'est foutu
On s'dit qu'il vaudrait mieux être tout à fait c'est pas ça
Et malgré tout on reste totalement on fait comme on a dit
Mais moi j'frai

Pas long feu pas long feu pas long feu ici
Pas long feu
Pas long feu pas long feu dans cett'chienn' de vie
Pas long feu

Se flinguer y aurait plus question de r'mettez-nous ça patron
Mais dans ma tête j'suis véritablement j'en peux plus
Et j'me sens vaguement où va-t-on nous
Alors j'frai

Pas long feu pas long feu pas long feu ici
Pas long feu
Pas long feu pas long feu dans cett'chienn' de vie
Pas long feu

Manuréva

Manu Manuréva
Où es-tu Manuréva
Bateau fantôme toi qui rêvas
Des îles et qui jamais n'arrivas
Là-bas

Où es-tu Manu Manuréva
Portée disparue Manuréva
Des jours et des jours tu dérivas
Mais jamais jamais tu n'arrivas
Là-bas

As-tu abordé les côtes de Jamaïca
Oh! héroïque Manuréva
Es-tu sur les récifs de Santiago de Cuba
Où es-tu Manuréva
Dans les glaces de l'Alaska

Tu es partie oh! Manuréva
A la dérive Manuréva
Là-bas

As-tu aperçu les lumières de Nouméa
Oh! héroïque Manuréva
Aurais-tu sombré au large de Bora Bora
Où es-tu Manuréva
Dans les glaces de l'Alaska

Où es-tu Manu Manuréva
Portée disparue Manuréva
Des jours et des jours tu dérivas
Mais jamais jamais tu n'arrivas
Là-bas

Manuréva pourquoi?

Démodé

De Peggy Sue au King Creole
Je reste branché sur l'rock'n'roll
Mais Sid Vicious et ses Sex Pistols
C'est la new wave au vitriol
Moi j'ai mes idées mes idoles
Et les mêmes dégoûts
J'ai des goûts démodés
J'aime tout ce qui est démodé

Sur Baby Baby Lou et Baby Doll
J'ai usé mes disques d'rock'n'roll
J'dis O.K. aux p'tit's de l'école
Sans pour autant dire O.K. Caroll
Moi j'ai mes idylles mes idoles
Et les mêmes dégoûts
J'ai des goûts démodés
J'aime tout ce qui est démodé

Bébé Polaroïd

Bébé Polaroïd
Lorsque je lui dis top
Chronomètre et puis stop
Bébé Polaroïd
Elle s'ouvre son ob-
Turateur et puis hop
Elle m'aime instantanément
Flou et puis net en un instant

Bébé Polaroïd
Elle se développe
Au grand angle et en scop
Bébé Polaroïd
Elle s'expose à son op-
Érateur elle stoppe
Arrêt image elle m'attend
Et prend des poses en souriant

Bébé Polaroïd
Lorsque je lui dis top
Chronomètre et puis stop
Bébé Polaroïd
Elle tombe en syncope
En kaléidoscope
Les yeux ouverts lorsqu'elle prend
Mes coups de flash à bout portant

Bébé Polaroïd
Elle se développe
Au grand angle et en scop
Bébé Polaroïd
Elle n'a qu'un seul ob-
Jectif elle se dope
A l'amour et aux sentiments
Elle brûle ses cartouches à seize ans

Chavirer la France

Chavirer la France
J'aimerais la faire chavirer
Le temps d'une danse
D'un air qu'elle ne pourrait oublier
Chavirer la France
Comme chavire une petite amie
Le temps d'une danse
Dans la nuit

J'aimerais qu'à l'avance
Elle s'imagine qu'elle connaît
Déjà l'existence
De cette mélodie qui ferait
Chavirer la France
Comme chavire une jolie poupée
Le temps d'une danse
D'un baiser

Que de romances
Et d'inachevées symphonies
Donnent naissance
Aux nostalgies
Adolescence
Le cœur s'exile dans l'oubli
Voici la France
Qui me sourit

Chavirer la France
J'aimerais la faire chavirer
Le temps d'une danse
D'un air qu'elle ne pourrait oublier
Chavirer la France
Comme chavire une petite amie
Le temps d'une danse
Dans la nuit

Que de romances
Et d'inachevées symphonies

Donnent naissance
Aux nostalgies
Adolescence
Le cœur s'exile dans l'oubli
Voici la France
Qui me sourit

Chavirer la France
J'aimerais la faire chavirer
Chavirer la France
Comme une petite amie

J'aimerais qu'à l'avance
Elle s'imagine qu'elle connaît
Déjà l'existence
De cette mélodie qui ferait
Chavirer la France
Comme une petite amie
Le temps d'une danse
Dans la nuit

La fautive

La fautive, c'est toi
Si t'es dans c'merdier c'est de ta faute à toi

La fautive, c'est toi
Le mal que tu m'as fait tu vas payer pour ça

La fautive, c'est toi
Aujourd'hui tu chiales mais ne t'en prends qu'à toi

La fautive, c'est toi
Tu m'as possédé tu n'm'auras pas deux fois

La fautive, c'est toi
J'te promets ma p'tite qu'tu t'en mordras les doigts

La fautive, c'est toi
Fallait pas parler d'amour et cætera

Je vous salue Marie

Je vous salue Marie pleine de grâce
Le Seigneur est avec vous
Vous êtes bénie entre toutes les femmes
Et Jésus, le fruit de vos entrailles, est béni

Sainte Marie, mère de Dieu
Priez pour nous pauvres pécheurs
Priez pour nous pauvres pécheurs
Maintenant et à tout à l'heure

La p'tite Agathe

J'suis pour la p'tite Agathe
C'est la dernière en date
S'il y a d'autres candidates
J'suis un vrai démocrate
J'accepte les prognathes
Je suis pour les primates
Pour les filles qui se grattent
Pour le permanganate

J'aime celles qu'ont les mains moites
Celles qui se déshydratent
C'sont celles-là qui s'éclatent
Le mieux à deux cents watts
J'aime les couvées dans l'ouate
Qui aiment bien qu'on les batte
A coups d'poing, à coups d'lattes
Et qui trouvent ça bath

La Chleue qui se dilate
Le foie gras et la rate
L'Anglaise qui te dit what
Quand tu la mets en boîte
J'suis pour celle qui en tâte
Lorsqu'après coup j'démâte
Je suis pour les mille-pattes
Et pour les acrobates

J'suis pour la p'tite Agathe
C'est la dernière en date
S'il y a d'autres candidates
J'suis un vrai démocrate
J'accepte les prognathes
Je suis pour les primates
Pour les filles qui se grattent
Pour le permanganate

Dieu fumeur de havanes

Dieu est un fumeur de havanes
Je vois ses nuages gris
Je sais qu'il fume même la nuit
Comme moi ma chérie

Tu n'es qu'un fumeur de gitanes
Je vois tes volutes bleues
Me faire parfois venir les larmes aux yeux
Tu es mon maître après Dieu

Dieu est un fumeur de havanes
C'est lui-même qui m'a dit
Que la fumée envoie au paradis
Je le sais ma chérie

Tu n'es qu'un fumeur de gitanes
Sans elles tu es malheureux
Au clair de la lune, ouvre les yeux
Pour l'amour de Dieu

Dieu est un fumeur de havanes
Tout près de toi, loin de lui
J'aimerais te garder toute ma vie
Comprends-moi ma chérie

Tu n'es qu'un fumeur de gitanes
Et la dernière je veux
La voir briller au fond de mes yeux
Aime-moi nom de Dieu

Papa Nono

J'ai la barbouse au coton hydrophile
Je suis un travesti, barbe à papa débile
Et quand j'me prends ma robe
Dans les rayons de ma mob'
Je fais un vol plané
J'atterris dans la ch'minée

Boum voilà papa Nono
Papa Nono, tout plein de joujoux dans son sac à dos
Boum voilà papa Nono
J'ai des poupées gonflables et des pistolets à eau

J'ai des chaînes de vélo, des mitraillettes
Pour les p'tits gars et des bas noirs pour les nénettes
Mais quand j'me prends ma robe
Dans les rayons de ma mob'
Je fais un vol plané
J'atterris dans la ch'minée

Boum voilà papa Nono
Papa Nono, tout plein de joujoux dans son sac à dos
Boum voilà papa Nono
J'ai des poupées gonflables et des pistolets à eau

Je pense queue

Je pense queue
Je pense queue
J'adore les cadors
Les petites chiennes en calor

Je pense queue
Je pense queue
J'les prends ces petites bébêtes
Teckel chow-chow en levrette

Je pense queue
Je pense queue
Clébardes en collier
Bâtardes sans pedigree

Je pense queue
Je pense queue
Et j'finis toujours par leur donner
Mon nonosse à moelle à ronger

Je pense queue
Je pense queue

L'hymne à l'amour (Moi l'nœud)

Bougnoule
Niakoué
Raton
Youpin
Crouillat
Gringo
Rasta

Ricain
Polac
Yougo
Chinetoque
Pékin
C'est l'hymne à l'amour
Moi l'nœud
C'est l'hymne à l'amour
Moi l'nœud

Niakoué
Négro
Blanc blanc
Touquin
Métèque
Mocco
Ordure
Putain
Rital
Maquereau
Macaque
Chien
C'est l'hymne à l'amour
Moi l'nœud
C'est l'hymne à l'amour
Moi l'nœud

Ploum ploum
Barbot
Bouseux
Boudin
Patate
Clodo
Fumier
Crétin
Goudou
Homo
Tata
Tapin
C'est l'hymne à l'amour
Moi l'nœud
C'est l'hymne à l'amour
Moi l'nœud

C'est l'hymne à l'amour
Moi l'nœud
C'est l'hymne à l'amour
Moi l'nœud
C'est l'hymne à l'amour
Moi l'nœud
C'est l'hymne à l'amour
Moi l'nœud
Enfin c'qu'il en reste

Ballade comestible

J'crois bien que j'l'ai dans l'dos
Une heure que j'fais l'poireau
Les cent pas sur la berge
Attendant cette asperge
Asperge, asperge
Déjà dix heures tout rond
A l'aiguille de mon oignon
Mon oignon

J'avais d'autres candidates
J'en ai gros sur la patate
Moi qui m'suis fait tout beau
Elle m'court sur l'haricot
Haricot, haricot
Mais si elle vient pas du tout
Demain, j'lui rentre dans le chou
Dans le chou

On d'vait aller au théâtre
Balancer des tomates
Et après au ciné
On s'rait tapé un navet
Un navet, navet
Si j'la vois j'lui dirais tu
Peux être fière de toi, l'es-tu
L'es-tu

Si comme ça, j'vais solo
Dépenser mon artiche au
Café écluser au bar

Les pastis et les pinards
Les pinards
Les pinards
Les pinards
Les pinards

L'éthylique

J'ai pas d'paroles
Gainsbourg s'est fait la paire
Faut s'le faire
Quand il boit
Mais ma parole
Ça commence à bien faire
Dans un verre
Il se noie

Il prend son fade
Avec du champagne et du brou de noix
Il m'laisse en rade
Avec ma p'tite mélodie à la noix

Il m'aurait dit
Que l'amour s'est fait la paire
Qu'il faut faire
Avec ce qu'on a
Il aurait vu
Toi et moi font la paire
Quand j'te serre
Dans mes bras

Pauvre alcoolo
Il faut toujours qu'il se cuite
Pourquoi
Pauvre hétéro
Éternellement en fuite
De quoi

J'ai pas d'paroles
Gainsbourg s'est fait la paire
Faut s'le faire

Quand il boit
Mais ma parole
Ça commence à bien faire
Dans un verre
Il se noie

J'ai déjà donné

La Croix-Rouge, les éboueurs
J'ai déjà donné
Les cannes blanches, les balayeurs
J'ai déjà donné
Les parasites, les tapeurs
J'ai déjà donné
Les manouches, les marchands d'bonheur
J'ai déjà donné
La vignette et le téléviseur
J'ai déjà donné
L'eau, l'gaz, les sapeurs-pompiers et voilà l'facteur
J'ai déjà donné
Les cam'lots, les démarcheurs
J'ai déjà donné
Les représentants d'aspirateurs
J'ai déjà donné
Les culs-d'jatte, les p'tites sœurs des pauvres, parole d'honneur
Que j'ai déjà donné
La sécu, les inspecteurs
Des impôts, les racketeurs
J'ai déjà donné
La caisse de retraite des travailleurs indépendants, et ta sœur
J'ai déjà donné
Les généreux donateurs de la Roue tourne des vieux acteurs
J'ai déjà donné
La secte des adorateurs de Satan, du Rédempteur
J'ai déjà donné
Les faux culs, les faux monnayeurs
J'ai déjà donné
La traite des blanches, les marchands d'couleurs
J'ai déjà donné
La campagne anti-fumeurs
J'ai déjà donné

La dame pipi et ses voltigeurs
Le vestiaire de ma p'tite sœur
J'ai déjà donné
Ma langue au chat, une p'tite boum à ton honneur
J'ai déjà donné
Du fil à r'tordre et bien du malheur
Oh, ma pauvre maman
J'ai déjà donné
Dans la connerie et la candeur
J'ai déjà donné
Quoi, toi aussi tu m'aimes mon p'tit cœur
Mais rappelle-toi qu'il y a près d'une heure
J't'ai déjà donné
J't'ai déjà donné
J't'ai déjà donné

Mes idées sales

J'ai mis au propre mes idées sales
Au propre et puis au figuré
Mon écriture horizontale
Avec tes plaintes et mes déliés
L'amour c'est beau lorsque c'est sale
On mérite un zéro pointé
Ma seule faute capitale
C'est de n'en avoir pas fait assez

J'ai mis au propre mes idées sales
Au propre et puis au figuré
J'écris la peine en capitales
Et le chagrin et la pitié
J'n'ai vu d'l'amour que l'idéal
Les autres lettres m'ont échappé
L'amour n'a pas besoin d'initiales
Il n'a besoin que d'initiés

L'avant-guerre c'est maintenant

L'avant-guerre, c'est maintenant
Le surboum est imminent
Les savants sont éminents
On rase gratis un continent
Si ça pète alors
Autant faire la bombe
En se marrant
En se marrant

L'avant-guerre, c'est dare-dare
Y'a qu'les idiots qui s'marrent
Foncez tous chez l'épic'mar
L'avant-guerre, c'est dare-dare
Foncez tous chez l'épic'mar
Et enfermez dans vos placards
Fayots, lentilles, sardines et sauciflards

L'avant-guerre, c'est tout d'suite
Les carottes sont déjà cuites
La pétoche est sur orbite
Dans l'air, y'a de la mort subite
L'avant-guerre, c'est tout d'suite
On a l'cul sur de la dynamite
On a l'cul sur de la dynamite

Ah, la, la, c'est l'hallali
L'avant-guerre, c'est aujourd'hui
Puisque le ver est dans le fruit
On va faire comme on a dit
Fait comme des harakiri
Ah, la, la, la, c'est l'hallali
La, la, li, li, la, la, li, li, la, la, li

A zéro l'trouillomètre
L'avant-guerre top chronomètre
On est parti pour s'faire mettre
Une dég'lée au bois d'champêtre

L'avant-guerre top chronomètre
A zéro le trouillomètre
Comme dit Shakespeare
Mettre ou ne pas s'faire mettre

Cuti-réaction

Cuti-réaction
C'est la nouvelle vaccination
Cuti-réaction
C'est plus facile qu'une injection
Cuti-réaction
C'est beaucoup mieux qu'une transfusion
On va vous vacciner
On va vous injecter
On va vous transfuser
Et vous réanimer

Cuti-réaction
Cuti-réaction
Cuti-réaction
Debout les débiles et les cons
Cuti-réaction
Les mongoliens de Satyricon
On va vous arranger
On va vous sublimer
Vous apolloniser
Chirurgiesthétiquer

Cuti-réaction
Cuti-réaction
Cuti-réaction
Pour tous les complexés du fion
Cuti-réaction
Dont les papiers collent aux bonbons
On va vous la couper
Et vous émasculer
On va vous en greffer
Une en acier trempé

Le vieux rocker

Je suis un vieux rocker
Avec un souffle au cœur
J'ai une gueule à faire peur
Mais j'ai mes haut-le-cœur
L'dernier tango m'écœure
Ça rentre comme dans du beurre
L'disco, c'est des truqueurs
Et des marteaux-piqueurs

P'têt' que j'suis déjà vioque
Bon pour l'électrochoc
Pas de ceux qui débloquent
Avec l'œil équivoque
Et un gourdin en roc
Pare-chocs contre pare-chocs
Car pour moi le slow-rock
C't un vrai lavement au bock

Moi quand le rock est né
J'pouvais déjà triquer
Et sur ce vieux Presley
J'crachais mon p'tit lait
Moi, Buddy Holly c'est
Des souv'nirs de lycée
J'suis pas débile, allez!
J'écoute Bill Haley...

Je suis un vieux mais j'ai du bol
Car ma vie c'est le rock'n'roll!

Bélinda

Je me déguise en homme pour être quoi
Juste pour n'être rien tu n'comprends pas ça
Bélinda
J'aime les cimetières et les sous-bois
Mais ce joli plan-là tu ne le vois pas
Bélinda
T'es à côté d'la plaque je n'te dis qu'ça
Lorsque tu me touches tu ne me saisis pas
Bélinda

Je ne comprends pas pourquoi
Tu ne me comprends pas
Et pourtant ça fait déjà
Trois fois que j'suis avec toi
Petite Bélinda
Petite Bélinda
Oh oh Bélinda
Ah ah ah Bélinda
Ah ah ah Bélinda

Je me déguise en homme pour être quoi
Juste pour n'être rien tu n'comprends pas ça
Bélinda
J'ai une fleur séchée dans mon agenda
Ce n'est qu'un p'tit résidu de réséda
Bélinda
J'le garde précieusement comme un camélia
Mais celle qui me l'a donné ça n'est pas toi
Bélinda

Je ne comprends pas pourquoi
Tu ne me comprends pas
Et pourtant ça fait déjà
Quatre fois que j'suis avec toi
Petite Bélinda
Petite Bélinda
Oh oh Bélinda
Ah ah ah Bélinda
Ah ah ah Bélinda

Je ne comprends pas pourquoi
Tu ne me comprends pas
Et pourtant ça fait déjà
Cinq fois que j'suis avec toi
Petite Bélinda
Petite Bélinda
Oh oh Bélinda
Ah ah ah Bélinda
Ah ah ah Bélinda

Mangos

Petite liane tu danses au gré du vent
Moi le macaque je te suis en rêvant
J'aimerais mordre dans les jolies mangos
Qu'tu balances là-haut

Petite liane tu danses sur le temps
Et tu te bouges comme un petit serpent
J'aimerais mordre dans les noix de coco
Qu'tu balances là-haut

En boire le lait chaud
Mango joli mango
Je t'avale fruit tropical
Mon joli mango
J'adore la saveur végétale
De ta peau

Petite liane tu danses au gré du vent
Moi le macaque je vais d'arrière en avant
J'aimerais mordre dans les jolies mangos
Grimper tout là-haut, là-haut, tout là-haut

Mango joli mango
Je t'avale fruit tropical
Mon joli mango
J'adore la saveur végétale
De ta peau

Petite liane tu n'aimes pas les ouragans
Mais moi le macaque, j'suis pas orang-outang
Laisse-moi mordre dans les jolies mangos
Qu'tu balances là-haut, là-haut, tout là-haut

Mango joli mango
Je t'avale fruit tropical
Mon joli mango
J'adore la saveur végétale
Des fibres de ta peau

J'veux grimper là-haut
Grimper tout là-haut, là-haut
Mango
Mango

On n'est pas des grenouilles

Tout le monde sait qu'les grenouilles
Ça n'aime que l'eau
Qui fait bouillir les nouilles
Qui rend pâlot
On n'est pas des gargouilles
Qui crachent de l'eau
La flotte ça vous rouille
Tous les boyaux

On est pas des grenouilles
On n'aime pas l'eau
On est pas des grenouilles
Ni des crapauds

On n'a jamais la trouille
De boir' un peu trop
Mêm' lorsque ça s'embrouille
Dans not' cerveau
C'est pas comme l'autre andouille
Sous les drapeaux
Disant à sa patrouille
Que d'eau que d'eau

On est pas des grenouilles
On n'aime pas l'eau
On est pas des grenouilles
Ni des crapauds

Toute la nuit on vadrouille
Dans les bistrots
Du côté des arsouilles
Et des barbeaux
Parfois on se débrouille
Allô allô
Police mais on n'se mouille
Jamais à l'eau

On est pas des grenouilles
On n'aime pas l'eau
On est pas des grenouilles
Ni des crapauds

On est noirs comme la houille
On s'dit des mots
Sous les coups on fait : ouille
On s'met K.O.
L'lend'main on a la bouille
Ha! ha! ho! ho!
La tête comme une citrouille
Comme un cageot

On est pas des grenouilles
On n'aime pas l'eau
On est pas des grenouilles
Ni des crapauds

U.S.S.R./U.S.A.

U.S.A.
Des essais
De bombes à neutrons
U.S.S.R.
Ceux-là aussi ont quelques pétards
Pour la bagarre

Un d'ces quatre on ira danser au firmament
A côté des vautours et des poissons volants
On verra si les anges ont des ailes
S'ils sont garçons ou filles, ils ou elles
U.S.S.R.
U.S.A.
Foutez-nous un peu la paix
U.S.S.R.U.S.A. U.S.A.U.S.S.R.

U.S.A.
Faudrait cesser
De jouer aux cons
U.S.S.R.
Ceux-là aussi veulent après les tsars
Jouer aux stars

Quand nous serons dans l'azur sur nos nuages blancs
Nous regarderons la terre désertée de ses enfants
On verra Satan satellisé
Le petit Jésus s'éterniser
U.S.S.R
U.S.A.
Laissez-nous un peu en paix
U.S.S.R.U.S.A. U.S.A.U.S.S.R.

U.S.A.
Pour tout casser
Ils sont des légions
U.S.S.R.
Ceux-là aussi montés sur leurs chars
Se prennent pour César

Aux postes frontières entre le vide et le néant
Nous passerons des nuits à jouer au cerf-volant
Avec des engins spaciaux Soyouz
Mille deux cents et des Explorer douze
U.S.S.R.
U.S.A.
Nous aurons enfin la paix

Overseas Telegram

Je voudrais que ce télégramme
Soit le plus beau télégramme
De tous les télégrammes
Que tu recevras jamais

Découvrant mon télégramme
Et lisant ce télégramme
A la fin du télégramme
Tu te mettes à pleurer

Je sais que ce télégramme
Est le dernier télégramme
De tous les télégrammes
Que je t'enverrai jamais

Tu auras ce télégramme
Comme les autres télégrammes
Par l'Overseas Telegram
Et le Post Office anglais

Digital delay

Prendre les hommes pour ce qu'ils ne sont pas
Et les laisser pour ce qu'ils sont

A l'autopsie il paraîtrait que c'est
Le cœur qui lâche de désir en excès

En amour il y en a toujours un qui souffre
Et l'autre qui s'ennuie me dit Balzac chaque nuit

Amour hélas ne prend jamais qu'un seul M
Faute de frappe on écrit haine pour aime

Dépression au-dessus du jardin

Dépression au-dessus du jardin
Ton expression est au chagrin
Tu as lâché ma main
Comme si de rien
N'était de l'été c'est la fin
Les fleurs ont perdu leurs parfums
Qu'emporte un à un
Le temps assassin

Dépression au-dessus du jardin
J'ai l'impression que c'est la fin
Je te sens soudain
Tellement lointain
Tu t'es égaré en chemin
Tu essaies de me faire croire en vain
Que l'amour revien-
Dra l'été prochain

Epsilon

Epsilon Epsilon
Des quantités positives
Epsilon Epsilon
Que l'on tend vers zéro
Epsilon Epsilon
Des entités affectives
Epsilon Epsilon
Égalent zéro

Epsilon Epsilon
D'humeur plutôt dépressive
Epsilon Epsilon

Moral à zéro
Epsilon Epsilon
D'une ultime tentative
Epsilon Epsilon
Degré zéro

Epsilon Epsilon
Aucune autre alternative
Epsilon Epsilon
Qu'un double zéro
Epsilon Epsilon
Cette nuit quoi qu'il arrive
Epsilon Epsilon
Pour moi zéro

Epsilon Epsilon
J'aime les initiatives
Epsilon Epsilon
Hélas mon héros
Epsilon Epsilon
Ne veut pas que je le prive
Epsilon Epsilon
De son éros

Monna Vanna et Miss Duncan

Monna Vanna est une movie star
Qui vit sur le Sunset Boulevard
La nuit toute nue sous son pékan
Elle se déguise en Miss Duncan

— Hey Monna Vanna
— Non je ne suis pas Monna Vanna
Mon nom est Duncan, Miss Duncan

Monna Vanna est dans le star system
Mais ce qu'elle aime
Les bars américains où l'air est suffocant
Et le danger imminent

— Hey Monna Vanna
— Non je ne suis pas Monna Vanna
Mon nom est Duncan, Miss Duncan

Monna Vanna a aimé un soir
Un Portoricain avec rasoir
De la gorge se sont vidées de leur sang
Monna Vanna et Miss Duncan

Marine band trémolo

Un navire battant pavillon anglais
Est en train de couler de prendre l'eau
Flegmatique, l'orchestre continue de jouer
Les cuivres ont déjà les pieds dans l'eau

Sur la passerelle qu'il n'a pas quittée
Le capitaine salue le drapeau
Son âme est sombre et ses yeux noyés
L'amer océan sera son tombeau

Par centaines on compte les naufragés
Femmes et enfants dans les canots
De gloire le bateau s'est enivré
La mer à boire ce n'est pas de l'eau

A la surface ne sont restés
Que deux clarinettes et le piano

Souviens-toi de m'oublier

— Souviens-toi de m'oublier
— J'vais y penser
— Réfléchis comme un miroir
— J'vais voir
— Et souviens-toi de m'oublier
— J'vais essayer
— L'amnésie a le pouvoir
D'la magie noire

— Souviens-toi de m'oublier
— Et quand je pleurerai
— Fais un nœud à ton mouchoir
Pour ta mémoire
Et souviens-toi de m'oublier
— J'vais y penser
— Les flash-back c'est comme voir
Des films noirs

— Souviens-toi de m'oublier
— Ouais j'vais y penser
— Réfléchis comme un miroir
— J'vais voir
— Et souviens-toi de m'oublier
— J'vais essayer
— Tu sais bien qu'il va falloir
Ne plus nous voir

Souviens-toi de m'oublier
Mais souviens-toi

What tu dis qu'est-ce tu say

What tu dis qu'est-ce tu say
On s'comprenait yesterday
What tu dis qu'est-ce que tu say
What I want qu'est-ce t'en sais
On s'comprenait but today
What I want qu'est-ce que t'en sais
Tu es black
Tu es cool
Tu es flaque
Et je coule
J'te sens trop, trop sweet and low

What tu cherches qu'est-ce tu do
Je n't'understand plus du tout
What tu cherches qu'est-ce que tu do
Je n'sais what, what tu do
Quand tu files tout doux tout doux
J'me dis what, what can I do
Tu es black
Tu es cool
Tu es flaque
Et je coule
J'te sens trop, trop sweet and low

What tu dis qu'est-ce tu say
On s'comprenait yesterday
What tu dis qu'est-ce que tu say
Tu es dans l'mood, je n'y suis pas
Hollywood ce n'est plus ça
Tu es dans l'mood, je n'te suis pas
Tu es black
Tu es cool
Tu es flaque
Et je coule
J'te sens trop, trop sweet and low

Oh Soliman

Oh Soliman Soliman
En tête de ta caravane
Oh Soliman Soliman
In cha'Allah sur ton âne
Oh Soliman Soliman
Tu vas vendre des jerricanes
Oh Soliman Soliman
Que transportent tes autres ânes

Oh Soliman Soliman
Dessous ton turban il émane
Oh Soliman Soliman
La chaleur de pensées profanes
Oh Soliman Soliman
Comme des juments alezanes
Oh Soliman Soliman
Tu chevauches tes sultanes

Oh Soliman Soliman
En tête de ta caravane
Oh Soliman Soliman
In cha'Allah sur ton âne
Oh Soliman Soliman
Tu te vois déjà polygame
Oh Soliman Soliman
Quinze ânesses pour un âne

Alice hélas

Alice Alice hélas
Est seule chaque nuit
Avec ses fantasmes
Ses idées fixes et ses insomnies

Alice Alice hélas
Au cœur de l'ennui
Est sans enthousiasme
Après le treizième coup de minuit

Alice Alice hélas
Est seule chaque nuit
Avec ses fantasmes
Ses idées fixes et ses insomnies

Alice Alice hélas
N'a que des envies
De fièvre et de spasmes
De Congolais et de Watusi

Bambou

Dans tes silences se dessinent
Des Africaines abyssines
Dans tes mutismes, ton délire
Va de l'Angola au Zaïre
Bambou voyage par la pensée
Elle est près de moi mais m'a déjà quitté
Tous les silences de Bambou
Hurlent dans ma tête et me rendent fou

Dans tes yeux absents se dévoilent
Des fièvres aux moiteurs tropicales
Quand tes pupilles se dilatent
L'eau trouble des étangs s'y miroite
La saison des pluies est passée
Bambou ne pleure plus, elle s'est vite consolée
Tous les silences de Bambou
Hurlent dans ma tête et me rendent fou

Tu es désert Bambou
Et jungle Bambou
Forêt de Bambou
Et coups de Bambou
Dans tes silences se dessinent
Des Africaines abyssines
Dans tes commotions cérébrales
Je vois l'Afrique équatoriale

Poupée, poupée

Je viendrai tout briser
Dans ta maison de poupée
Oui je viendrai tout briser
Si tu n'me donnes pas la clef
La clef de tes fantasmes
La clef de tes enthousiasmes
Tu crois te jouer de moi
C'est moi qui joue avec toi

Maison de poupée
Poupée précieuse fragile
Maison de poupée
Coupée d'un monde trop hostile
Maison de poupée
Poupée de chair et d'argile
Maison de poupée
Poupée cruelle indocile

Je viendrai tout casser
Dans ta maison de poupée
Oui j'viendrai tout casser
Si tu n'me donnes pas la clef
L'infiniment petit
Pour moi c'est un jeu interdit
Tu joues avec le feu
Tu joues un jeu dangereux

Maison de poupée
Poupée précieuse fragile
Maison de poupée
Coupée d'un monde trop hostile
Maison de poupée
Poupée de chair et d'argile
Maison de poupée
Poupée cruelle indocile

Je viendrai t'réveiller
Dans ta maison de poupée
De tes rêves dorés
J'détiens le passe
J'possède la clef
Tu te crois la plus forte
Mais ton cœur bat à l'aorte
Tu es de porcelaine
Et c'est pour ça que je t'aime

Chasseur d'ivoire

M'évader d'ici
Et voir d'autre pays
M'enfuir loin d'ici
Vers d'autres paradis
Un jour se dire GO
Tout là-bas au Congo
Go ready, steady, go
Tam-tams et bongos
J'me vois chasseur d'ivoire
Juste histoire d'y voir
Plus clair dans mes pensées
Couleur d'ébène
Chasser mes troubles, chasser mes peines
Chasseur, chasseur d'ivoire
Juste histoire d'y voir
A la place des filles féroces
L'éléphant et le rhinocéros

M'évader d'ici
Et voir d'autres pays
M'enfuir loin d'ici
Vers d'autres paradis
Marchand de rêves m'évader
Comme un trafiquant d'armes
Voir ma pirogue chavirer
Sur tes torrents de larmes
J'me vois chasseur d'ivoire
Juste histoire d'y voir

Plus clair dans mes pensées
Couleur d'ébène
Chasser mes troubles, chasser mes peines
Chasseur, chasseur d'ivoire
Juste histoire d'y voir
A la place des filles féroces
L'éléphant et le rhinocéros
A la place de celle qui ment
Le serpent-minute, le caïman
A la place des filles en cage
La panthère noire et le chat sauvage

Amour, année zéro

Amour année zéro
C'est l'amour année zéro
Effacer de ta mémoire
Tous les numéros
Téléphones, adresses, histoires
Remettre à zéro
Le compteur que par malheur
Chacun a au cœur

Amour année zéro
C'est l'amour année zéro
Le passé est dérisoire
Tourne-lui le dos
Le futur est illusoire
N'y compte pas trop
Ne compte que le présent
Où l'amour t'attend

Ainsi tout peut recommencer
La vie qui s'était retirée
La nuit par la danse agitée
De musique à nouveau bercée
Maudits soient les bonheurs passés
Oublie tout ce qui s'est passé
Jolie tu l'es toujours restée
Au physique et au figuré

Jet Society

Oh Jet Society
C'est ainsi que je t'appelle
Ma Jet Society
Tes réactions sont si belles
Oh Jet Society
L'amour te donne des ailes
Sous tes boucles platines auréoles
Droit au paradis tu t'envoles
Toi ma petite Jet Society
Tu as la classe et je t'aime douce et naturelle
Jet Society, Jet Society
Première de la classe, même tu n's'rais pas plus belle
Jet Society, Jet Society
On est tous deux sur la même longueur d'onde et toi
Toi ma petite Jet Society
Tu ne te poses qu'un problème, c'est l'amour et moi
Oh Jet Society
Sais-tu pourquoi je t'appelle
Ma Jet Society
C'est que les anges ont des ailes
Oh Jet Society
Si jolie presque irréelle
Tu es comme un mirage, tu décolles
Au-dessus des nuages de l'école
Toi ma petite Jet Society
Tu as la classe et je t'aime douce et naturelle
Jet Society
Sans poudre, sans rouge, même tu es la plus belle
Toi ma petite Jet Society
Ton alliage brille au soleil
Et tu ne crains pas
Jet Society, Jet Society
Dans le plus simple appareil voler dans mes bras

Malaise en Malaisie

J'ai comme un
Malaise en Malaisie
C'est commun
Comme si
La fièvre m'avait saisi
Tu m'as dit
Je vous aime allez-y
Étranger je suis
Mal à l'aise en Asie
Je t'aime et j'ai comme
Un malaise en Malaisie
Éperdu, je suis perdu
En pays inconnu
Lentement je progresse
La malaria me tue
Mon amour d'où viens-tu
La Malaisie où est-ce
Le napalm coule dans tes veines
Ma jolie petite Eurasienne
Petite fleur carnivore
Tu me tiens, tu me dévores
Et ton parfum m'enivre
Je me sens au bout du voyage
Voici les marécages
Je n'ai plus ni eau ni vivres
Je me suis avancé trop près de toi
Trop loin pour revenir sur mes pas

Laide, jolie laide

Tu me fais la moue, tu souris
Tu as tes moods, tu as tes heures
Tu fais l'amour et tu cries
Trois secondes après tu pleures
Tu es imprévisible, je ne sais

Comment te saisir
Comment faire pour accéder
A tous tes désirs

Oh jolie laide, laide jolie
Souvent mignonne, vilaine aussi
Tu es le jour, tu es la nuit
Tu t'allumes, tu t'éteins au gré de ta fantaisie
Oh jolie laide, laide jolie
Parfois charmante, odieuse aussi
Tu es le jour, tu es la nuit
Tu t'allumes et tu t'éteins au gré de ta fantaisie

Tu vois tout en rose et gris
Tu es pile et tu es face
Que tu sois amère ou aigrie
D'un sourire tout s'efface
Tu sautes à pieds joints dans toutes tes sautes d'humeur
Du rouge en rose bonbon, tu changes de couleur

Baby Boum

Boum, Boum, Baby Boum
Jette un œil autour de toi
Veux-tu Baby Boum
Et dis-moi ce que tu vois
Hors de tes boums

Boum, Boum, Baby Boum
Toi qui ne penses qu'à ça
Sais-tu Baby Boum
Que dans la vie y'a pas que la
Danse et les boums

Boum, Boum, Baby Boum
Le rock est un hors-la-loi
Il tue Baby Boum
Le temps, mais le vrai n'est pas
Que dans les surboums

Boum, Boum, Baby Boum
La vie un jour te jouera
Vois-tu Baby Boum
Le tour que tu n'attends pas
Alors là, Boum!

Ecce homo

Et ouais c'est moi Gainsbarre
On me trouve au hasard
Des night-clubs et des bars
Américains c'est bonnard
Ecce homo
Ecce homo
Ecce homo homo homo
Ecce homo

On reconnaît Gainsbarre
A ses jeans à sa bar-
Be de trois nuits ses cigares
Et ses coups de cafard
Ecce homo
Ecce homo
Ecce homo homo homo
Ecce homo

Bizarre ce Gainsbarre
Il est cool faut croire
Que de tout il en arre
Ien à cirer enfin faut voir
Ecce homo
Ecce homo
Ecce homo homo homo
Ecce homo

Et ouais cloué le Gainsbarre
Au mont du Golgothar
Il est reggae hilare
Le cœur percé de part en part
Ecce homo
Ecce homo
Ecce homo homo homo
Ecce homo

Mickey Maousse

J'ai un Mickey Maousse
Un gourdin dans sa housse
Et quand tu le secousses
Il mousse
J'ai un Mickey Maousse
Une espèce de pousse
De bambou dans sa brousse
Qui pousse

J'ai un Mickey Maousse
Un gourdin dans sa housse
Et quand tu le secousses
Il mousse
J'ai un Mickey Maousse
De quatre pieds six pouces
Qui fiche aux blondes aux rousses
La frousse

J'ai un Mickey Maousse
Un gourdin dans sa housse
Et quand tu le secousses
Il mousse
J'ai un Mickey Maousse
Une paire de pamplemousses
En avant toutes et tous
Je pousse

Juif et Dieu

Et si Dieu était juif ça t'inquiéterait petite
Sais-tu que le Nazaréen
N'avait rien d'un Aryen
Et s'il est fils de Dieu comme vous dites
Alors
Dieu est juif
Juif et Dieu

Le Capital tu as lu de l'israélite
Karl Marx un beau bouquin
Et le trio bolchevik la troïka des purs eh bien
Tous trois de race sémite
Je te le prouverai tout à l'heure
Dieu est juif
Juif et Dieu

Grigori Ievseïevitch Apfelbaum dit Zinoviev
Lev Borissovitch Rosenfeld dit Kamenev
Lev Davidovitch Bronstein dit Trotski
Dieu est juif
Juif et Dieu

Voici venu le temps de l'antéchrist
La bombe à neutrons hein
Petite fille de papa Einstein
Encore un juif si tu vois ce que je veux dire petite
Dieu est juif
Juif et Dieu

Shush shush Charlotte

Te souviens-tu ma petite Charlotte
Toi à quatre pattes comme un petit gavial
Ça y allait sec tes glandes lacrymales
Quand tu faisais poupou dans ta culotte
Je te disais

Shush shush shush Charlotte
Shush Charlotte shuh shush

Tu es une petite Charlotte
Aux pommes à l'aube aux aurores boréales
Quand tu t'enfiles tes céréales
Avant le lycée polyglotte
Tu as peur d'être en retard et je te dis
Shush shush shush Charlotte
Shush Charlotte shuh shush

Comme ton petit papa tu aimes les bank-notes
Et quand tu perds au jeu tu le prends super mal
Tu dis merde chier con tu râles
Calme calme ma petite cocotte
Shush shush shush Charlotte
Shush Charlotte shuh shush

Sais-tu ma petite fille pour la vie il n'est pas d'antidote
Celui qui est aux manettes à la régie finale
Une nuit me rappellera dans les étoiles
Ce jour-là je ne veux pas que tu sanglotes
Shush shush shush Charlotte
Shush Charlotte shuh shush

Toi mourir

Toi moi donner cuvette
Tabac savonnette
Miroir et papier cul
Toi mourir
Toi moi donner chapeau
Peigne en corozo
Médaille petit Jésus
Toi mourir
Toi moi donner réveil
Torchon nid d'abeilles
Et caleçons fendus
Toi mourir
Toi moi donner très chic
Rasoir mécanique

Et collier de Prisu
Toi mourir
Toi moi donner canif
Et préservatifs
Mais moi pas roi Ubu
Toi mourir
Toi moi donner parole
Que rhum agricole
Y'a bon bwana j'ai bu
Toi mourir
Toi pas donner fusils
Toi voir paradis
Moi ordonner tribu
Toi mourir

La nostalgie camarade

Qu'est-ce qui t'a pris bordel de casser la cabane
De ce panoupanou puis sortir ton canif
Ouvrir le bide au primitif
Qui débarquait de sa savane

La nostalgie camarade

Qu'est-ce qui t'a fait prendre cette fille diaphane
Contre son gré et sous ses griffes
Des regrets tu réponds négatif
Mieux encore tu ricanes

La nostalgie camarade

Qu'est-ce qui te prend au sucre de canne
De te klaxonner la gueule sombrer sur les récifs
De ta mémoire et revoir ton passif
En respirant la colophane

La nostalgie camarade

Il s'en passe des choses sous ton crâne
Rasé c'est plein de tristesse et de kif
Tu te vois encore en tenue de léopard bourrée d'explosifs
Sauter de ton aéroplane

Bana basadi balalo

Bana basadi balalo
Dialecte bantou
Bana basadi balalo
Trois petits zoulous
Bana basadi balalo
Sont partis en guerre
Bana basadi balalo
Contre les Boers

Bana basadi balalo
Dialecte bantou
Bana basadi balalo
Trois petits zoulous
Bana basadi balalo
Tuent à la sagaie
Bana basadi balalo
Le néérlandais

Bana basadi balalo
Dialecte bantou
Bana basadi balalo
Trois petits zoulous
Bana basadi balalo
Trois petits négros
Bana basadi balalo
Sont morts en héros

Evguénie Sokolov

Mets ton masque à gaz Sokolov
Que tes fermentations anaérobies
Fassent éclater les tubas de ta renommée
Et que tes vents irrépressibles
Transforment abscisses et ordonnées
En de sublimes anamorphoses

Negusa Nagast

L'homme a créé des dieux l'inverse tu rigoles
Croire c'est aussi fumeux que la ganja
Tire sur ton joint pauvre rasta
Et inhale tes paraboles

Là-bas en Éthiopie est une sombre idole
Haïlé Sélassié négus roi des rois
Descendant de Moïse à ce qu'en croient
Certains quant à moi je les crois sur parole

Des esclaves le protègent sous de noirs parasols
Du ciel blanc d'Addis-Abeba
A ses pieds un lionceau emblème de Juda
Symbole

Dans son lointain palais le négus s'isole
Prisonnier après un nouveau coup d'État
Peut-être passé par les armes va savoir qui ou quoi
Demande donc à la C.I.A. ou Interpol

Strike

Des british aux niakouées jusqu'aux filles de Perse
J'ai tiré les plus belles filles de la terre
Hélas l'amour est délétère
Comme l'éther et les popers

De mon buncœur j'ai abaissé la herse
Sarrasine je crains les invasions la der
Des ders dur dur affaire
Classée à la solitude aujourd'hui je m'exerce

Après avoir connu des fortunes diverses
Blondes brunettes red heads platines châtain claires
En moi-même je me dis qu'il serait peut-être préférable de faire
L'amour en allongeant quelques sesterces

De Jane au gin peut-être est-ce l'inverse
Je me suis pété la gueule au ginger
Ale sait qu'au bout du compte je m'en irai amer
Empoisonné tel le roi de Perse Artaxerxès

C'est comment qu'on freine

Pousse ton g'nou j'passe la troisième
Ça fait jamais qu'une borne que tu m'aimes
J'sais pas si j'veux t'connaître plus loin
Arrête de m'dire que j'vais pas bien
C'est comment qu'on freine
J'voudrais descendre de là
C'est comment qu'on freine

Cascadeur sous Ponce-Pilate
J'cherche un circuit pour que j'm'éclate

L'allume-cigares j'peux contrôler
Les vitesses c'est d'jà plus calé
C'est comment qu'on freine
J'voudrais descendre de là
C'est comment qu'on freine

Tous ces cosaques m'rayent le canon
J'nage dans l'goulag j'rêve d'évasion
Caractériel j'sais pas dire oui
Dans ma pauv' cervell' carton bouilli
C'est comment qu'on freine
J'voudrais descendre de là
C'est comment qu'on freine

J'm'acolyt' trop avec moi-même
Je m'colle au pare-brise ça me gêne
Ça sent l'cramé sous les projos
Regarde où j'en suis j'tringle aux rideaux
C'est comment qu'on freine
J'voudrais descendre de là
C'est comment qu'on freine

Scènes de manager

Quoi la défonce dans l'bitume
Quoi ça dérange on s'enclume
Bulldozer brillantine pourquoi faire
C'sont des scènes de manager

Bulldozer brillantine pourquoi faire
C'sont des scènes de manager

Quoi une tension entr'nous deux
Tu veux m'dire quoi tu m'dis que
Banlieue sud banlieue nord j'vais m'les faire
C'sont des scènes de manager

Bulldozer brillantine pourquoi faire
C'sont des scènes de manager

Quoi ça reptile en haut lieu
L'fond d'la piscine pas pour eux
Vivarium verre blindé foutre en l'air
Tout' des scène de manager

Bulldozer brillantine pourquoi faire
C'sont des scènes de manager

Quoi c'est l'enfer t'as vu où
Indispensables c'est pas nous
C.I.A., K.G.B. rien à faire
C'sont des scènes de manager

Bulldozer brillantine pourquoi faire
C'sont des scènes de manager

Volontaire

Émotions censurées j'en ai plein le container
J'm'accroche aux cendriers m'arrange pas les maxillaires
Section rythmique section d'combat effets secondaires
C'est quelles séquelles c'est tout c'qui m'reste de caractère
Tête brûlée j'ai plus qu'à m'ouvrir le canadair
N'essayez pas d'm'éteindre j'm'incendie volontaire
A l'analyse il r'sortirait que j'suis pas d'équerre
Vol de nuit sur l'Antarctique j'attends la prochaine guerre
Jamais d'escale jamais d'contact avec l'ordinaire
Perdu la boussole le compas erreurs volontaires
Frôler des pylônes des canyons frôler l'éphémère
Si tu touches si tu t'craches tu rentr' dans le légendaire
Réalité réalités punition exemplaire
Si c'est pour jouer les fugitifs moi j'suis volontaire
Volontaire

Martine boude

Martine me dit « j'veux pas qu'on m'aime mais j'veux quand
[même »
J'sais pas c'qui lui passe par la tête des fois c'est qu'des peignes
Tu crois que j'débloque
O.K.

Martine est insomniaque à cent pour cent faut faire avec
Elle m'donne des coups d'coude « Hey l'guitariste faudrait
[assurer »
Elle veut refaire l'amour
Mon cul
Martine boude

Martine fraye avec des p'tites garçonnes de son âge
Comment la toucher quand elle me revient toute en nage
Qu'est-ce qu'elles ont d'plus
Que moi
Martine boude

J'me pose en douceur sur Martine des questions d'amour-propre
A mes yeux elle est nickel à mes doigts j'peux pas dire
P't'être que c'est juste un boude
Faut voir
Martine boude

Lavabo

Dans la moiteur de la nique
J'entends des râleurs, j'entends des crics
T'as envie d'mordre, sois pas chien,
Prends-moi dans l'désordre, c'est ça ou rien

Les abribus qu'on dégomme
Rien qu'pour s'prouver qu'on est des hommes
Plexiglass défoncé

Mets-toi bien devant, dis-moi c'que c'est
C'est lavabo

Fond du couloir, troisièm' porte à droite
Lavabo
Tu cherches la lumière et c'est l'impasse
Tu voudrais qu'ça débouche sur quoi

Sorti d'chantier, rev'nu d'tout
R'ferme ton casier, passe sous la douche
Tu joues dans quel groupe, t'es pas sûr
Apprends ton play-back Play blessures

Rejoins ta base au bar tab'
Si on t'cherche des noises fais comme d'hab'
La fille du patron faut lui donner
Pour la tirer d'là, tu sais où c'est
Les lavabos

Fond du couloir troisièm' porte à droite
Lavabo
Tu cherches la lumière et c'est l'impasse
Tu voudrais qu'ça débouche sur quoi

L'avant-dernier Mohican
Joue aux Indiens, qui s'ra l'suivant
Winchester ou cathédrale
Choisis ton arme de toute façon
C'est lavabo

Fond du couloir troisièm' porte à droite
Lavabo
Tu cherches la lumière et c'est l'impasse
Tu voudrais qu'ça débouche sur quoi

J'envisage

J'envisage des hold-up cinquième avenue
J'envisage des alertes à la bombe
J'envisage ton make-up qui vire
Boul'vard du crépuscule j'cherche ma tire

J'envisage des pirogues échouées
Des robots des turbines asexués
J'envisage ton départ imminent
J'aimerais bien qu'ça fass' mal d'temps en temps
J'envisage le pire

J'envisage des lits-cages odeur fauve
Des brûlures des ravages intérieurs
Des échos naturels trafiqués
J'appréhende les silences qui hurlent
J'envisage...
J'envisage le pire

J'envisage des concerts carnivores
Des tueries des carnages en sous-sol
J'aimerais pas qu'on m'ausculte de quel droit
J'envisage un remake rien qu'sur moi
J'envisage de m'revoir seul à seul
J'envisage...
J'envisage le pire

J'croise aux Hébrides

J'dédie cette angoisse à un chanteur disparu
Mort de soif dans le désert de Gaby
Respectez une minute de silence
Faites comme si j'étais pas arrivé

J'croise des gimmicks
J'croise mon public

J'croise aux Hébrides
J'croise au zénith
J'croise des surplus d'collector made in URSS
Et personne remarque

Déjà de son vivant il s'accordait mal
Moi j'suis d'accord faut savoir bluffer
Pour un gaucher porter à droite
Vous parlez d'un sublime handicap

J'croise des dealers
J'croise des thrillers
J'croise des killers
J'croise des criseurs
J'croise des actrices sans scénar dans des bars
Et personne remarque

Trompé d'érection

J'voulais m'introduire entre tes jambes
Histoire de m'sentir membre du club
J'ai vu du beau linge, des misères chics
J'ai vu des hommes-singes sur les derricks
Dis-moi c'est combien l'acte gratuit
Si j'te comprends bien c'est hors de prix
Tourne la dynamo
Tourne la dynamo
Tourne la dynamo
S'agirait d'pas s'tromper d'érection
Allez vous plaindre à la direction

Ton regard tristos me f'sait bander
J'en ai eu ma dose de t'voir chialer
Les filles sont crapauds, les hommes grenouilles
Y'en a qui manquent d'eau et d'autres qui mouillent
J'voyais des madones à moitié nues
J'crois qu'y a eu maldonne, appelez Samu
Tourne la dynamo
Tourne la dynamo
Tourne la dynamo
S'agirait d'pas s'tromper d'érection
Allez vous plaindre à la direction

Quand la nuit j'te vois avec d'autres types
J'ai des envies de toi qui m'prennent aux tripes
Tourne la dynamo
Tourne la dynamo
Tourne la dynamo
S'agirait d'pas s'tromper d'érection
Allez vous plaindre à la direction

T'aime plus qu'j't'attache au radiateur
Tu veux plus qu'j't'arrache l'papier à fleurs
R'garde-moi dans les yeux à quoi on joue
Tu m'prends au sérieux, moi pas du tout
J'ai vu des experts tous ivres morts
Secouer des shakers, ce soir on sort
Tourne la dynamo
Tourne la dynamo
Tourne la dynamo

Moi je te connais comm' si j't'avais défaite

Bébé fou tes miaous
Quelle importance!
Danse
Corps et âme, j'en ai fait le tour
P'tit démon, tu vois mon
Angoisse est dense
Dans ce
Voyage qui n'est qu'un non-retour

Petite tête brûlée
Rien ne t'arrête
Moi j'te connais
Comm' si j't'avais défaite

Quand je lis
Dans tes yeux
Ces deux mots « vivre libre »
Cette image me saigne le cœur

Dans ma tête
Tu es ma p'tite sœur cadette
Moi j'te connais
Comm' si j't'avais défaite
Vous fillettes
Toutes autant que vous êtes
Vous n'savez pas
Le mal que vous nous faites
Mais t'inquiète
J'vois c'que tu as dans la tête
Moi j'te connais
Comm' si t'avais défaite

Suicide

J'me verrais bien m'taper de l'arsenic
J'entends mas râles émouvants
Je vois quelques sables mouvants
Se coller à mes cosmétiques

J'verrais assez ma tête au bout d'une pique
Mon joli petit cou sanglant
Ou me faire les cartes en trichant
Et me tirer l'as de pique

J'me verrais bien là-bas dans l'Antarctique
Me mettre autour de mon séant
Au beau milieu de l'océan
Une bouée marquée Titanic

J'me verrais bien mordue par un aspic
Ou encore par un chien errant
La proche pharmacie manquant
De sérum antirabique

J'me verrais bien sur un pain de plastic
Comme Larousse semer à tout vent
Mes quatre membres et moi crevant
De cette chirurgie esthétique

J'me verrais bien le crâne entre deux briques
Une à une cracher mes dents
Exhaler en caillots de sang
Tout mon amour égocentrique

Je verrais bien ma guitare électrique
Me foudroyer en un instant
J'me vois aussi innocent'
Assassinée par la critique

J'me vois lynchée sur la place publique
Par mes admirateurs d'antan
Qui m'aiment encore qui m'aiment tant
J'me vois huée par mon public

J'en ai autant pour toi

Je sais jamais pourquoi
Soudain tu me fais la gueule
Est-ce de ma faute à moi
Si le tourne-disques dégueule
Tu aimes ACDC
Et si je ne l'ai pas ici
J'peux pas tout avoir
Et si tu veux savoir
J'en ai autant pour toi

Tu veux du pop corn
Je descends t'en chercher
Je fais deux ou trois bornes
Et je n'en ai pas trouvé
Quand je ramène ma cerise
Voilà pas que tu piques ta crise
J'peux pas tout avoir
Et si tu veux savoir
J'en ai autant pour toi

Quand je prends ma guitare
Tu te mets à râler
Tu dis qu'il est trop tard
Que ça te tient éveillé
Tu m'demandes des boules Quiès
Ou ce rock'n'roll de qui est-ce?
Je peux pas tout savoir
Et si tu veux savoir
J'en ai autant pour toi

Fuir le bonheur de peur qu'il ne se sauve

Fuir le bonheur de peur qu'il ne se sauve
Que le ciel azuré ne vire au mauve
Penser ou passer à autre chose
Vaudrait mieux
Fuir le bonheur de peur qu'il ne se sauve
Se dire qu'il y a over the rainbow
Toujours plus haut le ciel above
Radieux
Croire aux cieux croire aux dieux
Même quand tout nous semble odieux
Que notre cœur est mis à sang et à feu
Fuir le bonheur de peur qu'il ne se sauve
Comme une petite souris dans un coin d'alcôve
Apercevoir le bout de sa queue rose
Ses yeux fiévreux
Fuir le bonheur de peur qu'il ne se sauve
Se dire qu'il y a over the rainbow
Toujours plus haut le soleil above
Radieux
Croire aux cieux croire aux dieux
Même quand tout nous semble odieux
Que notre cœur est mis à sang et à feu
Fuir le bonheur de peur qu'il ne se sauve
Avoir parfois envie de crier sauve
Qui peut savoir jusqu'au fond des choses
Est malheureux

Fuir le bonheur de peur qu'il ne se sauve
Se dire qu'il y a over the rainbow
Toujours plus haut le ciel above
Radieux
Croire aux cieux croire aux dieux
Même quand tout nous semble odieux
Que notre cœur est mis à sang et à feu
Fuir le bonheur de peur qu'il ne se sauve
Dis-moi que tu m'aimes encore si tu l'oses
J'aimerais que tu trouves autre chose
De mieux
Fuir le bonheur de peur qu'il ne se sauve
Se dire qu'il y a over the rainbow
Toujours plus haut le ciel above
Radieux

Partie perdue

Quand la petite lampe rouge de l'amour s'allume
C'est que la partie est perdue
Lorsqu'elle clignote qu'elle se consume
C'est que c'est vraiment foutu
Tu es parti
Partie perdue

Souviens-toi l'autre soir sur la dune
Nous étions tous deux tout nus
Toi tu as plongé dans la lagune
Je ne t'ai plus jamais revu
Tu es parti
Partie perdue

Nos amours brisées ont fait la une
Je les ai lues et relues
Les pleurs sont des vagues sans écume
Qui ne font que troubler la vue
Tu es parti
Partie perdue

Quand la petite lampe rouge de l'amour s'allume
C'est que la partie est perdue

Lorsqu'elle clignote qu'elle se consume
C'est que c'est vraiment foutu
Tu es parti
Partie perdue

Norma Jean Baker

Norma Jean Baker
One two three o five
Norma Jean Baker
Fifth Helena Drive
Qui sait maintenant où elle est
Peut-être plus à L.A.

Norma Jean Baker
Nue en diagonale
Norma Jean Baker
Cinquante nembutal
D'après le rapport de l'attorney
Chef du district d'L.A.

Norma Jean Baker
Quelque chose est a-
Normal Jean Baker
Téléphone à main droite
Norma Jean Baker
Il est possible qu'elle ait
Voulu appeler L.A.

Norma Jean Baker
Cinq août soixante-deux
Norma Jean Baker
Trois heures quarante-deux
Norma Jean Baker
On l'emmène sans délai
A la morgue d'L.A.

Norma Jean Baker
Plus belle que la Divine
Norma Jean Baker
Monroe Marilyn

Norma Jean Baker
Qui sait maintenant où elle est
Peut-être plus à L.A.
Norma Jean Baker

Haine pour aime

Amour hélas ne prend qu'un M
Faute de frappe c'est haine pour aime
H.A.I.N.
Sur I.B.M.
A.I.M.E.
Moi si tu veux

La même encre coulait dans nos veines
Était-ce Chine ou terre de Sienne
Noire indigène
Aborigène
Encre de feu
Violette ou bleue

Tu m'as balancée aux murènes
Jetée de la roche Tarpéienne
Comme une sirène
De polystyrène
Pour toi moi je
N'étais qu'un jeu

Je ne suis qu'une petite plébéienne
Toi au-dessus de la moyenne
La Criminelle
Ou la Mondaine
Je ne suis rien de
Plus à tes yeux

Amour hélas ne prend qu'un M
Faute de frappe c'est haine pour aime
H.A.I.N.
Sur I.B.M.
A.I.M.E.
Moi si tu veux

Je ne suis qu'une petite plébéienne
Toi au-dessus de la moyenne
La Criminelle
Ou la Mondaine
Je ne suis rien de
Plus à tes yeux

Con c'est con ces conséquences

Con c'est con ces conséquences
C'est con qu'on se quitte
Faut se rendre à l'évidence
Ce soir on est quitte
Histoire d'Que de Qu'on de Q
Par avance c'est fou-

Tu c'est con ces conséquences
Hélas on sait vite
Qu'on n'est plus de connivence
On ment on s'évite
Histoire d'Que de Qu'on de Q
Par avance c'est fou-

Tu c'est con ces conséquences
L'amour prend la fuite
Pas besoin d'intelligence
Service pour la suite

Con c'est con ces conséquences
C'est con qu'on se quitte
Les anges de toute évidence
Sont hermaphrodites
Histoire d'Que de Qu'on de Q
Par avance c'est fou-

Tu c'est con ces conséquences
Sur accord tacite
Signons notre indépendance

Accord illicite
Histoire d'Que de Qu'on de Q
Par avance c'est fou-

Tu c'est con ces conséquences
C'est con qu'on se quitte
J'entends hurler le silence
Mon cœur qui palpite

En rire de peur d'être obligée d'en pleurer

Les flash-backs sur nos bonheurs passés
Mieux vaut en rire de peur d'être obligée
D'en pleurer

Plans séquences que l'on trouve over-played
Ralentis qu'on aimerait voir a-
Ccéléré

Que de scènes n'avons-nous pas jouées
Mieux vaut en rire de peur d'être obligée
D'en pleurer

Une vibration au bout d'un doigté
Deux guitares qui ne se sont jamais
Accordées

Les flash-backs sur nos bonheurs passés
Mieux vaut en rire de peur d'être obligée
D'en pleurer

Une rupture comme celle d'un collier
De culture qui brille moins que le faux
C'est le vrai

Blanc et noir et l'on reste muet
Les revoir il y a vraiment de quoi
En crever

Rupture au miroir

Sur le miroir au rouge à lèvres
Elle m'a laissé un mot d'adieu
« Pardonne-moi petite Jane
Je m'en vais je veux refaire ma vie »
La glace embuée de fièvre
Reflétait mon air malheureux
J'ai pensé m'ouvrir les veines
Puis j'ai réfléchi

Sa taille était d'un orfèvre
Comme un petit bijou précieux
C'était le plus beau spécimen
De gamine que j'ai vu de ma vie
Aussi fragile qu'un Sèvres
Tout l'azur était dans ses yeux
Une peau de porcelaine
Venue d'Asie

Nous étions comme Adam et Ève
Lorsqu'ils étaient encore aux cieux
Toutes nues dans notre Éden
Elle et moi un vrai Paradis
Hélas pour moi si j'en crève
Elle ne supportait plus d'être à deux
Elle était comme les phalènes
S'envolait la nuit

Sur le miroir au rouge à lèvres
Elle m'a laissé un mot d'adieu
« Pardonne-moi petite Jane
Je m'en vais je veux refaire ma vie »
Une affaire d'amour s'achève
Et voici que tout vire au bleu
J'entrevois par les persiennes
Se lever la nuit

Les dessous chics

Les dessous chics
C'est ne rien dévoiler du tout
Se dire que lorsqu'on est à bout
C'est tabou
Les dessous chics
C'est une jarretelle qui claque
Dans la tête comme une paire de claques

Les dessous chics
Ce sont des contrats résiliés
Qui comme des bas résillés
Ont filé

Les dessous chics
C'est la pudeur des sentiments
Maquillés outrageusement
Rouge sang
Les dessous chics
C'est se garder au fond de soi
Fragile comme un bas de soie

Les dessous chics
C'est des dentelles et des rubans
D'amertume sur un paravent
Désolant

Les dessous chics
C'est des dentelles et des rubans
D'amertume sur un paravent
Désolant

Les dessous chics
Ce serait comme un talon aiguille
Qui transpercerait le cœur des filles

Baby alone in Babylone

Babe alone in Babylone
Noyée sous les flots
De Pontiac
De Cadillac
De Bentley à L.A.
De Rolls Royce et de Buick
Dans la nuit métallique

Babe alone in Babylone
Noyée sous les flots
De musiques
Électriques
De rock'n'roll tu cherches un rôle
Tu recherches les studios
Et les traces de Monroe

Les strass et les stress
Dieux et déesses
De Los Angeles

Babe alone in Babylone
Noyée sous les flots
De lumières
De poussières
D'étoiles éphémères
Tu rêves d'éternité
Hélas tu vas la trouver

Babe alone in Babylone
Noyée sous les flots
De tes larmes
Et le charme
De l'avenue du crépuscule
C'est le Sunset Boulevard
Qui serpente dans le noir

Babe alone in Babylone
Noyée sous les flots
Des sunlights
De Malibu

Petite star inconnue
Tu n'as vu que l'étoile
De la police fédérale

Adieu Bijou

Les amours, les amitiés ouais
Ça fait deux, mais faut savoir compter
Que sur soi, sinon c'est Rapman
Tu me comprends yeah man
Tu me comprends yeah man

Good bye, adieu Bijou
Good bye, adieu Bijou
Good bye, adieu Bijou

Mais faut savoir s'éclater ouais
Avec une guitare ou une poupée
Prendre le ton sinon c'est Rapman
Tu me comprends yeah man
Tu me comprends yeah man

Good bye, adieu Bijou
Good bye, adieu Bijou
Good bye, adieu Bijou

La vie, c'est du condensé ouais
A côté de ce qu'est l'éternité
Prends ton pied, sinon c'est Rapman
Tu me comprends yeah man
Tu me comprends yeah man

Good bye, adieu Bijou
Good bye, adieu Bijou
Good bye, adieu Bijou

J'ai envie de tout casser ouais
Les amis, faut surtout pas se fâcher
J'me tire, sinon c'est Rapman
Tu me comprends yeah man
Tu me comprends yeah man

Good bye, adieu Bijou
Good bye, adieu Bijou
Good bye, adieu Bijou

Ohio

J'suis dans un état proche de l'Ohio
J'ai le moral à zéro
J'suis dans un état proche de l'Ohio
J'approche peu à peu du Nevada
J'ai envie de m'évader
D'passer les frontières et de m'extrader

J'suis dans un état proche de l'Ohio
J'ai le moral à zéro
J'suis dans un état proche de l'Ohio
Je me suis perdue dans l'Colorado
On m'a laissée en radeau
J'imaginais trouver l'Eldorado

J'suis dans un état proche de l'Ohio
J'ai le moral à zéro
J'suis dans un état proche de l'Ohio
Je marche forcée dans l'Massachusetts
A côté de mes chaussettes
J'ai un p'tit scarabée d'or dans la tête

J'suis dans un état proche de l'Ohio
J'ai le moral à zéro
J'suis dans un état proche de l'Ohio
Et dans quel état serai-je en Utah
Je n'en ferai pas état
État second j'suis dans tous mes états

J'suis dans un état proche de l'Ohio
J'ai le moral à zéro
J'suis dans un état proche de l'Ohio

Entre autre pas en traître

J't'ai pris entre autre pas en traître
J'ai eu tort peut-être
En fait j't'ai pris pour un autre
C'est bête
Entre nous deux j'ai vu naître
Des moments sulfureux
Il est trop tard pour s'remettre
Dans le jeu
Dis-moi tu voulais quoi au juste
Je n't'ai jamais menti, injuste

J't'ai pris entre autre pas en traître
J'ai eu tort peut-être
J'étais ta p'tite chose cadette
Pas un cadeau
J'devine à ta silhouette
Qu'ça va pas ça va pas
Tu en fais un peu trop arrête
J'marche pas
Dis-moi tu voulais quoi au juste
Je n't'ai jamais menti, injuste

Tout's les syllabes muettes
Valent mieux que les mots
Toi tu sais pas moi j'achète
J'trouve ça beau
Tu m'dis être ou ne pas être
Tu attises la question
Ça n'prouv' jamais qu'tu as des lettres
Qu't'es pas con

O.K. pour plus jamais

Un mouchoir quai Malaquais
Moi pour moi c'est O.K.
O.K. pour plus jamais
Plus jamais pour tou-
Jours prends pas c'look désolé
Ni larmes ni hoquets
O.K. pour plus jamais
Ne te revoir un jour

Le facteur n'sonn' que deux fois
Le train toujours trois
Qui sait jamais pour qui
Sonne le glas

J't'donne le feu orangé
Je te redis O.K.
O.K. pour plus jamais
Plus jamais pour l'a-
Mour tu m'as bien esquintée
L'jour où tu m'as larguée
O.K. mais plus jamais
Tu n'me joueras des tours

Lorsque la corde a cassé
Au jeu du bilboquet
C'est perdu à jamais
A jamais pour tou-
Jours y'a pas de quoi s'flinguer
Tu es K.O j'suis O.K.
O.K. pour plus jamais
Ne te revoir un jour

D'un taxiphone

D'un taxiphone
J'te téléphone
Mais tu n'y es pour personne

Allô...Allô...Allô...
Allô...Allô...Allô...

J'attends le déclic
De nos cheek to cheek
Chéri je panique

Allô...Allô...Allô...
Allô...Allô...Allô...

J't'ai pas en ligne
P't'être pas maligne
Pas sûr qu'tu t'mines

Allô...Allô...Allô...
Allô...Allô...Allô...

D'un taxiphone
J'te téléphone
Mais tu n'y es pour personne

Je perds la face
Au plexiglass
Tout ça m'angoisse

Allô...Allô...Allô...
Allô...Allô...Allô...

Toi tu me manques
Pourquoi tu t'planques
J'suis pas une trafiquante

Allô...Allô...Allô...
Allô...Allô...Allô...

Tu m'réponds plus de
Moi tu me tues je
Cause perdue

C'est rien je m'en vais c'est tout

Sous le soleil évanoui
Je m'en vais un point c'est tout
Si ça te rend dingue va chez les fous
Rejoindre toutes tes petites amies

N'en fais pas une maladie
C'est rien je m'en vais c'est tout
Tu trouveras tous les tranquillise-tout
Dans la boîte à pharmacie

Dis-moi quelque chose d'inédit
Toi l'gros malin qui sais tout
Dis-moi l'amour fou ça s'achète où
Dans quel prisu à quel prix

Des accords des harmonies
Des désaccords ou des goûts
Et des couleurs de l'envie au dégoût
C'est une question de rêverie

Au poker menteur d'ma vie
Il te restait plus qu'un atout
A part le cœur tu m'as touchée partout
Du zéro à l'infini

Tu étais mon sucre candi
Et moi ton petit cachou
Amour et humour ça se cache où
Je fais un sort à l'ironie

Où sont les clés de la Mini
Tu les a planquées mais où
Oh et puis merde après tout j'm'en fous
J'irai à ton autopsie

Le mal intérieur

Je te sens à l'intérieur
Et pourtant je te sens ailleurs
Tu es si proche de moi
Mais je sais que l'cœur n'y est pas
Tu me dis que je t'aime
Mais toi tu n'y crois pas

Nous n'parlons pas la même langue
Nos regards nos baisers profonds
Comme une barque qui tangue
C'est quoi en surface quoi au fond
Tu me dis que je t'aime
Mais toi tu n'y crois pas

Je sens mon mal intérieur
Ce s'rait pas mal d'aller voir ailleurs
Voir ailleurs si tu y es
Plus présent qu'à mes côtés
Tu me dis que je t'aime
Mais toi tu n'y crois pas

Je te sens à l'intérieur
Et pourtant je te sens ailleurs
Tu es si proche de moi
Mais je sais que l'cœur n'y est pas
Tu me dis que je t'aime
Mais toi tu n'y crois pas

Beau oui comme Bowie

Mâle au féminin
Légèrement fêlé
Un peu trop félin
Tu sais que tu es

Beau oui comme Bowie
Beau oui comme Bowie
Beau oui comme Bowie
Beau oui comme Bowie

Un peu d'Oscar Wilde
Un peu Dorian Gray
Quelques lueurs froides
Et un air glacé

Beau oui comme Bowie
Beau oui comme Bowie
Beau oui comme Bowie
Beau oui comme Bowie

Entre le physique
Et le figuré
C'est comme la musique
Suffit d'balancer

Beau oui comme Bowie
Beau oui comme Bowie
Beau oui comme Bowie
Beau oui comme Bowie

Tout ce que tu as
C'est tout ce que je hais
Bien trop sûr de toi
Tu sais que tu es

Beau oui comme Bowie
Beau oui comme Bowie
Beau oui comme Bowie
Beau oui comme Bowie

Le bonheur c'est malheureux

Ça fait chier que ça dure si peu
Le bonheur c'est malheureux
On en chie on en bave on en peut
Plus d'être malheureux
Le bonheur ça défonce
Comme une locomotive
A toute vapeur
Mais méfie-toi des aiguilleurs

Ça me tue ça m'achève mais j'en veux
Encore du malheureux
Ébloui on en croit pas ses yeux
D'être aussi malheureux
Le bonheur ça défonce
Comme une locomotive
A toute vapeur
Mais méfie-toi des aiguilleurs

On se lâche on s'attache on s'en veut
D'être à deux malheureux
Le constat de cette affaire c'est affreux
Le malheur c'est d'être heureux
Le bonheur ça défonce
Comme une locomotive
A toute vapeur
Mais méfie-toi des aiguilleurs

Ça fait chier que ça dure si peu
Le bonheur c'est malheureux
On en chie on en bave on en peut
Plus d'être malheureux
Le bonheur ça défonce
Comme une locomotive
A toute vapeur
Mais méfie-toi des aiguilleurs

Ça fait chier que ça dure si peu
Le bonheur c'est malheureux
On en chie on en bave on en peut
Plus d'être malheureux

Je t'aime idiot

Je t'aime idiot
Quadruple idiot
T'as rien compris
N'te fie jamais qu'aux transparences
Apparences trop jolies
Tout semble idiot
Lorsqu'on est au
Bout de la nuit
Qui peut savoir qui sait d'avance
C'qu'est la mélancolie

T'es qu'un idiot
Demande-moi au
Moins mon avis
Les jeunes filles ont besoin de romance
Et parfois d'insomnie
Sais-tu idiot
Que je t'aime au-
Delà de l'ennui
Pour l'amour y'a pas d'ordonnance
Ni d'S.O.S. d'minuit

Je t'aime idiot
Quadruple idiot
T'as rien compris
N'te fie jamais qu'aux transparences
Apparences trop jolies
Idiote idiot
On est fait au
Moins pour la vie
Ne t'embarrasse pas de nuances
Fais comm'ça fais comm'si

Pull marine

J'ai touché le fond de la piscine
Dans le petit pull marine
Tout déchiré aux coudes
Qu'j'ai pas voulu recoudre
Que tu m'avais donné
J'me sens tellement abandonnée

Y'a pas qu'au fond de la piscine
Que mes yeux sont bleu marine
Tu les avais repérés
Sans qu'il y ait un regard
Et t'avais rappliqué
Maintenant je paie l'effet retard

Avant de toucher le fond
Je descends à reculons
Sans trop savoir ce qui se passait dans le fond

C'est plein de chlore au fond de la piscine
J'ai bu la tasse tchin tchin
Comme c'est pour toi je m'en fous
Je suis vraiment prête à tout
Avaler que m'importe
Si on me retrouve à moitié morte

Noyée au fond de la piscine
Personne ne te voyait
Sous mon petit pull marine
M'enlacer j't'embrassais
Jusqu'au point de non-retour
Plutôt limite de notre amour

Avant de toucher le fond
Je descends à reculons
Sans trop savoir ce qui se passait dans le fond

Viens vite au fond de la piscine
Repêcher ta petite sardine
L'empêcher de se noyer
Au fond de toi la garder

Petite sœur traqueuse
De l'air de ton air amoureuse

Si nous deux c'est au fond dans la piscine
La deux des magazines
Se chargera de notre cas
Et je n'aurai plus qu'à
Mettre des verres fumés
Pour montrer tout ce que je veux cacher

Retrouve-moi au fond d'la piscine
Avant qu'ça m'assassine
De continuer sans toi
Tu peux compter sur moi
J'te referai plus l'plan d'la star
Qui a toujours ses coups de cafard

J'ai touché le fond de la piscine
Dans ton petit pull marine

Love on the beat

D'abord je veux avec ma langue
Natale deviner tes pensées
Mais toi déjà déjà tu tangues
Aux flux et reflux des marées

Love on the beat
Love on the beat

Je pense à toi en tant que cible
Ma belle enfant écartelée
Là j'ai touché le point sensible
Attends je vais m'y attarder

Love on the beat
Love on the beat

Il est temps de passer aux choses
Sérieuses ma poupée jolie
Tu as envie d'une overdose
De baise voilà je m'introduis

Love on the beat
Love on the beat

J'aime assez tes miaous miaous
Griffes dehors moi dents dedans
Ta nuque voir de ton joli cou
Comme un rubis perler le sang

Love on the beat
Love on the beat

Plus tu cries plus profond j'irai
Dans tes sables émouvants sables
Où m'enlisant je te dirai
Les mots les plus abominables

Love on the beat
Love on the beat

Brûlants sont tous tes orifices
Des trois que les dieux t'ont donnés
Je décide dans le moins lisse
D'achever de m'abandonner

Love on the beat
Love on the beat

Une décharge de six mille volts
Vient de gicler de mon pylône
Et nos reins alors se révoltent
D'un coup d'épilepsie synchrone

Love on the beat
Love on the beat

Sorry angel

C'est moi qui t'ai suicidée
Mon amour
Je n'en valais pas la peine
Tu sais
Sans moi tu as décidé
Un beau jour
Décidé que tu t'en allais

Sorry angel
Sorry so
Sorry angel
Sorry so

Le compte avait commencé
A rebours
Était-ce vertige déveine
Qui sait
Un voyage un seul aller
Au long cours
D'où l'on ne revient jamais

Sorry angel
Sorry so
Sorry angel
Sorry so

Moi j'aurai tout essayé
Mon amour
C'était vraiment pas la peine
Je sais
Que c'était foutu d'avance
Mon amour
Je n'ai ni remords ni regrets

Sorry angel
Sorry so
Sorry angel
Sorry so

C'est moi qui t'ai suicidée
Mon amour
Moi qui t'ai ouvert les veines
Je sais
Maintenant tu es avec les anges
Pour toujours
Pour toujours et à jamais

Sorry angel
Sorry so
Sorry angel
Sorry so

Hmm hmm hmm

Hmm hmm hmm
J'ai des doutes j'ai les affreux
Hmm hmm hmm
Les affreux de la création
Hmm hmm hmm
Comprenne qui veut
Pas si con
Hmm hmm hmm

Ah! ça c'est sûr j'suis pas Edgar Allan Poe
Manque de pot
Car pour c'qui est d'la po-
Ésie on l'a ou on l'a pas dans la peau

J'suis pas non plus Arthur Rimbaud
Çui-là y d'vait faire un beau
Couple avec l'autre là merde j'ai beau
Chercher j'trouve pas boh

Çui-là pour l'égaler faut s'lever tôt
J'veux parler d'Antonin Artaud
Ouais le génie ça démarre tôt
Mais y'a des fois ça rend marteau

Kiss me hardy

D'un tableau de Francis Bacon
Je suis sorti
Faire l'amour avec un autre homme
Qui m'a dit

Kiss me hardy
Kiss me my love

A Frisco non loin de Sodome
Là aussi
J'ai connu un très beau jeune homme
Qui m'a dit

Kiss me hardy
Kiss me my love

Puis à New York où l'on déconne
Je suis parti
Tous là-bas comme un seul homme
M'ont redit

Kiss me hardy
Kiss me my love

Eh oui mon amour oui c'est comme
Ça depuis
Oui j'ai connu bien d'autres hommes
Qui m'ont dit

Kiss me hardy
Kiss me my love

No comment

Si j'ai quoi affirmatif et quoi d'autre no comment
Si je baise affirmatif quoi des noms no comment
Des salopes affirmatif des actrices no comment
Des gamines affirmatif de quel âge ooh ooh ooh

Si j'ai quoi affirmatif et quoi d'autre no comment
Si je bande affirmatif pour qui ça no comment
Pour des putes affirmatif et qui d'autre no comment
Brunes blondes affirmatif et rouquines ooh ooh ooh

Si j'ai quoi affirmatif et quoi d'autre no comment
Si j'assure affirmatif quoi tout seul no comment
D'la technique affirmatif du doigté no comment
Self control affirmatif comment ça ooh ooh ooh

Si j'ai quoi affirmatif et quoi d'autre no comment
Si j'aime ça affirmatif quel côté no comment
Peu m'importe affirmatif c'que j'préfère no comment
Obsédé affirmatif sexuel ooh ooh ooh

Si j'ai quoi affirmatif et quoi d'autre no comment
Si j'assure affirmatif quoi tout seul no comment
D'la technique affirmatif du doigté no comment
Self control affirmatif comment ça ooh ooh ooh

Si j'ai quoi affirmatif et quoi d'autre no comment
Si j'aime ça affirmatif quel côté no comment
Peu m'importe affirmatif c'que j'préfère no comment
Obsédé affirmatif sexuel ooh ooh ooh

I'm the boy

I'm the boy that can enjoy invisibility
I'm the boy le garçon qui a le don d'invisibilité

Ombre parmi les ombres
Des nocturnes torrides
Je me perds dans le nombre
Pour atteindre au sordide

I'm the boy that can enjoy invisibility
I'm the boy le garçon qui a le don d'invisibilité

Masque parmi les masques
Tragiques ou d'amertume
Le cuir noir et les casques
Scintillant sous la lune

I'm the boy that can enjoy invisibility
I'm the boy le garçon qui a le don d'invisibilité

Âme parmi les âmes
Fébriles dans leurs angoisses
Lorsque brille une lame
Ou un regard salace

I'm the boy that can enjoy invisibility
I'm the boy le garçon qui a le don d'invisibilité

Homme parmi les hommes
Dans le noir ou l'ivoire
Recherchant les symptômes
D'orgasmes illusoires

I'm the boy that can enjoy invisibility
I'm the boy le garçon qui a le don d'invisibilité

Putain parmi les putes
J'enfonce dans la fange
Où s'étreignent les brutes
Et se saignent les anges

I'm the boy that can enjoy invisibility
I'm the boy le garçon qui a le don d'invisibilité

Harley David son of a bitch

Harley David son of a bitch
Eh dis donc David fils de pute
Harley David son of a bitch
Qu'est-c'que tu fais sur ma Harley

Harley David son of a bitch
Si tu veux pas que j'te bute
Harley David son of a bitch
Faudrait m'la rendre et vite fait

Harley David son of a bitch
En plus quand tu as fumé du jute
Harley David son of a bitch
Tu sais plus très bien c'que tu fais

Harley David son of a bitch
Ça y'est tu as l'gourdin t'es en rut
Harley David son of a bitch
Ses vibrations te font d'l'effet

Harley David son of a bitch
Qu'est-c'que tu décides tu vas aux putes
Harley David son of a bitch
Ou alors tu vas voir les gays

Harley David son of a bitch
Eh dis donc fils de pute
Harley David son of a bitch
Qu'est-c'que tu as fait de ma Harley

Harley David son of a bitch
Tu aurais dû prévenir ta chute
Harley David son of a bitch
Tu es mort sur le coup c'est bien fait

Harley David son of a bitch
Harley David son of a bitch
Harley David son of a bitch
Harley David son of a bitch

Lemon incest

Inceste de citron
Lemon incest
Je t'aime t'aime je t'aime plus que tout
Papapappa
Naïve comme une toile du Nierdoi Sseaurou
Tes baisers sont si doux
Inceste de citron
Lemon incest
Je t'aime t'aime je t'aime plus que tout
Papapappa

L'amour que nous n'f'rons jamais ensemble
Est le plus beau le plus violent
Le plus pur le plus enivrant
Exquise esquisse
Délicieuse enfant
Ma chair et mon sang
Oh mon bébé mon âme

L'amour que n'f'rons jamais ensemble
Est le plus rare le plus troublant
Le plus pur le plus émouvant
Exquise esquisse
Délicieuse enfant
Ma chair et mon sang
Oh mon bébé mon âme

Inceste de citron
Lemon incest
Je t'aime t'aime je t'aime plus que tout
Papapappa

Amour consolation

Et si ce monde est cruel
C'est pas ta faute
Que tu sois pas la plus belle
C'est pas la mienne
J'en ai eu d'autres avant toi
Qui te ressemblent
Mais j'aime pas l'amour qu'on n'a
Pas fait ensemble

Quand tu me dis « Je reviens
J'vais faire un tour »
J'fais pas semblant d'être rien
Mais d'être pour
J'regarde le jour se lever
Et tu n'es pas là
Il faut savoir ce qu'on peut
Et ce qu'on veut pas

Amour consolation
C'est déjà ça
De pris sur la vie
Sans lui
Désolation
Plus de soleil
Tout devient noir
A l'horizon

Le jour où j'serai plus paumé
J'aurai des sous
Comment j'f'rai pour en piquer
J'sais pas encore
Mais sur le mur d'la prison
Avec un clou
Je graverai nos deux noms
Percés d'une flèche

Tu m'apporteras des citrons
Et du tabac
Une bouteille de rhum agricole
Qu'on fait là-bas

Mais surtout il faudrait pas
T'mettre à pleurer
J'saurais pas trop quoi te dire
Pour t'consoler

Quoi

Quoi
D'notre amour feu n'resterait que des cendres
Moi
J'aimerais qu'la terre s'arrête pour descendre
Toi
Tu m'dis qu'tu vaux pas la corde pour te pendre
C'est à laisser ou à prendre

Joie
Et douleur c'est ce que l'amour engendre
Sois
Au moins conscient que mon cœur peut se fendre
Soit
Dit en passant j'ai beaucoup à apprendre
Si j'ai bien su te comprendre

Amour cruel
Comme en duel
Dos à dos et sans merci
Tu as le choix des armes
Ou celui des larmes
Penses-y penses-y
Et conçois que c'est à la mort à la vie

Quoi
D'notre amour feu n'resterait que des cendres
Moi
J'aimerais qu'la terre s'arrête pour descendre
Toi
Tu préfères mourir que de te rendre
Va donc savoir va comprendre

Lulu

Enfant de l'amour
Portrait de Gainsbourg
Deux cent soixante-dix jours
A ce jour
Lulu
J'ai lu
Dans tes grands yeux de velours
Tant d'amour

Entends sous ses doigts vibrer le Yamaha
C'est du Cole Porter et du Papa

Tu es comme moi comme moitié chinois
Mais tu as l'âme slave de papa

Rends à ton papa l'amour que tu lui dois
Tu peux le compter avec tes doigts

Shangaï

Petite fille sans-un
Tu m'appartiens
Toute nue sous ton alcôve
Salope de pauvre

Le Bon Dieu toi et moi
Amour à trois
On s'aime nous non plus
On n'en peut plus

Griffe-moi jusqu'au sang
Si tu le sens
Nous n'aimons pas les hommes
Mais c'est tout comme

Petite fille sans-un
Tu m'appartiens
Baise-moi dans le cou
Coup de bambou

Charlotte for ever

Charlotte
Charlotte for ever
Petit papa rêveur
Charlotte
Charlotte for ever
A jamais dans mon cœur

Charlotte
Charlotte for ever
Recherche d'un never
More yes for ever
Tous les amours se meurent
Sans toi
Je n'suis plus moi
J'dérive à l'infini
Sens-moi
Approche-toi
Amour de ma vie

Charlotte
Charlotte for ever
Amour outsider
Charlotte for ever
No leader no dealer

Charlotte
Charlotte for ever
De moi tu es l'auteur
Charlotte
Charlotte for ever
Es-tu à la hauteur
Sans toi
Je n'suis plus moi

J'dérive à l'infini
Sens-moi
Approche-toi
Amour de ma vie

Charlotte
Charlotte for ever
Pitié pour moi mon cœur
Charlotte
Charlotte for ever
Tu as gagné je pleure

Charlotte
Charlotte for ever
Papa Papa j'ai peur
Charlotte
Charlotte for ever
De goûter ta saveur

Charlotte
Charlotte for ever
Vu ni vu ni couleur
Charlotte
Charlotte for ever
Détournement d'mineure

Ouvertures éclair

J'ai des ouvertures éclair
Des fermetures en clair
Peut-être un peu trop lucide
Et lorsque mes tentations
Me donnent des sensations
Je sens l'attrait du vide

J'vois des flashs et des éclairs
Des orages dans l'air
Vers moi se translucident
Des lignes à haute tension
Me disent attention
L'amour est trop avide

Bouche en ouverture éclair
Mac Donald duck éclair
Au café à l'acide
J'en ai pris double ration
De baisers de tension
Nerveuse je suis vide

J'ai des ouvertures éclair
Des fermetures en clair
Peut-être un peu trop lucide
Et lorsque mes tentations
Me donnent des sensations
Je sens l'attrait du vide

Oh Daddy oh

Oh Daddy oh Daddy oh
J'suis mineure vaccinée au
Chagrin au stress au sanglot

Oh Daddy oh Daddy oh
Tu joues au con t'en fais trop
Tu es noir ou bleu indigo

Oh Daddy oh Daddy oh
Tu te crois à la Metro-
Goldwyn Mayer sixty O

Oh Daddy oh Daddy oh
C'est haine et amour and Co
Prohibition Chicago

Oh Daddy oh Daddy oh
Comme Rudolf Valentino
Tu baises tu fumes tu bois trop

Oh Daddy oh Daddy oh
Pas de quoi pavoiser intro-
Spective coda intro

Oh Daddy oh Daddy oh
Tu en fais un max tu joues o-
Verplay sur ma stéréo

Oh Daddy oh Daddy oh
Tu te prends pour Allan Poe
Huysmans Hoffmann et Rimbaud

Oh Daddy oh Daddy oh
Je viens de voir ton électro
J'vais appeler sos O

Oh Daddy oh Daddy oh
J'suis mineure vaccinée au
Chagrin au stress au sanglot

Oh Daddy oh Daddy oh
Tu joues au con t'en fais trop
Tu es noir ou bleu indigo

Oh Daddy oh Daddy oh
J'viens de voir ton électro
J'vais appeler sos O

Don't forget to forget me

Don't forget to forget me
Yes forget me
Souviens-toi de m'oublier
C'en est assez

Don't forget to forget me
And forgive me
Comprends bien que nos tracés
Sont effacés

Don't forget to forget me
Yes forget me
Souviens-toi de m'oublier
C'en est assez

Don't forget to forget me
And forgive me
Jour ou l'autre il faut payer
Ou pardonner

Don't forget to forget me
Yes forget me
Souviens-toi de m'oublier
Tu es dépassé

Don't forget to forget me
And forgive me
Sur Shade sur Bill Haley
Dégage, allez

Don't forget to forget me
Yes forget me
Souviens-toi de m'oublier
C'en est assez

Plus doux avec moi

J'aime pas les turbulences
Sois plus doux avec moi
J'fais c'que j'veux et c'que j'peux voilà
C'est en toute innocence
Que j'te dis ça papa
Je sais je sais je sais tais-toi

Y'a les caresses
Et y'a les coups
Aucun secret
Aucun mensonge
Toi moi nous

Dans quelle turbulence
M'as-tu conçue papa
Tu le sais aussi bien que moi
Oui je sais dans quel sens
Le prendre mais tu vois
Ouais je le vois au son de ta voix

Tout n'est que stress
On est à bout
Sens du péché
Des interdits
Des tabous

Constant dans l'inconstance
Tu ne sais pas où tu vas
Où je vais ça ne te regarde pas
Tu as des réminiscences
Du cul ou bien de quoi
Ça n'est pas ton problème
C'est le moi

J'aime pas les turbulences
J'fais c'que j'veux et c'que j'peux voilà
C'est en toute innocence
Que j'te dis ça papa
Je sais je sais je sais tais-toi

Est-ce une baisse
De tension ou
Aucun secret
Aucun mensonge
Toi moi nous

Pour ce que tu n'étais pas

J't'ai pris pour ce que tu n'étais pas
T'ai laissé pour ce que tu es
Je t'ai
Jeté
Par trop de lucidité

Tu peux toujours courir, moi
J'suis partie en illusions
Partie
Arri-
Vée en dérision

Tu es tout ce que je ne suis pas
Tu es tout ce que je hais
J'ai lu
Le faux cul
Dans tes yeux gris horizon

Tu peux me suivre pas à pas
T'inquiète, je sais ce que tu es
Ta Ya-
Maha
A plus de réflexion

Maintenant tu sais pourquoi
J'aime jusqu'à la déraison
J'aime
Même
Si parfois c'est sans raison

Aveuglé à ce point l'a-
Mour, de texte explication
Tu es moins
Que rien
Tu es vraiment un con

J't'ai pris pour ce que tu n'étais pas
T'ai laissé pour ce que tu es
Je t'ai
Jeté
Par trop de lucidité

Aveuglé à ce point l'a-
Mour, de texte explication
Tu es moins
Que rien
Tu es vraiment un con

Élastique

J'suis élastique
Dans mes gimmicks
Mais hélas, tic
Je vois tout en toc

Élastique
Gimmicks
Je te réplique
Du tac tac au tic

Quand certains jours pour moi ça rigole pas des masses
Devant ma glace
Je me fais des grimaces

Élastique
Des gimmicks
Un peu comme Mick
Jagger que je trouve comique

Élastique
Gimmicks
Informatique
Sur l'amour file moi ta doc

J'suis élastique
Dans mes gimmicks
Mais hélas, tic
Je vois tout en toc

Élastique
Gimmicks
Maths et chimique
Pas louper mon bac

Quand certains jours pour moi ça rigole pas des masses
Devant ma glace
Je me fais des grimaces

Élastique
Des gimmicks
Oui j'ai des tics
Et c'est pas du toc

Élastique
Gimmicks
J'aime la musique
Le funky le roll and rock

J'suis élastique
Dans mes gimmicks
Mais hélas, tic
Je vois tout en toc

Élastique
Gimmicks
J'aime les comic
Strip aussi les clips

Quand certains jours pour moi ça rigole pas des masses
Devant ma glace
Je me fais des grimaces

Élastique
Des gimmicks
J'ai trop de tact
Je manque de tactique

Élastique
Gimmicks
T'es qu'un pauv' mec
T'es malade t'faudrait un doc

Quand certains jours pour moi ça rigole pas des masses
Devant ma glace
Je me fais des grimaces

Élastique
Des gimmicks
Un peu comme Mick
Jagger que je trouve comique

Élastique
Gimmicks
T'es qu'un pauv' mec
T'es malade t'faudrait un doc

Zéro pointé vers l'infini

Zéro pointé vers l'infini
J'ai tout faux dans ma vie
Zéro pointé vers l'infini
J'étouffe en dents de scie
Zéro pointé vers l'infini
Overdose de rêverie
La nuit le jour m'ennuient
J'ai soif de Nelson Melody

Zéro pointé vers l'infini
Je mens et je m'enfuis
Zéro pointé vers l'infini
Vers d'autres galaxies
Zéro pointé vers l'infini
Overdose de rêverie
La nuit le jour m'ennuient
J'ai soif de Nelson Melody

Les math-élem
J'sais pas si j'aime
J'te l'prouve par A plus B
Les forts en thème
Tous en B.M.
Doublent en première B

J'sais plus c'que t'es
J'sais pas c'que j'ai
Je me sens mal à l'aise
Miller j'ai lu
Je ne veux plus
Entendre parler de baise

Zéro pointé vers l'infini
J'ai tout faux dans ma vie
Zéro pointé vers l'infini
J'étouffe en dents de scie
Zéro pointé vers l'infini
Overdose de rêverie
La nuit le jour m'ennuient
J'ai soif de Nelson Melody

Mon père un catholique

Mon père un catholique
Irlandais à l'époque
Travaillait sur les docks
Déchargeant des barriques
De vin du Languedoc
De Pouilly de Médoc
De bière de Munich
De Kummel et de Schnick
De vodka soviétique
De porto ibérique
De raki du Maroc
Et d'ouzo hellénique
Rhum de la Jamaïque
Saké asiatique
Qui passe par Bangkok
Téquila du Mexique
Tout un fleuve toxique
Plus grand que l'Orénoque
Venu des alambics
D'Europe et des Tropiques
Sur les quais britanniques
Il eut la fin classique
Que prédisent les doc-
Teurs aux grands alcooliques
Donnant des coups de trique
A ma maman en cloque
Qui les prenait stoïque
Adepte de Masoch
Puis mourut en clinique
Neuro-psychiatrique
Sous les électrochocs
Laissant sa fille en loques
Attraper sur les docks
Le bacille de Koch

Travelure

Hey guy I want you
I want you baby
Ya understand
Do you remember yesterday
When we were pissed together
Oh what a night
What a night
Whaou ou ou

Baby I still love you
I like your tears
When I'm coming on you ou
Baby I want you baby ya
Do you remember yesterday
When we were pissed together
Together together
Whao what a night baby

Baby baby baby
I still love you baby
I like your tears
When I'm coming in you baby
Oh baby I want you
Are you baby baby
I want you you baby
Understand understand
Understand baby

Hey guy do you remember yesterday
When we were pissed together
Together together
What a night what a night
Whaou baby
Baby baby I still love you
I still love you baby

I like your tears
When I'm coming on you

Hey guy
I love you guy

Être ou ne pas naître

Que vaut-il mieux être ou ne pas naître
Question réponse c'est pas net
Qu'y a-t-il après le non-être
Est-ce le néant quand tout s'arrête
Ou continue l'amour peut-être
Entre deux êtres

Avec cette difficulté d'être
Il m'aurait mieux valu peut-être
Ne jamais naître

Toi, toi qui me reçois sept sur sept
Tu vois pas
Que je ne suis pas
Bien dans ma tête

Que vaut-il mieux être ou ne pas naître
Question réponse c'est pas net
Qu'y a-t-il après le non-être
Est-ce le néant quand tout s'arrête
Ou continue l'amour peut-être
Entre deux êtres

Que vaut-il mieux être ou ne pas naître
Question réponse c'est pas net
Toi mon amour toi qui as des lettres
Préfères-tu Macbeth ou Hamlet
Je sais je sais j'ai bien fini
Par te connaître

Avec cette difficulté d'être
Il m'aurait mieux valu peut-être
Ne jamais naître

Toi, toi qui me reçois sept sur sept
Tu vois pas
Que je ne suis pas
Bien dans ma tête

Que vaut-il mieux être ou ne pas naître
Question réponse c'est pas net
Qu'y a-t-il après le non-être
Est-ce le néant quand tout s'arrête
Ou continue l'amour peut-être
Entre deux êtres

Le couteau dans le play

N'remue pas s'il te plaît
Le couteau dans le play
Plus de flash-back
Ni de come-back
Les larmes c'est en play-back complet

Je sais c'est moi qui ai
Tout fait oui j'étouffais
Et si j'en claque
Je m'en fous j'suis d'ac-
Cord pour ma gueule c'est bien fait

Tant pis si
C'est fini
Ou tant mieux
Si tu veux
A qui la
Faute à toi à moi

N'remue pas s'il te plaît
Le couteau dans le play
Ton humour black
J'en ai ma claque
Profondément tout ça m'déplaît

Arrête s'il te plaît
De jouer overplay
Ton blues en black
C'est de l'arnarque
Reconnais-le si tu es fair-play

Tant pis si
C'est fini
Ou tant mieux
Si tu veux
A qui la
Faute à toi à moi

N'remue pas s'il te plaît
Le couteau dans le play
Tu mets en vrac
Tout dans l'même sac
Les faux sentiments et les vrais

Tu n'sais pas si je sais
Qu'tu m'as prise à l'essai
L'amour au back-
Gammon au black-
Jack tu as gagné perdu vite fait

Tant pis si
C'est fini
Ou tant mieux
Si tu veux
A qui la
Faute à toi à moi

N'remue pas s'il te plaît
Le couteau dans le play
Plus de flash-back
Ni de come-back
Les larmes c'est en play-back complet

Je sais c'est moi qui ai
Tout fait oui j'étouffais
Et si j'en claque
Je m'en fous j'suis d'ac-
Cord pour ma gueule c'est bien fait

Tant pis si
C'est fini
Ou tant mieux
Si tu veux

L'amour de moi

L'amour de moi
Ci est enclose
Dedans un joli jardinet
Où croît la rose et le muguet
Et aussi fait la passerose

A la vie elle avait dit « pause »
C'est ainsi qu'elle s'en est allée
Je l'ai retrouvée au détour d'une allée
Où à jamais elle repose

Trois sentiments en moi s'opposent
Le chagrin en est le tout premier
En second viennent le remords et les regrets
Enfin l'amour dont elle dispose

J'aimerais lui dire tant de choses
Allongée près d'elle à ses côtés
Alors mes larmes seront perles de rosée
Pour arroser son laurier-rose

Une chose entre autres

Une chose entre autres
Que tu n'sais pas
Tu as eu plus qu'un autre
L'meilleur de moi

Est-ce ta faute
Peut-être pas
Les parcours sans faute
N'existent pas

J'en ai vu d'autres
T'inquiète pour moi
J'me démerde
Avec c'que j'n'ai pas

J'suis passée à autre
Chose tu crois
Que j'allais revenir sur tes
Pas les miens les nôtres
Mais ça va pas
Dans ta tête tu te prends pour quoi

Oui j'en ai vu d'autres
T'inquiète pour moi
J'me démerde
Avec c'que j'n'ai pas

Une chose entre autres
J'étais à toi
Maint'nant j'suis à d'autres
Je n'te suis pas

Lost song

Lost song
Dans la jungle
De nos amours éperdues
Notre émotion s'est perdue
Lost song
A la longue
Les mots semblent superflus
Entre le flux, le reflux
Mensonges par omission
On se tait on s'est tu
On sait ce qu'il s'est su
On s'adore et puis l'on
Se déchire s'entretue
Dans mon sens entres-tu

Lost song
Dans la jungle
De nos amours éperdues
Notre émotion s'est perdue

Lost song
Toi tu jongles
Avec des mots inconnus
De moi, je n'ai pas assez lu
Dans tes yeux tes menson-
Ges, d'autres filles en vue
Je le savais je me suis tue
Les bagarres, arrêtons
Je suis on ne peut plus
Fragile le sais-tu

Lost song
Dans la jungle
De nos amours éperdues
Notre émotion s'est perdue
Lost song
Au majong
De l'amour je n'ai pas su
Sur toi avoir le dessus
Des erreurs, mettons
Je reconnais je me suis vue
A l'avance battue
C'est l'horreur mais ton
Arrogance me tue
Tu me dis vous après tu

Physique et sans issue

Je sais qu'l'amour physique est sans issue
J'le sais, mais si j'l'avais su
A temps je ne serais pas hélas
Au point où tu m'as connue

Je t'aime
Et toi-même
Dis-moi que tu m'aimes
Dis-le-moi si même
Cela n'est pas

Vrai des beaux gosses oui j'en ai connus
Qui m'traitaient de fille perdue
Quelque part je trouvais ça dégueulasse
Et toi qu'en penses-tu

Je t'aime
Et toi-même
Dis-moi que tu m'aimes
Dis-le-moi si même
Cela n'est pas

Vrai l'amour physique est sans issue
Tu le sais oui... Toi non plus
A dire vrai il y en a pas des masses
De belles histoires de cul

Je t'aime
Et toi-même
Dis-moi que tu m'aimes
Dis-le-moi si même
Cela n'est pas vrai

Je sais qu'l'amour physique est sans issue
J'le sais, mais si j'l'avais su
A temps je ne serais pas hélas
Au point où tu m'as connue

Je t'aime
Et toi-même
Dis-moi que tu m'aimes
Dis-le-moi si même
Cela n'est pas

Le moi et le je

Si j'hésite si souvent entre le moi et le je
Si je balance entre l'émoi et le jeu
C'est que mon propre équilibre mental en est l'enjeu
J'ignore tout des règles de ce

Jeu cruel et tendre à la fois entre le moi et le je
On se perd de vue tout est remis en jeu
Dans la froideur de la nuit je me demande où suis-je
Tu me prends je me laisse prendre au

Jeu de l'amour du hasard éprise de vertiges
Ayant conscience que c'est un jeu dange-
Reux tu abuses du je alors je cache mon jeu
Sans pour autant gagner sur toi moi

Si j'hésite si souvent entre le moi et le je
Si je balance entre l'émoi et le jeu
C'est que mon propre équilibre mental en est l'enjeu
J'ignore tout des règles de ce jeu

Jeu de l'amour du hasard éprise de vertiges
Ayant conscience que c'est un jeu dange-
Reux tu abuses du je alors je cache mon jeu
Sans pour autant gagner sur toi moi je

You're under arrest

Un soir que dans le Bronx
J'étais on ne peut plus anx-
Ieux de retrouver Samantha
Entre Thelonius Monk
Quelques punks aussi Brons-
Ki beat giclant de mon Aïwa

You're under arrest
Cause you are the best

J'ai dit et je redis donc s-
Ur le trop tard du Bronx
Je recherchais Samantha
S'pointent deux gorilles du Bronx
Il est évident donc c'
Était mal barré pour moi

You're under arrest
Cause you are the best

C'était deux policeblacks
Qui pratiquaient le slang

Ainsi que le Colt Cobra
Ils m'plaquent au mur du Bronx
Et je défie quiconque dans c'cas
De ne pas avoir les foies

You're under arrest
Cause you are the best

L'un de ces yankees monk-
Ey me dit « Give us your money »
Qu'est-ce que t'aurais fait toi
Ils m'relâchent ainsi donc
J'enfonce dans le Bronx
Retrouver Samantha

You're under arrest
Cause you are the best

Five easy pisseuses

De mes cinq petites pisseuses j'ai préféré la six
Ouais pour toi Samantha j'ai balancé mes cinq ex
Tes petites socks
Me mettent en erex
Elles sont si sex-
Y de mes cinq petites pisseuses j'ai préféré la six
Un dancing avec des synthés où suintait un sax
Tes petites socks
Me mettent en erex
J'sens ça si sex

De mes cinq petites pisseuses j'ai préféré la six
C'était la plus noire de peau, de loin la plus lascive
Ses petites socks blanches
Me mettent en erex
Jusqu'à l'intox
De mes cinq petites pisseuses j'ai préféré la six
Premier contact, dans son dos mon ongle dessine un x
Ses petites socks
Me mettent en erex
J'oublie mes ex

De mes cinq petites pisseuses j'ai préféré la six
Je sais pourtant que Samantha a des délires annexes
Ses petites socks
Me mettent en erex
Elle me suck
De mes cinq petites pisseuses j'ai préféré la six
Je les avais limées limées limite jusqu'à l'intox
Ses petites socks
Me mettent en erex
Et je la fuck

Suck baby suck

Suck baby suck
With the CD of
Chuck Berry Chuck
Tu peux aussi me sucker
Sur le compact de
Lay Lady lay
Ou pour changer m'ensuquer
Avec Bill Haley
Allez

Suck baby suck
With the CD of
Chuck Berry Chuck
Suck baby suck
Sur le laser de
Chuck Berry Chuck
Veux-tu que je te passe une vidéo look
J'ai tous les Avery Tex
En amerlock dans le texte
Ainsi que Donald Duck

Suck baby suck
With the CD of
Chuck Berry Chuck
Suck baby suck
Sur le laser de
Chuck Berry Chuck

Suck baby suck
With the CD of
Chuck Berry Chuck
Reste bien dans l'axe
Et s'il t'arrive un acc-
Ident Samanthax
Ça me rendra un peu plus hard rock
Baby suck baby suck
With the CD of
Chuck Berry Chuck
Suck me
Suck baby suck

Fais aussi bien que mes ex
Baby suck
And good luck
Tu aurais pu aussi me saquer
Sur le compact de
Lay Lady lay
Ou pour changer m'ensuquer
Avec Bill Haley
Allez
Suck baby suck
With the CD of Chuck
Berry Chuck

Baille baille Samantha

Baille baille Samantha
Je suis à cran tu es a-
Ccro Samantha
Je le sais je le sens
Baille baille Samantha
Mets tes doigts devant ta
Bouche tu bâilles
Oh Samantha

Baille baille Samantha
Je suis vraiment lamenta-
Ble oh Samantha
Moi je n'aime pas ces plans-là
No way Samantha

Baille baille Samantha
Plonge dans ta menthe à
L'eau Samantha

Baille baille Samantha
Je connais ton mental
Oh Samantha
A la saignée de ton bras
Gauche Samantha
Des traces de piquouzes à
Tes lèvres une traînée de poudre
Oh Samantha

Baille baille Samantha
Je n'aimerais pas être dans ta
Peau Samantha
Baille baille Samantha
Tu peux te tirer à Santia-
Go Samantha
Je te retrouverai dans mes santiags
Go away Samantha

Aux enfants de la chance

Aux enfants de la chance
Qui n'ont jamais connu les transes
Des shoots et du shit
Je dirai en substance
Ceci

Touchez pas à la poussière d'ange
Angel dust en
Shoot ou en shit
Zéro héro à l'infini

Je dis dites-leur et dis-leur
De casser la gueule aux dealers
Qui dans l'ombre attendent leur

Heure
L'hor
Reur
D'mi
Nuit

Aux enfants de la chance
Qui n'ont jamais connu les transes
Des shoots et du shit
Je dirai en substance
Ceci

Ne commettez pas d'imprudences
Surtout n'ayez pas l'impudence
De vous foutre en l'air avant l'heure dite
Comme Samantha
Édith
Et dites

Je dis dites-leur et dis-leur
De casser la gueule aux dealers
Qui dans l'ombre attendent leur
Heure
L'hor
Reur
D'mi
Nuit

Aux enfants de la chance
Qui n'ont jamais connu les transes
Des shoots et du shit
Je dirai en substance
Ceci

N'approchez pas le *magic mushroom*
N'essayez surtout pas le *free base*
Car c'est lui qui vous baise
C'est lui qui vous baise
A l'aise

Je dis dites-leur et dis-leur
De casser la gueule aux dealers
Qui dans l'ombre attendent leur
Heure
L'hor

Reur
D'mi
Nuit

Aux enfants de la chance
Qui n'ont jamais connu les transes
Des shoots et du shit
Je dirai en substance
Ceci

Touchez pas au *dragon chasing*
Chasse au dragon
Qui se prend en shoot ou en shit
Zéro héro à l'infini

Je dis dites-leur et dis-leur
De casser la gueule aux dealers
Qui dans l'ombre attendent leur
Heure
L'hor
Reur
D'mi
Nuit

Shotgun

Je te lime jusqu'au sang
Mais je sens que jamais tu n'ressens
Mon
Shotgun
Non jamais mon
Shotgun

Te sentir au septième ciel non sens
Pour moi pauv'con c'est essen-
Tiel
Shotgun
A mon
Shotgun

Quand même ah problème
Si cela n'est pas
Trop te demander
Crache-moi que tu m'aimes
Si même tu mens Samantha

Peut-être dans un avenir récent
Aurai-je ton regard incandescent
Shotgun
Avec mon
Shotgun

Je t'ai tirée des mille et des cents
A présent je sens indécent
Shotgun
Dégueu mon
Shotgun

Je voulais te le faire aux sentiments
Et même je t'aurais aimée sans
Shotgun
Sans mon
Shotgun

Je pensais avoir un ascen-
Dant sur toi, t'en as rien à foutre
De mon
Shotgun
Rien à cirer de mon
Shotgun

Quand même ah problème
Si cela n'est pas
Trop te demander
Crache-moi que tu m'aimes
Si même tu mens Samantha

Glass securit

Tequila aquavit
Un glass securit
Pour prendre ton clit
A jeun je trouve ça limite
J'ai besoin d'une bit-
Ure bien composite

Tequila aquavit
Je recherche Aphrodite
Froideur explicite
Ouais j'y vais sans hésit-
Ation mais pas d'excit-
Ation climax exit

Tequila aquavit
Que de langues sodomites
De doigts troglodytes
Des plombes que je te visite
Absence de coït
O.Kay on est quitte

Toi tu l'prends comme un rit-
Uel un plan habit-
Uel plus rien ne t'excite
A jeun je trouve ça limite
J'ai besoin d'une bit-
Ure bien composite

Tequila aquavit
Mon verre securit
Éclate en petites
Particules j'évite
De les mettre en orbite
Sur ta chrysalide

Tequila aquavit
Plus de glass securit
Pour prendre ton clit
Je ne sais ce que nécessitent
Ton con et ton clit
Je suis perdu j'hésite

Oh et puis merde je quitte
Tes muqueuses shit
J'ouvre mon lexique
Mallarmé dixit
Je cite
Et dans ses jambes où la victime se couche
Levant une peau noire ouverte sous le crin
Avance le palais de cette étrange bouche
Pâle et rose comme un coquillage marin

Dispatch box

Je prends mon baise-en-ville
J'me tire à Delta ville
Avec mon
Dispatch box

J'ouvre l'attaché-case
Et j'oublierai tes treize
Ans dans mon
Dispatch box

Je prends mon baise-en-ville
Notre amour ne fut-il
Qu'une tringle futile
Dans le Bronx y'a des box-
Ons de rêve j'y trouverai un peu d'ox-
Ygène

Je prends mon baise-en-ville
Je t'ai loupée poupée mais quoi qu'il
En soit j'entrouve l'attaché-case
Je n'ai que l'avant-goût d'la glaise

Je prends mon baise-en-ville
Tout ça tourne au vinyle
Hélas tes nibars mon hot-dog
Et tes dragues et tes drogues
Ça suffit

Je prends mon baise-en-ville
J'y mets *Chessman Karyll*
Car il a sa place j'ouvre l'attaché-case
Moi des baises j'en ai Treize
A la douze

Je ferme mon baise-en-ville
Ça t'fait chier tu t'épiles
Les poils pubiques
Ras l'cul de toi
Cinq ans d'légion étrange
Serait-ce pire que toi
L'étrangère

Amour puissance six

Dreams en X
Ray quelques ex-
Traits puissance six
Avec ces X
Comme love
Un peu d'ox-
Ygène un peu d'amour

Amérique ou Occident
C'est toujours par accident
Tous plaisirs annexes

Amour puissance six
Ne serait-ce qu'un temps
L'amour ça s'ox-
Yde avec le temps

Amour puissance six
Tuer le temps
Les passions ça s'ox-
Yde je t'en prie attends

Dreams en X
Ray quelques ex-
Traits amour puissance six

Reste bien dans l'axe
Mes rêves en X

Amour puissance six
Ne serait-ce qu'un temps
L'amour ça s'ox-
Yde avec le temps

Amour puissance six
Pas pour longtemps
Bientôt l'équinoxe

Sale temps

You you you but not you

J'aime les petites rouquines
Celles qui ont le spleen
De Baudelaire et Gershwin
Irving Berlin

J'aime les petites brunettes
Cocottes vous êtes
Les plus pécieuses
In my head

J'aime les black looks
Jamaïcan look
They are in my little book
Private joke

J'aime les skins heads
Elles ne sont pas si bad
De bonnes petites baiseuses
In my bed

J'aime les blondes filasses
I look to their ass
Hole that's all
Peut-être bébé c'est toi

Hey man amen

Quand je serai refroidu
Je laisserai à mon petit Luli
Des nèfles et mes abattus

A toi de te démerdu
Pauv' Lulu tu m'as perdi
T'inquiète, j'me casse au Paradus

Me manqueront tes baisers éperdus
Tes peluches crades ton p'tit Snoopy
Oublie-moi, oublie-moi Lilu

Lorsque je serai dans les nu-
Ages entre Schumann et Stravinski
Pense à moi, j'veux pas que tu m'oublues

P'tit gars lorsque sur moi t'auras tout lu
Tu ne sauras pas combien de Loli-
Tas j'ai baisées j'ai eues dans mon lut

Ouais lorsque j'aurai disparu
Plante pour moi quelques orties
Sur ma tombe mon petit Lulu

Seigneur et Saigneur

Je suis plein aux as
De la sale race des saigneurs
Toi tu as la classe
Tu es un seigneur

Moi je suis passe
Impair et manque
Comme tout à l'heure

Je suis plein aux as
De la sale race des saigneurs
Toi tu as la classe
Tu es un seigneur

Tu me dédicaces
Ma petite gueule d'amour
Et je comprends ma douleur

Tu fais des casses
Et puis tu te casses
A toute allure

Made in China

Tu m'as braquée avec ton doigt
Et puis traquée jusque chez moi
Et j'ai craqué craqué pour toi
Ma petite culotte *made in China*

Dans mon walkman sauvez les a-
Pparences intimidée par toi
Et j'ai craqué là devant toi
Des petits crackers *made in China*

Pas d'électricité chez moi
Je me suis dit il faut que je le voie
Et j'ai craqué toute une boî-
Te d'allumettes *made in China*

Tu m'as saquée juste après l'a-
Mour j'ai pleuré comme il se doit
Je sentais couler entre mes doigts
Tout le saké *made in China*

Ghetto blaster

I lost my sound machine
On the corner
De Harlem pas très clean
Un son d'enfer
Je sors de cet under
Ground du genre assez in
Prendre un peu l'air
Je vois par terre
Ce sound ce sound machine
Sony Pioneer
Intérêt à se taire
Je le planque sous ma gabardine
Et je me fais la paire

Entre l'âme et l'amour

Entre l'âme et l'amour
De quoi perdre la raison
Je me suis toujours
Posée la question

Tu joues sur du velours
Je suis avide de passion

Si l'on fait l'amour
Dans la dérision
Moi je suis assez pour
La loi du talion

Un temps et un jour
Finit l'émotion

Tu m'appelles au secours
A court de munitions
Un signe et j'accours
Je fais du stop aux camions

Au bonheur du jour
De nuit pas question

Fillette tu te goures
Passent les saisons
Mais à contre-jour
Je ferai peut-être illusion

Je te demande un recours
En grâce mais c'est non

How much for your love baby

How much for your love baby
Je ne suis qu'une traînée de poudre de riz

How much for your love baby
Pour toi rien ou alors may be

How much for your love baby
Si tu vois Daisy dis-y

How much for your love baby
Sûr que tu m'as vue au *Crazy*

How much for your love baby
Je me sens un peu lazy

How much for your love baby
Je ne suis qu'une traînée de poudre de riz

How much for your love baby
Si tu veux m'avoir easy

How much for your love baby
Dix mille dollars cash sorry

J'ai pleuré le Yang-Tsé

Toi pleurer le Yang-Tsé
Kiang je suis sûre que tu ne sais
Pas c'est
De l'excès
De froideur à déplorer

J'ai pleuré le Yang-Tsé
Kiang je dérive je ne sais
Ce que j'ai
D'exce-
Ssif pour que tu m'aies laissée

Noyée dans le Yang-Tsé
Kiang eaux troubles je sais
Que c'est
Comme des
Arrière-goûts de suicidée

Je descends le Yang-Tsé
Kiang je me laisse aller
Assez
De ces
Larmes trop acidulées

Que c'est long le Yang-Tsé
Kiang quoi affaire classée
Jamais
Jamais
Mais peut-être un jour qui sait

Hey mister Zippo

L'essence et les sens
Ça n'a pas de sens
Mais pour moi c'est l'essen-
Tiel

Hey mister Zippo
Ouvre ton zip oh
Que je vois ta morpho
Ah ça non tu manques pas d'air
Tu m'enflammes s.o.
S. tu marches à l'*Esso*
Et au super

Hey mister Zippo
Es-tu King Kong Rambo
Tous les deux le même topo
Ça fait la paire
Est-ce un film R.K.O.
Ou de la Metro-
Goldwyn-Mayer

Hey mister Zippo
Je suis à cran accro
Pourtant tu n'as pas le pro-
Fil de Baudelaire
Oh prends-moi dans ton Au-
Tobianchi *allez go!*
Et jusqu'à la mer

Hey mister Zippo
C'est un lance-flammes en Indo
Mais pour toi j'irai jusqu'aux
Enfers

Quoi toi moi t'aimer encore tu rêves

Quoi toi moi t'aimer encore tu rêves
Je te verrai au petit déj
Demain matin au collège
Et je baisserai les yeux
Quoi toi moi t'aimer encore tu rêves
Et je m'en fous si tu en crèves
Le jour ou la nuit se lève
Je suis une et pas deux

Les nuits de déprime de détresse
Je dénoue, me refais, des tresses

Quoi toi moi t'aimer encore tu rêves
Tu es tombé dans le piège
Te mentir serait sacrilège
Mais je te sens malheureux
Quoi toi moi t'aimer encore tu rêves
Mais où vais-je que sais-je
Suis-je responsable de nos brèves
Rencontres qui n'ont pas lieu

Les nuits de déprime de détresse
Je dénoue, me refais, des tresses

Quoi toi moi t'aimer encore tu rêves
Il y a du sang sous la neige
Moi rien à foutre mais que n'ai-je
Pu passer aux aveux

China doll

You are my China doll
Oiseau de parabole
I love you China doll
Que tu aimerais prendre au viol
Tu aimes mon look mon indol-
Ence de China doll

You are my China doll
Tu me colles comme Interpol
Bien moins crazy que doll
La poupée que tu idol-
Atres cache un atoll
Cœur de corail

Je ne suis qu'une Lol-
Ita pour toi

You are my China doll
Oiseau de parabole
I love you China doll
Que tu aimerais prendre au viol
Je saute dans le trol-
Ley bus bye bye

Aberdeen et Kowloon

Aberdeen Kowloon
J'ai disjoncté je suis in the moon
A la recherche de ce pauvre clown
Qui m'a laissée
Aberdeen Kowloon
Je sens que je le retrouverai soon
Mais dans ma jonque je chante Gloom-
Y Sunday

Aberdeen Kowloon
Je rêvais de notre honey moon
Lune de miel je sais que vous n'
Savez ce que c'est
Aberdeen Kowloon
J'ai fait refait tous les lagoons
T'es-tu noyé dans un saloon
Oversaké

Aberdeen Kowloon
Je suis dans le blues j'appelle le Room
Service on me refile un groom
Qui ne sait qui c'est

White and Black Blues

Lorsque l'on me parle de couleur de peau
J'ai le Blues qui me fait froid dans le dos
Je me sens dans un conte d'Edgar Allan Poe
C'est le never more les vumètres à zéro

White and Black
Danse, balance sur le White and Black Blues
Nous les Blacks
Nous sommes quelques millions treize à la douze

Paradisiaque
Africa mon amour, je t'ai dans la peau
White and Black
Qu'importe la couleur, tous égaux

Entendez-vous les percussions des tam-tams
Elles vous vont droit au cœur, vous transpercent l'âme
Comme la flèche d'un chasseur, équateur
Une lame de couteau où scintillent les pleurs

White and Black
Danse, balance sur le White and Black Blues
Nous les Blacks
Nous sommes quelques millions treize à la douze

Le long du fleuve
Sous le soleil ambré des marécages
Où qu'il pleuve
Sur nos amours que vienne l'orage

White and Black
Danse, balance sur le White and Black Blues
Nous les Blacks
Nous sommes quelques millions treize à la douze

White and Black
Danse, balance sur le White and Black Blues
That's all right
Danse, balance sur le White Blues...
And Black

L'amour à deux

J'te suis des yeux
C'est un jeu
Et quand ça tourne
Tragique
Jeux dangereux
L'enjeu
Est-ce le faux au secours
Panique
L'amour ça s'fait
A deux
Bien fait c'est du feu
De Dieu
Mais qu'as-tu fait
De moi
Je n'sais pas
L'amour à deux
C'est quand tu veux
Tu n'es pas de
De ceux
Que l'on détourne
Physique
Jeu dangereux
L'enjeu
Est-ce le faux au secours

Panique
L'amour ça s'fait
A deux
Bien fait c'est du feu
De Dieu
Mais qu'as-tu fait
De moi
Je n'sais pas
L'amour à deux
C'est quand tu veux
Sois affectueux
Tu peux
Il n'y a pas que
L'physique
Sinon adieu
Nous deux
Surtout pas de
Panique
Sois chaleureux
Je veux
Tu es par trop
Cynique
Mais qu'as-tu fait
De moi
Je n'sais pas
L'amour à deux
C'est quand tu veux

Dis-lui toi que je t'aime

Dis-lui toi que je t'aime
Ou programme-moi sur I.B.M.
Je n'aimerais pas le blesser
Je m' rends compte que pour compte nous l'avons laissé
Dis-lui toi que je t'aime
Et qu'il se branche sur la F.M.
Alors il pourra me capter
Ou bien c'est qu'il est complètement disjoncté
Je n'veux pas les yeux
Dans les yeux
Balancer ça

Il ne me croirait pas
Je n'veux pas annoncer la couleur
Entre toi et moi
Je vois l'émoi
Quand il comprendra sa douleur
Toi tu es le seul double de moi
Dis-lui toi que je t'aime
C'est toujours le même dilemme
Un jour ou toujours qui sait
Combien de mois d'émoi cela va durer
Dis-lui toi que je t'aime
Entre l'amour l'amour et la haine
Question de pleins de déliés
Qui sait combien de temps cela va durer
Dis-lui dis-lui redis-lui quand même
Dédie-lui ce poème
C'est le never more jamais à plus jamais
Dis-lui toi que je t'aime
Bien sûr on en revient toujours au même
Thème insoluble c'est vrai
C'est toi que j'aime
C'est toi que j'aime
Pour de vrai

L'amour en soi

L'amour en soi
C'est si simple
Et pourtant
Ça n'résiste au temps
Autant pour moi
Aux atteintes
Du temps
On n'résiste qu'un temps
Il ne s'agit
Que de l'amour en soi
Des nostalgies
Contre toi et moi
L'amour en soi
C'est l'empreinte
Du temps

Des duellistes en sang
Sans pour sans quoi
Ces étreintes
Cent pour cent
Idéalistes d'un temps
Il ne suffit
Que d'un peu de sang-froid
D'une mélodie
Effleurée du bout des doigts
Instinctive
J'vais où je vais
Intuitive
Où ça me plaît
L'amour en soi
C'est si simple
Et pourtant
Ça n'résiste au temps
Autant pour moi
Aux atteintes
Du temps
On n'résiste qu'un temps
Il ne s'agit
Que de l'amour en soi
Des nostalgies
Contre toi et moi
Vitriol
L'amour en soi
Tu me frôles
Du bout des doigts

La vague à lames

Today j'ai la vague à lames
Je n'sais trop pourquoi
Je sens mon cœur sur la lame
D'une vague de froid
Suis-je dans le no-
Man's land qui sait
Ou dans le no-way
Nobody knows
Si l'on joue vrai

Ou bien over play
O.K.
O.K. yeah
Je nage en eau
Trouble je sais
Que ce n'est pas gai
De ma piro-
Gue je vois s'éloigner
Mes deux pagaies
O.K.
O.K. yeah
Sur de l'émail
Ou du corail
Vais-je m'échouer
La vague à lames
Peut-être un brise l'âme
Jaillit une lame
De couteau ça tourne au drame
En nage en eau
J'ai la fièvre
Des tropiques des marais
Frissons au dos
J'me sens glacée
D'horreur de n'plus t'aimer
O.K.
O.K. yeah
Sur de l'émail
Ou du corail
Vais-je m'échouer
La vague à lames
Peut-être un brise l'âme
Jaillit une lame
De couteau ça tourne au drame
Sur de l'émail
Ou du corail
Vais-je m'échouer
Qui sait

Ophélie

Oh j'aimerais tant
Me noyer dans l'étang
Comme Ophélie
Oublier le temps
Me laisser glisser sans
Penser l'oubli
Laisser ce goût de cendres
Refroidies et descendre dans la nuit
Les méandres inconnus
De l'amour qui s'enfuit
Mais j'aimerais l'inconnu de l'imprévu
Moi j'aimerais tant
Que tu m'aimes autant
Jour et nuit
Que la belle Ophélie
Oh oui j'aimerais tant
Que toi-même tu m'aimes autant
Que cette petite ingénue
Dérivant tombée des nues
Frôler les nénuphars
Toutes les plantes rares
Comme la blanche Ophélie...
Ophélie
Des traces de cent
Pour cent c'est là le sang
Comme celui d'Ophélie
Se ronger les sangs
A quoi bon les san-
Glots dans l'ennui
J'aimerais tant
Que tu m'aimes autant
Que je t'aime moi-même et le temps
Qui de temps en temps
Efface le présent
Pour être plus sûr
Du passé du futur
Moi j'aimerais tant
Que tu m'aimes autant
Jour et nuit
Que la belle Ophélie

Oh oui j'aimerais tant
Que toi-même tu m'aimes autant
Que cette petite ingénue
Dérivant tombées des nues
Frôler les nénuphars
Toutes les plantes rares
Comme la blanche Ophélie...
Ophélie

Flagrant délire

Prise en flagrant délire
Que dire
Je ne sais
Ce que c'est
Que soi-même se haïr
Mentir
Sans mot dire
C'est assez
Pour soi-même se maudire
Flagrant délire
Dans les yeux de l'autre l'on peut se lire
Et l'on voit ainsi que tout vire
Au noir et que le radeau chavire
Alors on craint le pire
Mentir
Sans mot dire
C'est assez
Pour soi-même se maudire
Flagrant délire
Dans les yeux de l'autre l'on peut se lire
Et l'on voit ainsi que tout vire
Au noir et que le radeau chavire
Alors on craint le pire

Tandem

Dans le mot je t'aime
Trop de M
Et jamais jamais un seul N
Dans amour toujours
C'est le pour
Ou le contre c'est souvent la haine
On m'dévisage
On m'envisage
Comme une fille que je ne suis pas
Je m'exile
Trop fragile
Mille et une nuits m'éloignent de moi
Dans le mot je t'aime
Tandem
Autant d'M
Parfois ça brille comme un diadème
Toujours le même thème
Tandem
C'est idem
Bientôt le crash
I don't know when
Tu es fort en thème
Math-elem
Mais en math-sup tu deviens blême
Dans amour toujours
C'est le pour
Ou le contre on récolte ce que l'on sème
Tu m'dévisages
Tu m'envisages
Comme une fille que je ne suis pas
Tu m'exiles
Si fragile
Mille et une nuits m'éloignent de toi
Dans le mot je t'aime
Tandem
Autant d'M
Parfois ça brille comme un diadème
Toujours le même thème

Tandem
C'est idem
Bientôt le crash
I don't know when

Au charme non plus

Toutes tes tendances
Tes extravagances
Je connais
Jusqu'au bout des doigts
Tous tes plans séquences
Aujourd'hui me laissent dans l'indifférence
Je ne sais pourquoi
Brillent par leur absence
Mes larmes
Tu ne m'auras plus
Rends-toi à l'évidence
Au charme
Non plus
Voici l'échéance
J'te rends ton alliance
Assez
De cette bague à mon doigt
Trop de turbulences
Je ne veux plus que hurle le silence
A cause de toi
Brillent par leur absence
Mes larmes
Tu ne m'auras plus
Rends-toi à l'évidence
Au charme
Non plus
Et trop tard se déclenche
L'alarme
Tu l'auras voulu
Oui je te fais confiance
Aux armes
Tu me tues
Brillent par leur absence
Mes larmes
Tu ne m'auras plus
Rends-toi à l'évidence

Au charme
Non plus
J'me fiais aux apparences
Prudence
C'est là que tu m'as eue
Je manquais d'expérience
Innocence
Perdue
C'était perdu d'avance
Malchance
De l'ange déchu
J'étais toute en nuances
Espérances
Déçues

Variations sur le même t'aime

Variations sur le même
Toujours le même thème
I love you oui je t'aime
Contre ça don't know what to do
Of course I love you
C'est le même problème
Qu'l'on se pose à soi-même
Où l'on passe aux extrêmes
Il y a de quoi devenir fou
But still I love you
On pourrait en faire des variations à l'infini
De jour de nuit
On se pose les mêmes questions
De quoi en perdre la raison
Entre l'amour et la haine
Je te hais je t'aime
Moi j'arrive en énième
Position c'est c'qui m'gêne
Qui sera la prochaine
Dont tu tomb'ras amoureux fou
No I don't know who

On pourrait en faire des variations à l'infini
De jour de nuit
On se pose les mêmes questions
De quoi en perdre la raison
Entre l'amour et la haine
Je te hais je t'aime
Variations à l'infini
Est-ce aujourd'hui
Que tu m'diras oui ou non
De quoi en perdre la raison
Peut-être n'est-ce pas la peine
De se fair' toute une mise en scène
Variations à l'infini
Est-ce hier demain aujourd'hui
De quoi perdre la raison
Sur le thème je t'aime variations

Amour jamais

Amour
Jamais
Si cela n'est pas pour de vrai
Toujours
Oui mais
C'est trop facile à l'heure qu'il est
J'te connais à peine
Et déjà tu me fais de la peine
C'est un peu trop tôt
Mieux vaut revenir à zéro
Amour
Qui sait
Combien cet amour va durer
Un jour
Ou des
Éternités c'est c'que je voudrais
Quant à moi je t'aime
Peut-être un peu plus que moi-même
Tu te crois le plus beau
C'est là où tu as tout faux
Amour amour amour jamais
Une seule condition que ce soit à jamais

Amour amour amour toujours
Que ça dure jusqu'au dernier jour
Amour
O.K.
Sans le corps et sans âme c'est
L'amour
One way
Ce ne sont que des sens insensés
Quant à moi je t'aime
Peut-être un peu plus que moi-même
Tu te crois le plus beau
C'est là où tu as tout faux
Amour amour amour jamais
Une seule condition que ce soit à jamais
Amour amour amour toujours
Que ça dure jusqu'au dernier jour

Ardoise

Là-haut
Là-haut près du ciel
Se profile
Démon ou merveille
Un p'tit gars qui travaille sur les toits au risque de sa vie
A remettre des ardoises vérifier les gouttières de la pluie
Je l'ai vu là-haut
Comme une sentinelle
Une silhouette contre le soleil
Comme il était beau
Je passai par là
Rencontre à la verticale
Il m'regarde de là-
Haut son sourire idéal
Me remonte le moral
Un équilibriste qui
C'est acquis
M'a conquise
C'est exquis
Tout doux...
C'est doux...
Hello petit funambule

Attention à la vie car les jours sont bien plus précieux
Que la nuit éternelle
Je n'suis pas de celles
Qui envient ces envies
J'monterai jusqu'à toi oui jusqu'au toit
Toute en diagonale
J'inscrirai mes initiales
Sur fond azuré
Le vertige m'est égal
Les dés sont jetés
Un équilibriste qui
C'est acquis
M'a conquise
C'est exquis
Tout doux...
C'est doux...

Unknown Producer

Un homme est dans l'ombre
Non ne sont pas nombreux
Sachant s'en tenir là
Oui je fais confiance
En sa clairvoyance
Son feeling, son sang-froid

Un être sensible
N'ayant qu'une cible
Savoir ce qu'il ne faut pas
Un garçon intègre
Bien loin de la pègre
Que l'on trouve dans ce milieu-là

Je ne parle pas de Serge
Qui dans d'autres sphères
Se rapproche d'Heredia
Lui son nom de baptême
L'un de ceux que j'aime
Philippe son nom non je dis pas

Yes sir, that's my producer
Yes sir, yes sir

Et quand bien même

Et quand bien même
Tu m'aimerais encore
Je me passerai aussi bien de ton désaccord
C'est le même dilemme
Entre l'âme et le corps
Comme un arrière-goût de *never more*
Lautréamont *Les Chants de Maldoror*
Tu n'aimes pas moi j'adore

Et quand bien même
Tu me passerais sur le corps
Je ne me sens plus de faire aucun effort
C'est le théorème
De tous les anticorps
Un problème de rejet ou d'accord
Lautréamont *Les Chants de Maldoror*
Tu n'aimes pas moi j'adore

Et quand bien même
Je me lève aux aurores
Et je fais les cent pas dans le corridor
Les chrysanthèmes
Sont des fleurs pour les corps
Refroidis ça te va bien quand tu dors
Lautréamont *Les Chants de Maldoror*
Tu n'aimes pas moi j'adore

Et quand bien même
Tout se voile dehors
Je me guiderai sur l'étoile du Nord
Rompre les chaînes
Sans souci de son sort
S'éloigner des regrets et remords
Lautréamont *Les Chants de Maldoror*
Tu n'aimes pas moi j'adore

Et quand bien même
Tu m'aimerais encore
Je me passerai aussi bien de ton désaccord
C'est le même dilemme

Entre l'âme et le corps
Comme un arrière-goût de *never more*
Lautréamont *Les Chants de Maldoror*
Tu n'aimes pas moi j'adore

Des ils et des elles

Où il est question des ils et des elles
Ils i.l.s. et elles e. deux l. e. est-ce
Parce que je sais
Qu'entre nous deux c'est
Fini il s'fait la belle

Sur qui tombera-t-il sait-il laquelle
J'irais dans une île si j'avais des ailes
Et à travers ces
Courants traversés
Je fuirais le réel

Un jour sûrement saura-t-il que j'étais celle
Qui l'aura aimé plus qu'une autre plus qu'elle
Maintenant je sais
Je sais ce que c'est
Que l'amour au pluriel

Où il est question des ils et des elles
Ils i.l.s. et elles e. deux l. e. est-ce
Parce que je sais
Qu'entre nous deux c'est
Fini il s'fait la belle

Peut-être m'en restera-t-il des séquelles
De ces turbulences en parallèles
Moments à passer
Pour oublier ces
Délires passionnels

Litanie en Lituanie

Litanie en Lituanie
Que dis-tu dis
Tu me regardes avec défiance
Tu m'étudies
Tes néologismes
Et tes barbarismes
Tu te les gardes pour toi

Litanie en Lituanie
Rien d'inédit
Du réel aux apparences
Qu'en sais-tu dis
De ton nihilisme
Teinté de dandysme
Je n'ai que faire de ça

Litanie en Lituanie
Je t'interdis
De croire ni aux médisances
Ni aux on-dit
L'hyperréalisme
De ton égoïsme
Lire le mode d'emploi

Litanie en Lituanie
Que dis-tu dis
Tu me regardes avec défiance
Tu m'études
Tes néologismes
Et tes barbarismes
Tu te les gardes pour toi

Litanie en Lituanie
Ce qui est dit est dit
Peut-être qu'un mois d'absence
Qu'en dis-tu dis
Oublie ton cynisme
Entends mon mutisme
J'ai froid de mon effroi

Litanie en Lituanie
Je te dédie
Des Esseintes de Huysmans
Ce qui est dit est dit

L'impression du déjà vu

J'ai l'impression du déjà vu
Dans tes yeux qui m'observent
A ton regard j'ai déjà lu
Les doutes les réserves

C'est l'obsession du déjà su
Et que cela me serve
De leçon car sans imprévu
Je sens que ça énerve

J'aurais aimé te convaincre
Et en toute innocence
Regarde-moi en transparence
Prends-le à double sens

J'ai l'impression du déjà vu
Dans tes yeux qui m'observent
A ton regard j'ai déjà lu
Les doutes les réserves

C'est l'obsession du déjà su
Et que cela me serve
De leçon car sans imprévu
Je sens que ça énerve

Lequel de nous deux peut vaincre
Sous l'empire des sens
Comment arriver à l'essen-
Tiel sur des apparences

J'ai l'impression du déjà vu
Dans tes yeux qui m'observent
A ton regard j'ai déjà lu
Les doutes les réserves

C'est l'obsession du déjà su
Et que cela me serve
De leçon car sans imprévu
Je sens que ça énerve

Asphalte

Talons aiguilles
Telle une fille
Perdue sur l'asphalte
Frêle légère
Comme éphémère
Je frôle l'asphalte
Quoi qu'il arrive
Je suis la rive
Au bord de l'asphalte

D'un sourire vague
Je suis la vague
Que coule l'asphalte
Et je balance
Mon innocence
Le long de l'asphalte
J'avance et rêve
Foulant sans trêve
Bitume et asphalte

Dans ma névrose
Je vois des roses
S'ouvrir sur l'asphalte
Ainsi je penche
Sur des pervenches
Sorties de l'asphalte
Et puis le rêve
Soudain s'achève
Odeur de l'asphalte

Talons aiguilles
Telle une fille
Perdue sur l'asphalte
Frêle légère
Comme éphémère
Je frôle l'asphalte
Traînées de poudre
De riz qui sourdent
Semées sur l'asphalte

Suis au délice
Quand sur moi glissent
Des regards asphalte
Que de fantasmes
Et que d'orgasmes
Jaillis de l'asphalte
Que de détresse
Dans ces ivresses
Venues de l'asphalte

Tombée des nues

Tombée du ciel
Je suis tombée des nues
Traversant l'arc-en-ciel
J'avais des vel-
Léités d'ingénue
Oubliant le réel

J'ai vu de belles
Éclaircies puis les nu-
Ages face au soleil
Ange Gabriel
Me pardonnerais-tu
Mes rêves démentiels

Artificiels
Des paradis perdus
Qui donnent le sommeil
A l'essentiel
Me suis toujours tenue
Plus dur est le réveil

Tombée du ciel
Je suis tombée des nues
Traversant l'arc-en-ciel
J'avais des vel-
Léités d'ingénue
Oubliant le réel

J'ai vu de belles
Éclaircies puis les nu-
Ages face au soleil
Ange Gabriel
Me pardonnerais-tu
Mes rêves démentiels

Artificiels
Des paradis perdus
Qui donnent le sommeil
A l'essentiel
Me suis toujours tenue
Plus dur est le réveil

Un amour peut en cacher un autre

Un amour peut en cacher un autre
On est aveugle mais comment faire autr-
Ement il faut payer le jour du crash
C'est l'american express ou le cash

On réalise un beau jour entr'autres
Qu'il s'en pointe un autre que le vôtre
Personne n'a jamais su que je sache
Qu'il aurait droit à ce coup de flash

Un amour peut en cacher un autre
On est aveugle mais comment faire autr-
Ement il faut payer le jour du crash
C'est l'american express ou le cash

On pense que ça n'arrive qu'aux autres
M'balance pas ça, pas à moi, à d'autres
Il en reste des traces des taches
De sang quand deux first class se détachent

Un amour peut en cacher un autre
On est aveugle mais comment faire autr-
Ement il faut payer le jour du crash
C'est l'american express ou le cash

32 Fahrenheit

32 Fahrenheit
Degré zéro
30 sacs for a night
Est-ce trop

32 Fahrenheit
Je sais que j'ai tout faux
Mais j'ai le copyright
De mes défauts

32 Fahrenheit
Je sais also
Qu'entre le wrong le right
Who knows

32 Fahrenheit
Des bas des hauts
Humeur black and white
Ou indigo?

32 Fahrenheit
Je sais qu'il me faut
Briser l'*after eight*
De mon ego

32 Fahrenheit
J'aime les mélos
J'adore Vivien Leigh
Garbo

32 Fahrenheit
And so and so
Docteur *Mister Hyde*
Hello

32 Fahrenheit
Voilà le plus beau
Stranger in the night
Let's go

Amours des feintes

Amours des feintes
Des faux-semblants
Infante défunte
Se pavanant
Cartes en quinte
S'édifiant
Le palais d'un prince
Catalan

Amours des feintes
Seul un can-
Délabre scint-
Ille au vent
Où l'on emprunte
Des sentiments
Le labyrinthe
Obsédant

Et comme si de rien n'était
On joue à l'émotion
Entre un automne et un été
Mensonge par omission

Amours des feintes
Des faux-semblants
Infante défunte
Se pavanant
Étrange crainte
En écoutant
Les douces plaintes
Du vent

Amours des feintes
Au présent
Et l'on s'éreinte
Hors du temps
Et pourtant maintes
Fois l'on tend
A se mainte-
Nir longtemps

Le temps ne peut-il s'arrêter
Au feu de nos passions
Il les consume sans pitié
Et c'est sans rémission

Amours des feintes
Des faux-semblants
Infante défunte
Se pavanant
Couleur absinthe
Odeur du temps
Jamais ne serai
Comme avant

Amours des feintes
Au loin j'entends
Là-bas qui tinte
Le temps
De ces empreintes
De nos vingt ans
Ne restent que les teintes
D'antan

Qui peut être et avoir été
Je pose la question
Peut-être étais-je destinée
A rêver d'évasion

Love fifteen

Socquettes blanches tennis
Haut dé
Nudé
Love fifteen
Et des jeans
Azurés
Quand ses yeux sur moi se glissent
Ça me fait
L'effet
Love fifteen
D'un verre de gin
Glacé

Déjouant les maléfices
Du *Portrait*
De Dorian Gray
Love fifteen
Elle est in
Et le sait
Descendant jusqu'aux abysses
De mes
Pensées
Love fifteen
Est-elle clean
Qui sait

Lolycéenne en esquisse
AB
CD
Love fifteen
A la gamine
J'ai cédé
Elle était mon Eurydice
J'étais
Orphée
Love fifteen
Un James Dean
Est passé

Socquettes blanches tennis
Haut dé
Nudé
Love fifteen
Et des jeans
Azurés
Quand ses yeux sur moi se glissent
Ça me fait
L'effet
Love fifteen
D'un verre de gin
Glacé

Descendant jusqu'aux abysses
De mes
Pensées
Love fifteen
Est-elle clean
Qui sait
Elle était mon Eurydice
J'étais
Orphée
Love fifteen
Un James Dean
Est passé

Ainsi disparut Alice
C'était dé
Cidé
Love fifteen
J'ai le spleen
A jamais

Notes

1954

Ça n'vaut pas la peine d'en parler, Fait divers, Promenade aux bois, Trois boléros, Les amours perdues et *Défense d'afficher.* Paroles et musiques Lucien Ginsburg. Ce sont les six premiers textes que Lucien Ginsburg dépose à la Société des Auteurs et Compositeurs (S.A.C.E.M.) durant l'été 1954.

Les quatre premières chansons resteront inédites. Nous n'avons trouvé ni les paroles ni les musiques de ces chansons. De plus, sur le bulletin de déclaration à la S.A.C.E.M. du 26 août 1954, Lucien Ginsburg n'a pas fait figurer « les huit premières mesures, avec paroles écrites sous la musique, couplet et refrain » qu'il était demandé au compositeur et à l'auteur de mentionner. Nous ne pouvons donc pas même donner de fragments des paroles.

Les deux suivantes, *Les amours perdues* et *Défense d'afficher*, seront créées quelques années plus tard.

LES AMOURS PERDUES. Cette chanson sera créée en 1959 par Juliette Gréco (voir plus loin « Juliette Gréco chante Gainsbourg ») et sera reprise en 1961 par Serge Gainsbourg pour son troisième 25 cm « L'étonnant Serge Gainsbourg ».

DÉFENSE D'AFFICHER. Cette chanson sera créée en 1959 (Philips 432 466) par Pia Colombo (Juliette Gréco enregistre, elle aussi en 1959, une version de cette chanson. Mais elle restera inédite jusqu'en 1990).

NUL NE LE SAURA JAMAIS. Paroles et musique Lucien Ginsburg qui prend alors le pseudonyme de Julien Grix. Cette chanson, « slow », déposée à la S.A.C.E.M. en septembre 1954, restera inédite. Nous donnons le texte qui figure au dos du bulletin de déclaration.

POUR SI PEU D'AMOUR. Paroles et musique Lucien Ginsburg/Julien Grix. Cette chanson, « boléro », déposée à la S.A.C.E.M. en novembre 1954, restera inédite. Nous donnons le texte qui figure au dos du bulletin de déclaration.

1955

Charlie. Paroles et musique Lucien Ginsburg/Julien Grix. Cette chanson, « one step », est déposée à la S.A.C.E.M. en mars 1955. Nous donnons ci-après le court fragment, seul témoignage de ce texte, qui figure au dos du bulletin de déclaration :

Charlie lui c'est une exception
Quand je l'siffle il s'amène au trot
C'est pour ça qu'il est ballot

LES MOTS INUTILES. Paroles et musique Lucien Ginsburg/Julien Grix. Cette chanson, « valse », déposée à la S.A.C.E.M. en avril 1955, restera inédite.

Ginsburg dépose le même jour un autre texte écrit par Diego Altez, avec qui il a écrit la musique, « blues », *Je broyais du noir.*

ANTOINE LE CASSEUR. Paroles et musique Lucien Ginsburg/Julien Grix. Cette chanson, « valse », est déposée à la S.A.C.E.M. en février 1955. Nous donnons le texte qui figure au dos du bulletin de déclaration. *Antoine le casseur* est alors interprétée par Lucky Sarcell, un travesti qui se produit au cabaret Madame Arthur.

Lucien Ginsburg travaille à cette époque au cabaret Madame Arthur. Il a été recommandé par son père qui y a joué lui-même pendant un temps. Pour Louis Laibe, le directeur artistique du cabaret, Lucien écrit, de 1955 à 1956, les musiques de plus d'une dizaine de chansons. Louis Laibe et Lucien Ginsburg conçoivent même une revue sur le thème du cirque. Ils écrivent ces chansons dans tous les styles : slow, mambo, one step ou valse. Il est difficile de démêler la part exacte de chacun quant à l'écriture des textes. Les mentions « Auteur » du texte, et « Compositeur » de la musique faites au moment du dépôt des textes à la S.A.C.E.M. ne recouvrant pas toujours la part effective de chacun. Ginsburg a peut-être, çà et là, participé à l'écriture de l'un ou l'autre des textes qui suivent.

Zita la panthère [Je suis Zita la panthère/et l'on peut tout me demander/ Je suis toujours prête à tout faire/ quand on sait me le commander], *Arthur Circus* [Vous viendrez chaque soir (oui chaque soir)/ vous viendrez pour nous voir (et nous revoir)/ le cirque d'la fantaisie, du rire et même de l'émotion]. *Pourquoi* [Pourquoi le premier jour où je te vis si belle, et que nos deux regards se sont entrecroisés, t'es tu montrée lointaine insensible et cruelle], *Locura Negra (Frénésie noire)* [O mam-bo dont le rythme frénétique vous rend fou et vous applique la giffle], *Meximambo* [C'est le mambo c'est le mambo qui vient de Mexico/Ce rythme fou qui vous entraîne et qui vous rend dingo], *Tragique cinq à sept* [Qui aurait pensé que cette minute de leur pauvre amour sonnerait le glas], *Jonglerie chinoise* [Voici la jongleuse chinoise/qui jongle aussi avec les cœurs/ ses yeux de chatte siamoise/ fascinent et parfois font peur], *La trapéziste* [Quelle est jolie la trapéziste/ disent les hommes en me voyant], *La danseuse de corde* [Sur la corde à dix pieds du sol/ d'un pas souple et sûr je m'élance], et *L'haltérophile* [A moi les poids de cent kilos et les homm' qui fument/je peux d'un seul coup de marteau fendre l'enclume].

Durant la période 1955-1957, Lucien Ginsburg participe aussi à la composition de musique pour des textes écrits par Paul Alt, René Nencioli ou Serge Barthélemy.

Pour Paul Alt (Diego Altez) : *J'ai le corps damné par l'amour* [J'ai le corps damné par l'amour/ j'ai le corps damné nuit et jour/ un violent désir me prend/ quand il s'approche de moi/ du feu coule dans mon sang/ ne me demandez pas pourquoi], *Quand je me lève* [Tous les matins quand je me lève/ je chasse vite les mauvais rêves/ C'est merveilleux croyez-moi bien/ d'oublier tout jusqu'à demain], *Je broyais du noir* [J'ai fini de broyer du noir/ le jour où j'ai vu tes yeux/ ils brillaient si fort dans le soir/ d'amour c'était merveilleux/ Je cherchais depuis fort longtemps/ le jour où tout serait bleu/ je croyais à tous les instants/ te voir dans le bleu des cieux], *La caravane dans le désert, L'homme de ma vie* [Mes p'tits soucis s'envolent dans le vent/ finis pour moi les tracas et les tourments/ la seule chose qui est toute ma joie/ c'est de savoir que son cœur est pour moi], *J'ai goûté à tes lèvres* [J'ai goûté à tes lèvres quel instant merveilleux], et *Databouncia.*

Pour René Nencioli : *Abomey* [A Abomey au pays parfumé que le soleil caresse j'ai connu ma maîtresse].

Et pour Serge Barthélemy : *La ballade de la vertu* [Vertu vertu, pauvre vertu/ On ne t'écoute pas au début/ à la fin...].

1956

Pour avoir Peggy. Paroles et musique Lucien Ginsburg. Cette chanson déposée à la S.A.C.E.M. en février 1956, restera inédite. Nous donnons le court fragment, seul témoignage de ce texte, qui figure au dos du bulletin de déclaration :

Pour avoir Peggy
Il suffit d'y mettre le prix
Et quand t'as payé
Tu n'peux le regretter
Son amour c'est du sensationnel
C'est du soleil
Qui t'éblouit

ON ME SIFFLE DANS LA RUE ! Paroles et musique Lucien Ginsburg/Julien Grix. Cette chanson, déposée à la S.A.C.E.M. en juin 1956, restera inédite. Nous donnons le texte qui figure au dos du bulletin de déclaration.

La trentaine. Paroles et musique Lucien Ginsburg. Cette chanson déposée à la S.A.C.E.M. en décembre 1956, restera inédite. Nous donnons le court fragment, seul témoignage de ce texte, qui figure au dos du bulletin de déclaration :

C'est à la trentaine
Qu'on croit qu'c'est arrivé
Qu'il vous en souvienne
Le temps n'peux s'arrêter

1957

Cha cha cha intellectuel. Paroles et musique Lucien Ginsburg. Cette chanson déposée à la S.A.C.E.M. en janvier 1957, restera inédite. Nous donnons le court fragment, seul témoignage de ce texte, qui figure au dos du bulletin de déclaration :

J'suis pas une intellectuelle
J'trouve que la vie est trop belle
Pour m'plonger dans les bouquins
J'préfère prendre la vie comme elle vient

La chanson du diable. Paroles et musique Lucien Ginsburg qui change de pseudonyme : Julien Grix devient Serge Gainsbourg. Cette chanson, déposée à la S.A.C.E.M. en avril 1957, restera inédite. Nous donnons le court fragment, seul témoignage de ce texte, qui figure au dos du bulletin de déclaration :

Le diable un jour fut torturé
Par le démon de la chair
Et il décida d'enterrer
Sa vie de célibataire

La cigale et la fourmi, Friedland, Mes p'tites odalisques, Le poinçonneur des Lilas. Ces quatre chansons sont déposées à la S.A.C.E.M. en juin 1957. Gainsbourg dépose également une chanson dont il a écrit la musique sur des paroles de Serge Barthélemy *Ronsard 58 ;* cette chanson, comme celle *Le poinçonneur des Lilas,* prendra place l'année suivante dans l'album « Du chant à la une !... ».

La cigale et la fourmi. Paroles et musique Serge Gainsbourg. Cette chanson restera inédite.

Friedland. Paroles et musique Serge Gainsbourg. Cette chanson sera créée en 1958 par Gainsbourg sur un 45 tours qui paraîtra peu après le 25 cm « Du chant à la une !... ». Ce 45 tours (Philips 432325) rassemblera trois titres déjà parus dans « Du chant à la une !... » *(La recette de l'amour fou, Ronsard 58, Charleston des déménageurs de piano)* et une chanson inédite *Friedland.* Juliette Gréco l'interprétera l'année suivante (voir plus loin « Juliette Gréco chante Gainsbourg ») sous le titre *La jambe de bois (Friedland).*

Mes p'tites odalisques. Paroles et musique Serge Gainsbourg. Cette chanson sera créée en 1958 par Hugues Aufray (Barclay 70238).

Au Milord L'Arsouille, où il travaille comme pianiste d'ambiance, Lucien Ginsburg effectue son premier tour de chant en octobre. A l'affiche : Francis Claude (qui est aussi le directeur artistique du cabaret) pour des sketches et improvisations, la chanteuse Michèle Arnaud (qui s'occupe aussi de la recherche de jeunes talents pour le cabaret), Jacques Dufilho pour un numéro comique et Lucien Ginsburg, sous le pseudonyme de Serge Gainsbourg, qui chante ses propres textes.

En décembre, Serge Gainsbourg enregistre dans les studios de Paris-Inter une version en public du *Poinçonneur des Lilas.*

1958

Denis Bourgeois, un producteur de chez Philips, qui a entendu Gainsbourg au Milord L'Arsouille lui propose d'enregistrer une maquette qu'il fait écouter à Jacques Canetti le directeur artistique. Une rencontre avec un arrangeur qui travaille chez Philips, Alain Goraguer, est décidée, en vue de l'édition d'un premier 25 cm.

Lucien Ginsburg signe son premier disque, « Du chant à la une !... », le 33 tours/25 cm (Philips 76447), sous le pseudonyme de Serge Gainsbourg utilisé pour la scène depuis l'année précédente. Avec Alain Goraguer et son orchestre. L'album rassemble (outre *Ronsard 58,* paroles de Serge Barthélemy, musique de Serge Gainsbourg) :

Le poinçonneur des Lilas. Paroles et musique Serge Gainsbourg, album « Du chant à la une !... ». (Chanson déposée à la S.A.C.E.M. en juin 1957.) Chanson reprise, la même année, par Les Frères Jacques (Philips 432267).

Douze belles dans la peau. Paroles et musique Serge Gainsbourg, album « Du chant à la une !... ». Chanson créée, la même année, par Michèle Arnaud (Ducretet 460V373).

La recette de l'amour fou. Paroles et musique Serge Gainsbourg, album « Du chant à la une !... ». Chanson créée, la même année, par Michèle Arnaud (Ducretet 460V373).

Ce mortel ennui. Paroles et musique Serge Gainsbourg, album « Du chant à la une !... ».

La femme des uns sous le corps des autres. Paroles et musique Serge

Gainsbourg, album « Du chant à la une !... ». (Chanson déposée à la S.A.C.E.M. en juin 1957.) Reprise, cette année-là, par Michèle Arnaud (Ducretet 460V432). Sur ce même 45 tours Michèle Arnaud crée la chanson *Jeunes femmes et vieux messieurs* de Serge Gainsbourg qu'il reprendra lui-même, pour son second 25 cm, l'année suivante.

L'ALCOOL. Paroles et musique Serge Gainsbourg, album « Du chant à la une !... ».

DU JAZZ DANS LE RAVIN. Paroles et musique Serge Gainsbourg, album « Du chant à la une !... ».

CHARLESTON DES DÉMÉNAGEURS DE PIANOS. Paroles et musique Serge Gainsbourg, album « Du chant à la une !... ».

Au dos de la pochette du disque « Du chant à la une !... », l'éditeur publie un texte de Marcel Aymé qui présente ce « pianiste de vingt-cinq ans [en vérité, Gainsbourg vient tout juste d'avoir trente ans] qui est devenu compositeur de chansons, parolier et chanteur. Il chante l'alcool, les filles, l'adultère, les voitures qui vont vite, la pauvreté, les métiers tristes. Ses chansons inspirées par l'expérience d'une jeunesse que la vie n'a pas favorisé, ont un accent de mélancolie, d'amertume, et souvent la dureté d'un constat [...] ». L'album connaît des ventes modestes, malgré le long et élogieux article de Boris Vian paru dans *Le Canard enchaîné* du 12 novembre : « Allez, lecteurs ou auditeurs toujours prêts à brailler contre, contre les fausses chansons et les faux de la chanson, tirez deux sacs de vos fouilles et raquez au disquaire en lui demandant le Philips 76447 [...]. Vous entendrez, cachée au milieu d'une face, une chanson qui vous inquiétera "ce mortel ennui qui me vient... quand je suis près de toi". Vous entendrez trois réussites techniques (carrure, style, chute, etc.) absolues : *Le poinçonneur des Lilas,* sombre fiévreuse et belle, qu'interprètent également déjà Les Frères Jacques [...]. *Douze belles dans la peau* est d'aussi bonne qualité ; Michèle Arnaud la chante je crois, eh bien, Jean-Claude Pascal aussi : hommage à son goût. *Les femmes des uns sous le corps des autres,* avec son rythme sud-américain, est une amère et joyeuse réussite. [...] Il manque une chose à ce disque. Une chanson, peut-être la meilleure de Gainsbourg. Elle narre les amours d'un boulet de canon et d'une jambe de bois qui cherche à se placer. Cette chanson s'appelle *Friedland.* Gainsbourg l'a enregistrée. Mais elle ne figure pas sur le disque. Il faut l'écouter au Milord L'Arsouille, où chante Serge. »

LA PURÉE. Paroles et musique Serge Gainsbourg. Cette chanson déposée à la S.A.C.E.M. en mai 1958 (avec le titre *La femme des uns sous le corps des autres*) restera inédite.

J'AI OUBLIÉ D'ÊTRE BÊTE. Paroles et musique Serge Gainsbourg. Gainsbourg interprète cette chanson en 1958 au Milord L'Arsouille en s'accompagnant au piano.

1959

Le disque « Du chant à la une !... » reçoit, en mars, le Grand Prix de l'Académie Charles Cros pour la section chanson.

Le second 25 cm de Serge Gainsbourg (33 tours, Philips 76473) rassemble huit titres (dont *La nuit d'octobre,* sur un poème de Musset). Avec Alain Goraguer et son orchestre.

JEUNES FEMMES ET VIEUX MESSIEURS. Paroles et musique Serge Gainsbourg.

Chanson créée par Michèle Arnaud (Ducretet 460V432) reprise par Gainsbourg pour ce nouvel album.

Le claqueur de doigts. Paroles et musique Serge Gainsbourg. Avec ce titre Gainsbourg est consacré comme « le créateur du Klack and Roll ». La musique de cette chanson est reprise la même année par Trumpet Boy (Philips A32-151).

L'amour à la papa. Paroles et musique Serge Gainsbourg.

Mambo miam miam. Paroles et musique Serge Gainsbourg.

Adieu, créature. Paroles et musique Serge Gainsbourg.

Indifférente. Paroles Serge Gainsbourg, musique Alain Goraguer.

L'anthracite. Paroles et musique Serge Gainsbourg.

Pas plus que pour « Du chant à la une !... » cet album ne connaîtra de succès commercial.

Il était une oie... Paroles et musique Serge Gainsbourg. Créée par Juliette Gréco (45 tours, « Gréco chante Gainsbourg » Philips 432354). Dans ce disque elle interprète également *Les amours perdues* (texte écrit en 1954), *La jambe de bois (Friedland)* (en fait le texte *Friedland* écrit en 1957) et *L'amour à la papa* (chanson créée la même année par Gainsbourg).

1960

Cha cha cha du loup. Paroles Serge Gainsbourg, musique Serge Gainsbourg et Alain Goraguer. Gainsbourg reprend ici le thème d'une des musiques du film de Hervé Bromberger *Les loups dans la bergerie,* auquel il adjoint ces paroles. Cette chanson prend place dans le super 45 tours (Philips 432437) « Romantique 60 », avec Alain Goraguer et son orchestre, aux côtés des trois titres suivants :

Sois belle et tais-toi. Paroles et musique Serge Gainsbourg, 45 tours, « Romantique 60 ».

Judith. Paroles Serge Gainsbourg, musique Serge Gainsbourg et Alain Goraguer, 45 tours, « Romantique 60 ». Sur un thème instrumental de la bande original du film *L'eau à la bouche*, Gainsbourg compose, pour ce 45 tours, ces paroles.

Laissez-moi tranquille. Paroles et musique Serge Gainsbourg, 45 tours, « Romantique 60 ».

L'eau à la bouche. Paroles Serge Gainsbourg, musique Serge Gainsbourg et Alain Goraguer. Gainsbourg a écrit, en collaboration avec Alain Goraguer, les musiques du film de Jacques Doniol-Valcroze *L'eau à la bouche* dont est tiré un super 45 tours (Philips 432492) de la bande originale qui rassemble *Black March, Judith, Angoisse* et *L'eau à la bouche.* Tous ces thèmes sont instrumentaux, cependant pour le pressage du disque Gainsbourg ajoute, pour le seul titre *L'eau à la bouche,* ces paroles qu'il chante lui-même.

Avec *L'eau à la bouche* Gainsbourg dépose à la S.A.C.E.M. deux autres titres, *Les nanas au paradis* et *Le cirque,* qui resteront inédits. Nous donnons ci-après les courts fragments, seuls témoignages de ces textes, qui figurent au dos du bulletin de déclaration :

Les nanas au paradis : Sur un saxophone ou un accordéon/ Les nanas au paradis s'envoleront.
Le cirque : L'amant de la femm' d'mon amant/ A une femm' qui a un amant.

1961

Le troisième 25 cm de Serge Gainsbourg (Philips 76516) « L'étonnant Serge Gainsbourg », avec Alain Goraguer et son orchestre, rassemble les titres :

LA CHANSON DE PRÉVERT. Paroles et musique Serge Gainsbourg, album « L'étonnant Serge Gainsbourg ». Hommage à *Les feuilles mortes* de Prévert sur une musique de Kosma, titre chanté par Juliette Gréco. *La chanson de Prévert* sera reprise par de nombreux interprètes dès sa sortie : Michèle Arnaud, Isabelle Aubret ou encore Gloria Lasso.

EN RELISANT TA LETTRE. Paroles et musique Serge Gainsbourg, album « L'étonnant Serge Gainsbourg ». Cette chanson est aussi enregistrée, cette année-là, par Jean-Claude Pascal ; sur son disque figure également *Les oubliettes.*

LES OUBLIETTES. Paroles et musique Serge Gainsbourg, album « L'étonnant Serge Gainsbourg ». Cette chanson est aussi enregistrée, cette année-là, par Jean-Claude Pascal ; sur son disque figure également *En relisant ta lettre.*

VIVA VILLA. Paroles et musique Serge Gainsbourg, album « L'étonnant Serge Gainsbourg ».

LES FEMMES C'EST DU CHINOIS. Paroles Serge Gainsbourg, musique Alain Goraguer, album « L'étonnant Serge Gainsbourg ».

PERSONNE. Paroles et musique Serge Gainsbourg, album « L'étonnant Serge Gainsbourg ».

Les quatre autres titres de l'album sont *Le rock de Nerval* (sur un poème de Nerval, Gainsbourg compose une musique rock), *Chanson de Maglia* (Victor Hugo), *Le sonnet d'Arvers* (Sonnet d'Arvers) et *Les amours perdues,* un texte écrit en 1954, créé par Juliette Gréco en 1959 (in « Juliette Gréco chante Gainsbourg »).

Gainsbourg a déposé à la S.A.C.E.M. en janvier 1961, en même temps que *En relisant ta lettre* et *Viva Villa,* deux autres chansons :

Faut avoir vécu sa vie qui sera créée par Brigitte Bardot deux ans plus tard, sous le titre *Je me donne à qui me plaît,* et
Des blagues qui restera inédit, et dont nous avons retrouvé ces quelques fragments :

Allez va tout ça c'est des blagues
Il vaut mieux en rester là
On s'arrête dans un terrain vague
Et ça ressemble à quoi

1962

Le quatrième et dernier 25 cm de Serge Gainsbourg (Philips 76553), avec Alain Goraguer et son orchestre, comprend les titres suivants :

LES GOÉMONS. Paroles et musique Serge Gainsbourg.

BLACK TROMBONE. Paroles et musique Serge Gainsbourg.

INTOXICATED MAN. Paroles et musique Serge Gainsbourg. Hommage explicite à Boris Vian, l'auteur de la chanson *Je bois* dont Gainsbourg s'inspire ici.

QUAND TU T'Y METS. Paroles et musique Serge Gainsbourg. Reprise cette année-là par le jeune groupe de rock les Mercenaires.

LES CIGARILLOS. Paroles et musique Serge Gainsbourg.

REQUIEM POUR UN TWISTER. Paroles et musique Serge Gainsbourg.

CE GRAND MÉCHANT VOUS. Paroles Serge Gainsbourg et Francis Claude, musique Serge Gainsbourg.

Notons le neuvième titre de cet album : *Baudelaire* (d'après le poème de Charles Baudelaire *Le serpent qui danse*).

ACCORDÉON. Paroles et musique Serge Gainsbourg. Cette chanson est créée par Juliette Gréco (Philips 432711).

L'ASSASSINAT DE FRANZ LEHAR. Paroles et musique Serge Gainsbourg. Cette chanson est créée par Catherine Sauvage (45 tours Philips 432784, « Catherine Sauvage chante Gainsbourg »). Dans ce disque elle reprend *Black Trombone, Baudelaire* et *Les goémons.*

CHANSON POUR TÉZIGUE. Paroles et musique Serge Gainsbourg. Cette chanson, créée par Philippe Clay, a été déposée à la S.A.C.E.M. en octobre 1962.

Le neuvième 45 tours de Gainsbourg (Philips 432862) qui sort en cette fin d'année 1962, n'est pas, lui, une reprise de titres d'un 33 tours. Il rassemble les quatre titres suivants :

VILAINES FILLES, MAUVAIS GARÇONS. Paroles et musique Serge Gainsbourg. Reprise d'une chanson créée cette année-là par Pétula Clark (Vogue 8045) pour qui Gainsbourg écrira bientôt d'autres titres.

LA JAVANAISE. Paroles et musique Serge Gainsbourg. L'enregistrement de ce titre a lieu dans les studios de Londres. Ceci constitue une première pour Gainsbourg. Cette chanson sera reprise l'année suivante par Juliette Gréco, première de toutes les nombreuses reprises à venir.

UN VIOLON, UN JAMBON. Paroles et musique Serge Gainsbourg. Créée par Serge Gainsbourg.

L'APPAREIL À SOUS. Paroles et musique Serge Gainsbourg. Cette chanson est aussi interprétée par Brigitte Bardot dans son premier 33 tours qui paraîtra en janvier 1963 (voir plus loin *Je me donne à qui me plaît*).

1963

La belle et le blues. Paroles Serge Gainsbourg, musique Claude Bolling. Cette chanson enregistrée en janvier 1963 par Brigitte Bardot ne paraîtra qu'en 1993 dans « Initials B.B. », un coffret de trois CD.

Strip-tease. Paroles Serge Gainsbourg, musique Serge Gainsbourg et Alain Goraguer. Créée par Juliette Gréco (33 tours/25 cm Philips 76573). Dans cet album elle reprend *La Javanaise* créée par Gainsbourg en 1962.

Les yeux pour pleurer. Paroles et musique Serge Gainsbourg. Cette chanson, interprétée sur une musique jazzy, est créée par la jeune Nana Mouskouri (Fontana 261375).

Je me donne à qui me plaît. Paroles et musique Serge Gainsbourg. Cette chanson est créée par Brigitte Bardot qui signe son premier 33 tours (Philips 77480). Avec Claude Bolling et son orchestre. Aux côtés de titres tels *Les amis de la musique. C'est rigolo* ou *La Madrague,* de J.-M. Rivière ou G. Bourgeois, Bardot chante deux compositions de Gainsbourg *Je me donne à qui me plaît* et *L'appareil à sous.*

Il n'y a plus d'abonné au numéro que vous avez demandé. Paroles Serge Gainsbourg, musique Henri Salvador. Cette chanson est créée par Isabelle Aubret (Philips 432876).

Le lit-cage. Paroles Serge Gainsbourg. Cette chanson, déposée à la S.A.C.E.M. en février 1963, restera inédite.

Le premier 30 cm de Serge Gainsbourg, enregistré en novembre 1963, (Philips 77980) « Gainsbourg confidentiel », avec Elek Bacsik à la guitare électrique et Michel Gaudry à la contrebasse, comprend les douze titres suivants :

Chez les yé-yé. Paroles et musique Serge Gainsbourg, album « Gainsbourg confidentiel ».

Sait-on jamais où va une femme quand elle vous quitte. Paroles et musique Serge Gainsbourg, album « Gainsbourg confidentiel ».

Le talkie-walkie. Paroles et musique Serge Gainsbourg, album « Gainsbourg confidentiel ».

La fille au rasoir. Paroles et musique Serge Gainsbourg, album « Gainsbourg confidentiel ».

La saison des pluies. Paroles Serge Gainsbourg, musique Elek Bacsik, album « Gainsbourg confidentiel ».

Elaeudanla Téïtéïa. Paroles et musique Serge Gainsbourg, album « Gainsbourg confidentiel ».

Scénic railway. Paroles et musique Serge Gainsbourg, album « Gainsbourg confidentiel ».

Le temps des yoyos. Paroles et musique Serge Gainsbourg, album « Gainsbourg confidentiel ».

AMOUR SANS AMOUR. Paroles et musique Serge Gainsbourg, album « Gainsbourg confidentiel ».

NO NO THANK'S NO. Paroles et musique Serge Gainsbourg, album « Gainsbourg confidentiel ». Ce texte déposé, comme les autres de l'album, en novembre, comporte dans son écriture première quelques petites différences : « Je ne bois que du Bourbon » devient « Je n'aime que le Bourbon » et « C'était avec Frankie » devient « C'est avec Rosemary ».

MAXIM'S. Paroles et musique Serge Gainsbourg, album « Gainsbourg confidentiel ».

NEGATIVE BLUES. Paroles et musique Serge Gainsbourg, album « Gainsbourg confidentiel ».

DIEU QUE LES HOMMES SONT MÉCHANTES. Paroles et musique Serge Gainsbourg, cette chanson est interprétée sur scène fin 1963. Texte cité par Lucien Rioux dans son ouvrage *Serge Gainsbourg,* coll. « Chansons d'aujourd'hui », Seghers, 1969.

UNE PETITE TASSE D'ANXIÉTÉ. Paroles et musique Serge Gainsbourg. Chantée par le duo Serge Gainsbourg/Gillian Hills à l'occasion d'une émission télévisée consacrée au salon de l'automobile d'octobre 1963. Cette chanson sera déposée à la S.A.C.E.M. par Gainsbourg en janvier 1964.

ZIZI. Paroles et musique Serge Gainsbourg. Créée par Zizi Jeanmaire pour un show télévisé qui lui est consacré. Cette chanson sera déposée à la S.A.C.E.M. par Gainsbourg en janvier 1964.

1964

Pour les shows télévisés de Sacha Distel et ceux de Jean-Pierre Cassel, Gainsbourg écrit diverses chansons. Nous n'avons pas toujours pu en retrouver les textes. Une grande partie de ces shows n'a pas été gardée dans les archives télévisuelles :

Distel Cassel's dance. Paroles Serge Gainsbourg. Chanson déposée à la S.A.C.E.M. en janvier 1964. Nous donnons ci-après un fragment que nous avons pu retrouver :

Devinez un peu c'que j'ai là sous les semelles monsieur Cassel
Puis-je me permettre un avis très personnel monsieur Distel

Cliquediclac. Paroles Serge Gainsbourg, pour le « Top à Cassel » de mars 1964. Chanson déposée à la S.A.C.E.M. le même mois. Nous donnons ci-après un fragment que nous avons pu retrouver :

Pour s'faire du fric
On peut faire un fric-frac
On est alors de ceux
Que les flics traquent.

Viva la pizza. Paroles Serge Gainsbourg, pour le « Top à Cassel » de mars 1964. Chanson déposée à la S.A.C.E.M. le même mois. Nous donnons ci-après un fragment que nous avons pu retrouver :

Primo la pasta
Un po de aqua
Aqua de cologna
Primo la pasta
Un po de aqua
Yo mélimélo
Poco à poco
Una noix de coco
Poco à poco
Yo mélimelo

Ou la la la. Paroles Serge Gainsbourg, pour le « Top à Cassel » de mars 1964. Chanson déposée à la S.A.C.E.M. le même mois. Nous donnons ci-après un fragment que nous avons pu retrouver :

Pour les petites filles, les petits garçons
J'ai mis un klaxon dans l'fond d'mon pantalon

Al cassel'air. Paroles Serge Gainsbourg, pour le « Top à Cassel » de mars 1964. Chanson déposée à la S.A.C.E.M. le même mois. Nous donnons ci-après un fragment que nous avons pu retrouver :

Un doigt de vodka n's'rait pas d'refus
Un p'tit baby non plus
Le Harry's bar est par ici
Je crois bien, allons-y

Parution du quatrième album de Gainsbourg (Philips 77482) « Gainsbourg percussions ». Avec Alain Goraguer et son orchestre. Ce disque rassemble les douze titres suivants :

JOANNA. Paroles et musique Serge Gainsbourg, album « Gainsbourg percussions ».

LÀ-BAS C'EST NATUREL. Paroles et musique Serge Gainsbourg, album « Gainsbourg percussions ».

PAUVRE LOLA. Paroles et musique Serge Gainsbourg, album « Gainsbourg percussions ».

QUAND MON 6,35. Paroles et musique Serge Gainsbourg, album « Gainsbourg percussions ».

MACHINS CHOSES. Paroles et musique Serge Gainsbourg, album « Gainsbourg percussions ».

LES SAMBASSADEURS. Paroles et musique Serge Gainsbourg, album « Gainsbourg percussions ».

NEW YORK U.S.A. Paroles et musique Serge Gainsbourg, album « Gainsbourg percussions ».

COULEUR CAFÉ. Paroles et musique Serge Gainsbourg, album « Gainsbourg percussions ».

MARABOUT. Paroles et musique Serge Gainsbourg, album « Gainsbourg percussions ».

CES PETITS RIENS. Paroles et musique Serge Gainsbourg, album « Gainsbourg percussions ».

TATOUÉ JÉRÉMIE. Paroles et musique Serge Gainsbourg, album « Gainsbourg percussions ».

COCO AND CO. Paroles et musique Serge Gainsbourg, album « Gainsbourg percussions ».

« Serge Gainsbourg a un public peu populaire, très rive gauche, mais fidèle, je gage qu'il sera déçu par son dernier disque intitulé *Gainsbourg percussions.* Dans le genre sophistiqué on ne fait pas mieux », peut-on lire au moment de la parution de l'album dans un article du journal *Le Monde* qui se termine sur ces phrases : « Tout ce bric-à-brac sonore, ces souvenirs d'Afrique ou de Nouvelles Orléans, apparaissent comme autant d'accessoires inutiles. Décidément ce n'est pas de ce côté que la chanson trouvera matière à renouvellement. »

COMMENT TROUVEZ-VOUS MA SŒUR ? Paroles et musique « fox-cha-cha » de Serge Gainsbourg. Ce titre est extrait de la bande originale du film de Michel Boisrond, *Comment trouvez-vous ma sœur ?* Un 45 tours (Philips 434850) rassemble, aux côtés de cette chanson, des thèmes instrumentaux : *Éroticotico, No love for daddy, Rocking horse* et *Marshmallow man.*

N'ÉCOUTE PAS LES IDOLES. Paroles et musique Serge Gainsbourg. C'est Denis Bourgeois qui provoque la rencontre de Gainsbourg avec France Gall. Pour elle, qui connaît déjà un grand succès avec *Ne sois pas si bête,* Gainsbourg écrit *N'écoute pas les idoles* (Philips 434874) que France Gall interprète pour la première fois dans le show télévisé de Jean-Pierre Cassel.

ARC-EN-CIEL. Paroles et musique Serge Gainsbourg. Créée par Isabelle Aubret (Philips 434915).

LAISSE TOMBER LES FILLES. Paroles et musique Serge Gainsbourg. Créée par France Gall (Philips 434949).

Ô Ô SHERIFF. Paroles et musique Serge Gainsbourg. Créée par Pétula Clark (Vogue 8294).

En avril 1964 Gainsbourg dépose à la S.A.C.E.M. *Retiens tes larmes,* un texte resté inédit dont nous donnons le court fragment que nous avons pu retrouver :

Retiens tes larmes, cache ton chagrin
Qu'elle n'en sache rien
Retiens tes larmes, oui retiens tes pleurs
Au secret de ton cœur

1965

Avec *Poupée de cire, poupée de son* le public et la critique « rive gauche » prennent leurs distances avec le « Confidentiel Gainsbourg », l'auteur de textes manière Boris Vian. Les interprètes de Gainsbourg ne seront plus avant tout des artistes de cabaret (Michèle Arnaud, Juliette Gréco ou Philippe Clay), mais des « jeunes » dont certains de la vague « yé-yé ».

Gainsbourg ne fait paraître lui-même aucun disque en cette année 1965 durant laquelle il crée pour de nombreux interprètes : France Gall, Pétula Clark, Régine, Brigitte Bardot, Valérie Lagrange, Michèle Torr, Sacha Distel, Isabelle Aubret.

POUPÉE DE CIRE, POUPÉE DE SON. Paroles et musique Serge Gainsbourg. Créée par France Gall (Philips 437032). Avec Alain Goraguer et son orchestre. *Poupée de cire, poupée de son* (qui représente le Luxembourg et non la France) obtient le Grand Prix de l'Eurovision.

MAMADOU. Paroles et musique Serge Gainsbourg. Créée par Sacha Distel (Pathé EGF 839).

LES INCORRUPTIBLES. Paroles et musique Serge Gainsbourg. Créée par Pétula Clark (Vogue 8386).

LES P'TITS PAPIERS. Paroles et musique Serge Gainsbourg. Créée par Régine (Pathé EG 899).

IL S'APPELLE REVIENS. Paroles et musique Serge Gainsbourg. Créée par Régine (Pathé EG 899).

SI T'ATTENDS QU'LES DIAMANTS T'SAUTENT AU COU. Paroles et musique Serge Gainsbourg. Créée par Régine (Pathé EG 911).

LA GUÉRILLA. Paroles et musique Serge Gainsbourg. Créée par Valérie Lagrange (Philips 437055).

ATTENDS OU VA-T'EN. Paroles et musique Serge Gainsbourg. Créée par France Gall (Philips 437095).

BUBBLE GUM. Paroles et musique Serge Gainsbourg. Créée par Brigitte Bardot (Philips 437102).

LES OMNIBUS. Paroles Serge Gainsbourg, musique Alain Goraguer. Créée par Brigitte Bardot (Philips 437102).

NOUS NE SOMMES PAS DES ANGES. Paroles et musique Serge Gainsbourg. Créée par France Gall (Philips 437125).

LA GADOUE. Paroles et musique Serge Gainsbourg. Créée par Pétula Clark (Vogue 8410).

NON À TOUS LES GARÇONS. Paroles et musique Serge Gainsbourg. Créée par Michèle Torr (Mercury 152043).

POUR AIMER IL FAUT ÊTRE TROIS. Paroles et musique Serge Gainsbourg. Créée par Isabelle Aubret (Polydor 27172).

NO MAN'S LAND. Paroles Serge Gainsbourg, musique Alain Goraguer. Créée par Isabelle Aubret (Polydor 27172).

1966

Retour de Gainsbourg-interprète avec un super 45 tours (Philips 437167), *Marilu, Shu ba du ba loo ba, Docteur Jekyll et Monsieur Hyde* et *Qui est « in »*, *qui est « out »*. Ce 45 tours marque la période anglaise de Gainsbourg, consacré « roi du Pop ». L'orchestration et les arrangements sont d'Arthur Greenslade.

MARILU. Paroles et musique Serge Gainsbourg.

SHU BA DU BA LOO BA. Paroles et musique Serge Gainsbourg.

DOCTEUR JEKYLL ET MONSIEUR HYDE. Paroles et musique Serge Gainsbourg.

QUI EST « IN », QUI EST « OUT ». Paroles et musique Serge Gainsbourg.

La part des créations de Gainsbourg pour des interprètes reste grande en cette année 1966 : toujours France Gall qui confirme le succès commercial de *Poupée de cire, poupée de son* avec celui que connaissent les deux chansons *Les sucettes* et *Baby Pop*. Mais aussi Régine, Michèle Arnaud et son fils Dominique Walter, Dalida ou Marianne Faithfull.

BABY POP. Paroles et musique Serge Gainsbourg. Créée par France Gall (Philips 437159) qui la chante dans l'émission télévisée de Jean-Christophe Averty « Douches écossaises », le 13 juin 1966.

LES SUCETTES. Paroles et musique Serge Gainsbourg. Créée par France Gall qui en fera un immense succès (Philips 437229), cette chanson sera reprise par Gainsbourg lui-même en 1969.

JE PRÉFÈRE NATURELLEMENT. Paroles et musique Serge Gainsbourg. Créée par Dalida (Barclay 71064).

LES PAPILLONS NOIRS. Paroles et musique Serge Gainsbourg. Créée par Michèle Arnaud, accompagnée pour les chœurs par Gainsbourg (Pathé EG 951).

BALLADE DES OISEAUX DE CROIX. Paroles et musique Serge Gainsbourg. Créée par Michèle Arnaud (Pathé EG 951).

QUI LIRA CES MOTS. Paroles et musique Serge Gainsbourg. Créée par Dominique Walter, le fils de Michèle Arnaud (AZ 1049).

POURQUOI UN PYJAMA ? Paroles et musique Serge Gainsbourg. Créée par Régine (Pathé EG 948).

VIDOCQ. Paroles et musique Serge Gainsbourg. Pour le feuilleton télévisé des aventures de Vidocq qui connaîtra un immense succès populaire, Gainsbourg crée cette chanson qui fera l'objet d'un 45 tours (Philips 437290) où figure aussi *Chanson du forçat* (voir titre suivant).

CHANSON DU FORÇAT. Paroles et musique Serge Gainsbourg. (Voir titre ci-dessus.)

Pour la comédie musicale *Anna*, réalisée par Pierre Koralnick, Gainsbourg écrit les musiques et les textes fin 1966. Le film, produit par Michèle Arnaud et Pierre Bourgoin, est diffusé par la première chaîne de télévision le vendredi 13 janvier 1967.

Télérama, dans son numéro du 8 janvier, précise que « Anna est la première super-production de variétés, en couleurs, pour la télévision. Cette comédie musicale presque entièrement chantée s'est inspirée des *Parapluies de Cherbourg.* Humble cendrillon, Anna, grâce à son amour pour Serge devient un personnage aux multiples visages. Elle devient successivement une écolière naïve, une jeune fille du monde, une religieuse, un mannequin, une adolescente, une garçonne, une héroïne du Far West, une danseuse. Finalement, Anna renonce au monde la publicité dans lequel elle vivait pour retourner chez ses parents ».

Salué par la presse le film est cependant trouvé un peu mièvre. « Koralnick était venu me trouver avec un sujet un peu faible. Moi, j'aurais préféré que les deux héros se rencontrent et que cela finisse dans le sang », commentera Gainsbourg.

Il sera tiré une bande originale de ce film (30 cm Philips 70391L). Nous avons choisi de ne pas nous en tenir à l'édition de cette seule bande originale qui ne rend pas compte de la totalité des créations de Gainsbourg.

Nous nous référons au document déposé par Gainsbourg à la S.A.C.E.M. quelques mois après la diffusion du film (en septembre 1967). Ce document nous livre la part exacte des réalisations de Gainsbourg pour ce film. Précisons qu'une autre part, celle des dialogues, est de Jean-Loup Dabadie.

L'ordre des textes déposés par Gainsbourg est celui de leur apparition effective dans le film. Nous avons donc choisi de le respecter.

BASE-BALL. Cette chanson est la première de la comédie musicale *Anna.* Elle est chantée par Eddy Mitchell. Elle ne figure pas sur le disque de la bande originale. Nous en donnons ci-après les paroles :

Tu es dure avec moi
Tu es encore plus dure
Qu'une balle de base-ball
Une balle de base-ball
Tu es dure avec moi
Il y a longtemps qu'ça dure
Ton p'tit jeu de base-ball
Ton p'tit jeu de base-ball

C'EST LA CRISTALLISATION COMME DIT STENDHAL. De la comédie musicale *Anna.* Le titre initial est *Trio Palladium.* Cette chanson est interprétée par quatre acteurs : Jean-Claude Brialy, Hubert Deschamps, Anna Karina et Serge Gainsbourg.

PAS MAL, PAS MAL DU TOUT. De la comédie musicale *Anna.* Chanson interprétée par Jean-Claude Brialy et Serge Gainsbourg.

J'ÉTAIS FAIT POUR LES SYMPATHIES. De la comédie musicale *Anna.* Chanson interprétée par Jean-Claude Brialy.

SOUS LE SOLEIL EXACTEMENT. De la comédie musicale *Anna.* Chanson interprétée par Anna Karina. Gainsbourg en donnera sa propre version en 1969.

HIER OU DEMAIN. Cette chanson interprétée par Mariane Faithfull ne figure pas dans le disque de la bande originale. Mariane Faithfull la fera paraître sur l'un de ces 45 tours (Decca 457139) aux côtés de trois titres qui ne sont pas de Gainsbourg.

UN JOUR COMME UN AUTRE. De la comédie musicale *Anna.* Chanson interprétée par Anna Karina.

ROLLER GIRL. De la comédie musicale *Anna.* Chanson interprétée par Anna

Karina. Un couplet – que nous restituons – n'est pas chanté par Anna Karina.

Rien, rien, j'disais ça comme ça. De la comédie musicale *Anna*. Chanson interprétée par Anna Karina et Serge Gainsbourg.

Un poison violent c'est ça l'amour. De la comédie musicale *Anna*. Le titre initial est *Bossuet*. Chanson interprétée par Serge Gainsbourg et Jean-Claude Brialy.

De plus en plus, de moins en moins. De la comédie musicale *Anna*. Chanson interprétée par Jean-Claude Brialy et Anna Karina.

Boomerang. De la comédie musicale *Anna*. Chanson interprétée par Jean-Claude Brialy.

Ne dis rien. De la comédie musicale *Anna*. Chanson interprétée par Anna Karina et Jean-Claude Brialy. Michèle Arnaud enregistre, la même année, une version de ce titre (45 tours Pathé EG 1013).

Pistolet Jo. De la comédie musicale *Anna*. Chanson interprétée par Anna Karina.

G.I. Jo. De la comédie musicale *Anna*. Chanson interprété par Anna Karina.

Je n'avais qu'un seul mot à lui dire. De la comédie musicale *Anna*. Chanson interprétée par Jean-Claude Brialy et Anna Karina.

Il existe une version allemande, assurée par Walter Brandin, de titres de la comédie musicale *Anna : Ein Tag, Wie der And're (Un jour comme un autre), Ich bin mehr für die Sympathie ! (J'étais fait pour les sympathies), Roller Girl, Bumerang (Boomerang), Na, na..., sag' Ich... (Rien, rien je disais ça comme ça).*

1967

Néfertiti. Paroles et musique Serge Gainsbourg. Créée par France Gall (Philips 437317).

Gainsbourg signe avec le super 45 tours « Mr. Gainsbourg » (Philips 437355) quelques-uns des plus grands titres de sa « période anglaise ». Les arrangements et la direction musicale sont de David Whitaker.

Comic strip. Paroles et musique Serge Gainsbourg, 45 tours « Mr. Gainsbourg ». La première version est réalisée avec une choriste anglaise, la seconde avec Brigitte Bardot (voir plus loin, le titre *La bise aux hippies*).

Torrey canyon. Paroles et musique Serge Gainsbourg, 45 tours « Mr. Gainsbourg ».

Chatterton. Paroles et musique Serge Gainsbourg, 45 tours « Mr. Gainsbourg ».

Hold-up. Paroles et musique Serge Gainsbourg, 45 tours « Mr. Gainsbourg ».

« Monsieur Gainsbourg, le roi de la musique pop nous livre quatre titres terribles... *Comic strip,* des onomatopées en folie. *Chatterton,* humour noir et drôleries. *Torrey Canyon,* une parodie des groupes américains genre Supreme. *Hold up,* une musique de générique pour films à suspense.... Un cocktail irrésistible et savoureux. » *Top,* 1967.

Dents de lait, dents de loup. Paroles et musique Serge Gainsbourg. Cette chanson a été déposée à la S.A.C.E.M. en février 1967. Écrite pour France Gall, elle ne donnera pas lieu à la parution d'un disque, mais sera interprétée par elle et Gainsbourg lors d'une émission télévisée en 1967.

Toi tu n'es qu'un bébé
Rien qu'un bébé loup
Tu as des dents de lait
Pas des dents de loup

LOULOU. Paroles et musique Serge Gainsbourg. Créée par Régine (EP Pathé EG 1046).

OUVRE LA BOUCHE, FERME LES YEUX. Paroles et musique Serge Gainsbourg. Créée par Régine (EP Pathé EG 1070).

LES PETITS BOUDINS. Paroles et musique Serge Gainsbourg. Créée par Dominique Walter (AZ 1106).

HIP HIP HIP HURRAH. Paroles et musique Serge Gainsbourg. Créée par Claude François (Philips 437357). Sur la même face de ce super 45 tours, Claude François interprète *Mais quand le matin* qui fera de ce disque un immense succès commercial.

TEENIE WEENIE BOPPIE. Paroles et musique Serge Gainsbourg. Créée par France Gall (Philips 437358).

BOUM BADABOUM. Paroles et musique Serge Gainsbourg. Créée par Minouche Barelli. Cette chanson représente la principauté de Monaco à l'Eurovision (CBS 6331). C'est Sandie Shaw, avec *Puppet on a string,* qui remporte le prix.

JOHNSYNE ET KOSSIGONE. Paroles et musique Serge Gainsbourg. Créée par Dominique Walter (AZ 1163).

JE SUIS CAPABLE DE N'IMPORTE QUOI. Paroles et musique Serge Gainsbourg. Créée par Dominique Walter (AZ 1163).

BUFFALO BILL. Paroles et musique Serge Gainsbourg. Créée par Stone (Polydor 27319).

Le sable et le soldat. Gainsbourg écrit cette chanson en juin 1967, pendant la guerre des Six Jours. G. Verlant (in *Gainsbourg,* Albin Michel, 1991, p. 102) en donne les quelques extraits suivants :

Oui je défendrai le sable d'Israël
La terre d'Israël, les enfants d'Israël
Tous les Goliaths venus des Pyramides
Reculeront devant l'étoile de David

LA BISE AUX HIPPIES. Paroles et musique Serge Gainsbourg. Lors du Sacha-

Show du 1er novembre 1967, Brigitte Bardot, dans une sorte d'avant-première à son propre show, chante avec Gainsbourg *Comic strip,* et avec Sacha Distel *La bise aux hippies.*
« Dans le Sacha-Show, elle faisait "la bise aux hippies". Pour les fêtes de fin d'année, elle nous fera visiter Saint-Tropez en parachute, en chriscraft, en voiture, à moto. Qui ? Brigitte Bardot, bien sûr ! », peut-on lire dans le numéro du 19 novembre 1967 de *Télérama.*

HARLEY DAVIDSON. Paroles et musique Serge Gainsbourg. Enregistrée par Brigitte Bardot en novembre 1967, cette chanson fera l'objet d'un disque (SP AZ 10346), avec en face B *Contact,* qui sortira en décembre.

CONTACT. Paroles et musique Serge Gainsbourg. Enregistrée par Brigitte Bardot en novembre 1967. Voir *Harley Davidson,* ci-dessus. Le premier vers chanté par Brigitte Bardot est différent de celui du format. Ce vers devient : « Un météorite m'a transpercé le cœur ».

Le show Brigitte Bardot, une émission de François Reichenbach et Eddy Matalon, est diffusé le lundi 1er janvier 1968 à 20 heures. De Serge Gainsbourg, Bardot interprète les nouveaux titres *Harley Davidson, Bonnie and Clyde, La bise aux hippies, Contact,* et deux reprise *Bubble gum* et *Comic strip.*
Le 2 janvier 1968 sortira chez les disquaires un 30 cm « Brigitte Bardot et Serge Gainsbourg, Bonnie and Clyde » (30 cm Fontana 885529). Avec Michel Colombier, David Whitaker et leurs orchestres. Des douze titres de ce 30 cm neuf sont de Gainsbourg, avec seulement un inédit *Bonnie and Clyde.* Les trois autres sont des titres de la discographie antérieure de Brigitte Bardot.

BONNIE AND CLYDE. Paroles et musique Serge Gainsbourg. Créée par le duo Brigitte Bardo/Serge Gainsbourg pour le show Brigitte Bardot du 1er janvier 1968. Cette chanson a été enregistrée en décembre 1967, elle figurera sur l'album « Brigitte Bardot et Serge Gainsbourg, Bonnie and Clyde ».

JE T'AIME MOI NON PLUS. Paroles et musique Serge Gainsbourg. La première interprétation de cette chanson, enregistrée en octobre 1967, est celle du duo Bardot/Gainsbourg. Gainsbourg, à la demande de Bardot, fait annuler la sortie du disque prévue pour la fin de l'année 1967. Cette version restera inédite jusqu'en 1986.
La seconde interprétation, celle du duo Birkin/Gainsbourg, paraîtra en février 1968 et deviendra rapidement un succès international.

1968

Le nouveau super 45 tours de Gainsbourg (Philips 437431), avec Arthur Whitaker et son orchestre, rassemble les quatre titres suivants :

INITIALS B.B. Paroles et musique Serge Gainsbourg.

BLACK AND WHITE. Paroles et musique Serge Gainsbourg.

FORD MUSTANG. Paroles et musique Serge Gainsbourg.

BLOODY JACK. Paroles et musique Serge Gainsbourg. La version qu'en fera Zizi Jeanmaire (AZ SG 22) est légèrement différente de celle de Gainsbourg dont nous donnons ici les paroles.

MANON. Paroles et musique Serge Gainsbourg. Extrait de la bande originale du film *Manon 70* (Philips 370604 F).

La cavaleuse. Paroles et musique Serge Gainsbourg. Créée par Mireille Darc (dans son premier 30 cm, Philips 844779).

La plus jolie fille du monde n'arrive pas à la cheville d'un cul-de-jatte. Paroles et musique Serge Gainsbourg. Créée par Dominique Walter (AZ 1208).

Comment te dire adieu. Paroles et musique Serge Gainsbourg. Créée par Françoise Hardy (Vogue 8652).

L'anamour. Paroles et musique Serge Gainsbourg. Créée par Françoise Hardy (Vogue 8652). Gainsbourg reprendra ce titre quelques mois plus tard.

Desesperado. Paroles et musique Serge Gainsbourg. Cette chanson, destinée à Mireille Mathieu, est créée par Dario Moreno (Fontana 460257).

Requiem pour un con... Paroles et musique Serge Gainsbourg. Extrait de la bande originale du film *Le Pacha,* où Gainsbourg apparaît dans une séance d'enregistrement de ce titre (Philips 370617 F).

Capone et sa p'tite Phyllis. Paroles et musique Serge Gainsbourg. Créée par Régine (LP Pathé 72053).

Plus dur sera le chut. Paroles et musique Serge Gainsbourg. Créée par Dominique Walter.

La vie est une belle tartine. Paroles et musique Serge Gainsbourg. Créée par Dominique Walter (AZ 10425).

L'herbe tendre. Paroles Serge Gainsbourg, musique Serge Gainsbourg et Michel Colombier. Chanson interprétée par le duo Michel Simon/Serge Gainsbourg, tirée de la bande originale du film de Jacques Poitrenaud, *Ce sacré grand-père* (Philips 437488, et Philips 370650 F).

1969

La chanson de Slogan. Paroles et musique Serge Gainsbourg. Extrait de la bande du film *Slogan* de Pierre Koralnick (Philips 336621 F). Cette chanson est interprétée par le duo Gainsbourg/Birkin.

La première version du 30 cm « Jane Birkin/Serge Gainsbourg », parue en février 1969, débute par le titre *Je t'aime moi non plus,* interprété par Birkin/Gainsbourg. Cette chanson, pour la deuxième version du 30 cm, sera remplacée en décembre de cette même année (après la cession du titre chez AZ) par *La chanson de Slogan.*

Pour ce 30 cm (Fontana 885545) Gainsbourg compose : *69, année érotique, Jane B., Élisa, Orang-outang, 18-39* et *Le canari est sur le balcon.* Arrangements Arthur Greenslade. Les autres titres de l'album sont des reprises de chansons déjà interprétées par d'autres : *Les sucettes* (en 1966 par France Gall), *Sous le soleil exactement* (en 1966 par Anna Karina dans la comédie musicale *Anna*), *L'anamour* (en 1968 par Françoise Hardy).

69, année érotique. Paroles et musique Serge Gainsbourg, album « Jane Birkin/Serge Gainsbourg ». Cette chanson est interprétée par le duo Birkin/Gainsbourg.

JANE B. Paroles Serge Gainsbourg, musique Serge Gainsbourg d'après un prélude de Chopin, album « Jane Birkin/Serge Gainsbourg ». Cette chanson est interprétée par Birkin seule.

ÉLISA. Paroles Serge Gainsbourg, musique Serge Gainsbourg et Michel Colombier, album « Jane Birkin/Serge Gainsbourg ». Cette chanson est interprétée par Gainsbourg seul.

ORANG-OUTANG. Paroles et musique Serge Gainsbourg, album « Jane Birkin/ Serge Gainsbourg ». Cette chanson est interprétée par Birkin seule.

18-39. Paroles et musique Serge Gainsbourg, album « Jane Birkin/Serge Gainsbourg ». Cette chanson est interprétée par Birkin seule.

LE CANARI EST SUR LE BALCON. Paroles et musique Serge Gainsbourg, album « Jane Birkin/Serge Gainsbourg ». Cette chanson est interprétée par Birkin seule.

L'OISEAU DE PARADIS. Paroles et musique Serge Gainsbourg. Créée par Zizi Jeanmaire (AZ SG 22).

TURLUTUTU CAPOT POINTU. Paroles Serge Gainsbourg, musique Michel Colombier. Créée par Michel Colombier (30 cm La Compagnie LP 1001, « Capot pointu »).

LA ROBE DE PAPIER. Paroles Serge Gainsbourg, musique Michel Colombier. Créée par Michel Colombier (30 cm La Compagnie LP 1001, « Capot pointu »).

LE DRAPEAU NOIR. Paroles et musique Serge Gainsbourg. Créée par Mireille Darc.

LA FILLE QUI FAIT TCHIC TI TCHIC. Paroles et musique Serge Gainsbourg. Créée par Michèle Mercier (AZ SG 144).

HÉLICOPTÈRE. Paroles et musique Serge Gainsbourg. Créée par Mireille Darc (Philips 336244).

1970

CANNABIS. Paroles Serge Gainsbourg, musique Serge Gainsbourg et Jean-Claude Vannier. Tirée de la bande originale du film de Pierre Koralnik, *Cannabis* (33 tours Philips 6311060).

CHARLIE BROWN. Sur une musique de Rod Mc Kuen écrite pour le dessin animé long métrage, *Un petit garçon appelé Charlie Brown,* Serge Gainsbourg signe et interprète les paroles de la version française du film (45 tours Philips 6009104).

1971

Depuis l'Eurovision, Gainsbourg composait essentiellement pour les autres ; bien que ses quelques disques, à lui, soient tous de très grands titres de sa discographie (de *Comic strip* à *Élisa*). Mais « Histoire de Melody Nelson » (33 tours Philips 6325071, arrangements et direction d'orchestre

Jean-Claude Vannier) augure une nouvelle période d'abondante créativité, où ses propres disques supplantent définitivement ceux de ses différents interprètes.

MELODY. Paroles et musique Serge Gainsbourg, album « Histoire de Melody Nelson ».

BALLADE DE MELODY NELSON. Paroles Serge Gainsbourg, musique Jean-Claude Vannier, album « Histoire de Melody Nelson ».

VALSE DE MELODY. Paroles et musique Serge Gainsbourg, album « Histoire de Melody Nelson ».

AH ! MELODY. Paroles Serge Gainsbourg, musique Jean-Claude Vannier, album « Histoire de Melody Nelson ».

L'HÔTEL PARTICULIER. Paroles et musique Serge Gainsbourg, album « Histoire de Melody Nelson ».

CARGO CULTE. Paroles et musique Serge Gainsbourg, album « Histoire de Melody Nelson ».

MALLO-MALLORY. Paroles et musique Serge Gainsbourg. Créée par Régine (Pathé Marconi 11895).

LAISS'S-EN UN PEU POUR LES AUTRES. Paroles et musique Serge Gainsbourg. Créée par Régine.

LA NOYÉE. Paroles et musique Serge Gainsbourg. Chanson écrite pour le film *Romance of a Horsethief.* Gainsbourg l'interprétera l'année suivante lors d'une émission télévisée. Cependant cette chanson ne donnera jamais lieu à un enregistrement discographique.

Pour la nouvelle revue de Zizi Jeanmaire, qui a lieu au Casino de Paris fin 1971, Gainsbourg compose une série de nouvelles chansons. Un disque « Zizi, je t'aime » 33 tours (CBS 64865) reprendra l'ensemble de ces créations. Il paraîtra l'année suivante.

ZIZI T'AS PAS D'SOSIE. Paroles et musique Serge Gainsbourg. De la revue « Zizi, je t'aime ».

A POIL OU À PLUMES. Paroles et musique Serge Gainsbourg. De la revue « Zizi, je t'aime ».

LE RENT'DEDANS. Paroles et musique Serge Gainsbourg. De la revue « Zizi, je t'aime ».

TOUT LE MONDE EST MUSICIEN. Paroles et musique Serge Gainsbourg. De la revue « Zizi, je t'aime ». Zizi Jeanmaire n'interprète pas le quatrième couplet (« Et ceux qui font chanter les autres... ») que nous restituons ici.

ÉLISA. Paroles Serge Gainsbourg, musique Serge Gainsbourg et Michel Colombier. De la revue « Zizi, je t'aime ». Zizi Jeanmaire crée ici une version nouvelle d'une chanson de Gainsbourg datant de 1969.

LES MILLIONNAIRES. Paroles et musique Serge Gainsbourg. De la revue « Zizi, je t'aime ».

LES BLEUS SONT LES PLUS BEAUX BIJOUX. Paroles et musique Serge Gainsbourg. De la revue « Zizi, je t'aime ».

KING KONG. Paroles et musique Serge Gainsbourg. De la revue « Zizi, je t'aime ».

DESSOUS MON PULL (FINALE). Paroles et musique Serge Gainsbourg. De la revue « Zizi, je t'aime ».

LE SIXIÈME SENS. Paroles et musique Serge Gainsbourg. Créée par Juliette Gréco (33 tours Philips 6631073).

1972

LA DÉCADANSE. Paroles et musique Serge Gainsbourg. Interprétée en duo par Jane Birkin et Serge Gainsbourg, cette chanson sort chez les disquaires en janvier 1972 (Fontana 6010054, arrangements et direction musicale Jean-Claude Vannier).

LES LANGUES DE CHAT. Paroles Serge Gainsbourg, musique Jean-Claude Vannier. Créée par Jane Birkin (Fontana 6010054, arrangements et direction musicale Jean-Claude Vannier).

ELLE EST SI... Paroles Serge Gainsbourg, musique Jacques Dutronc. Créée par Jacques Dutronc (Vogue 45V 4086). Gainsbourg en donnera une interprétation en 1980 lors de ces concerts au théâtre Le Palace. D'autre part, ce texte sera repris dans le film de Gainsbourg *Stan the flasher,* (Voir *Movies,* Joseph K. éd., 1994.)

FRANKENSTEIN. Paroles et musique Serge Gainsbourg. Créée par France Gall (EMI 12207).

LES PETITS BALLONS. Paroles Serge Gainsbourg, musique Jean-Claude Vannier. Créée par France Gall (EMI 12207).

SEX SHOP. Paroles Serge Gainsbourg, musique Serge Gainsbourg et Jean-Claude Vannier. Bande originale du film de Claude Berri, *Sex Shop,* la chanson est interprétée par Serge Gainsbourg (Fontana 6010071).

1973

Le premier 30 cm de Jane Birkin « Di doo dah » (Fontana 6325305) est composé de douze titres signés Serge Gainsbourg. Les arrangements sont de Jean-Claude Vannier.

DI DOO DAH. Paroles et musique Serge Gainsbourg. Créée par Jane Birkin, album « Di doo dah ».

HELP CAMIONNEUR. Paroles et musique Serge Gainsbourg. Créée par Jane Birkin, album « Di doo dah ».

ENCORE LUI. Paroles Serge Gainsbourg, musique Jean-Claude Vannier. Créée par Jane Birkin, album « Di doo dah ».

PUISQUE JE TE LE DIS. Paroles et musique Serge Gainsbourg. Créée par Jane Birkin, album « Di doo dah ».

LES CAPOTES ANGLAISES. Paroles et musique Serge Gainsbourg. Créée par Jane Birkin, album « Di doo dah ».

LEUR PLAISIR SANS MOI. Paroles Serge Gainsbourg, musique de Jean-Claude Vannier. Créée par Jane Birkin, album « Di doo dah ».

MON AMOUR BAISER. Paroles et musique Serge Gainsbourg. Créée par Jane Birkin, album « Di doo dah ».

BANANA BOAT. Paroles et musique Serge Gainsbourg. Créée par Jane Birkin, album « Di doo dah ».

KAWASAKI. Paroles et musique Serge Gainsbourg. Créée par Jane Birkin, album « Di doo dah ».

LA CIBLE QUI BOUGE. Paroles Serge Gainsbourg, musique Serge Gainsbourg et Jean-Claude Vannier. Créée par Jane Birkin, album « Di doo dah ».

LA BAIGNEUSE DE BRIGHTON. Paroles et musique Serge Gainsbourg. Créée par Jane Birkin, album « Di doo dah ».

C'EST LA VIE QUI VEUT ÇA. Paroles Serge Gainsbourg, musique Jean-Claude Vannier. Créée par Jane Birkin, album « Di doo dah ».

L'AMOUR EN PRIVÉ. Paroles Serge Gainsbourg, musique Jean-Claude Vannier. Interprétée par Françoise Hardy, dans le film *Projection privée,* cette chanson figure dans son album « Message personnel » (Warner Bros Records 56019).

Le nouvel album de Gainsbourg paraît sous le titre « Vu de l'extérieur » (qui deviendra, lors des réimpressions, « Je suis venu te dire que je m'en vais »). Avec ce disque (Philips 6499731) Gainsbourg apparaît plus que jamais comme le grand écrivain, désinvolte et esthète, de la chanson française.

JE SUIS VENU TE DIRE QUE JE M'EN VAIS. Paroles et musique Serge Gainsbourg, album « Vu de l'extérieur ».

VU DE L'EXTÉRIEUR. Paroles et musique Serge Gainsbourg, album « Vu de l'extérieur ».

PANPAN CUCUL. Paroles et musique Serge Gainsbourg, album « Vu de l'extérieur ».

PAR HASARD ET PAS RASÉ. Paroles et musique Serge Gainsbourg, album « Vu de l'extérieur ».

DES VENTS DES PETS DES POUMS. Paroles et musique Serge Gainsbourg, album « Vu de l'extérieur ».

TITICACA. Paroles et musique Serge Gainsbourg, album « Vu de l'extérieur ».

PAMELA POPO. Paroles et musique Serge Gainsbourg, album « Vu de l'extérieur ».

LA POUPÉE QUI FAIT. Paroles et musique Serge Gainsbourg, album « Vu de l'extérieur ».

L'HIPPOPODAME. Paroles et musique Serge Gainsbourg, album « Vu de l'extérieur ».

SENSUELLE ET SANS SUITE. Paroles et musique Serge Gainsbourg, album « Vu de l'extérieur ».

1974

MY CHÉRIE JANE. Paroles Serge Gainsbourg, musique André Popp. Créée par Jane Birkin (45 tours, Fontana 6010102).

BÉBÉ GAI. Paroles Serge Gainsbourg, arrangements musicaux Serge Gainsbourg sur les motifs de « Rêves d'amour » de Franz Liszt. Créée par Jane Birkin (45 tours, Fontana 6010102).

TELLE EST LA TÉLÉ. Paroles et musique Serge Gainsbourg.

1975

La presse qui a ovationné « Vu de l'extérieur » est totalement déroutée avec le nouvel album de Serge Gainsbourg « Rock around the bunker » (Philips 6325195).

NAZI ROCK. Paroles et musique Serge Gainsbourg, album « Rock around the bunker ».

TATA TEUTONNE. Paroles et musique Serge Gainsbourg, album « Rock around the bunker ».

J'ENTENDS DES VOIX OFF. Paroles et musique Serge Gainsbourg, album « Rock around the bunker ».

EVA. Paroles et musique Serge Gainsbourg, album « Rock around the bunker ».

ZIG-ZIG AVEC TOI. Paroles et musique Serge Gainsbourg, album « Rock around the bunker ».

EST-CE EST-CE SI BON ? Paroles et musique Serge Gainsbourg, album « Rock around the bunker ».

YELLOW STAR. Paroles et musique Serge Gainsbourg, album « Rock around the bunker ».

ROCK AROUND THE BUNKER. Paroles et musique Serge Gainsbourg, album « Rock around the bunker ».

S.S. IN URUGUAY. Paroles et musique Serge Gainsbourg, album « Rock around the bunker ».

L'AMI CAOUETTE. Paroles et musique Serge Gainsbourg. Créée par Gainsbourg pour l'été 1975 (45 tours Philips 6009678, arrangements Jean-Pierre Sabard).

LE CADAVRE EXQUIS. Paroles et musique Serge Gainsbourg. En face B de

L'ami Caouette (45 tours Philips 6009678, arrangements Jean-Pierre Sabard).

LA FILLE AUX CLAQUETTES. Paroles et musique Serge Gainsbourg. Cette chanson créée par Jane Birkin figure dans son album « Lolita go home » (Fontana 6325342) dont les autres textes sont presque tous de Philippe Labro, sur des musiques de Serge Gainsbourg.

LES ROSES FANÉES. Paroles et musique Serge Gainsbourg. Créée par Jacques Dutronc (33 tours Vogue 28033).

L'AMOUR PRISON. Paroles Serge Gainsbourg, musique Jacques Dutronc. Créée par Jacques Dutronc (33 tours Vogue 28033).

L'ÎLE ENCHANTERESSE. Paroles Serge Gainsbourg, musique Jacques Dutronc. Créée par Jacques Dutronc (33 tours Vogue 28033).

LE BRAS MÉCANIQUE. Paroles Serge Gainsbourg, musique Jacques Dutronc. Créée par Jacques Dutronc (33 tours Vogue 28033).

1976

« L'homme a tête de chou » — le nouvel album de Gainsbourg (Philips 9101097, arrangements Alan Hawkshaw) — est considéré par la critique, dès sa sortie, comme sa création majeure.

L'HOMME À TÊTE DE CHOU. Paroles et musique Serge Gainsbourg, album « L'homme à tête de chou ».

CHEZ MAX COIFFEUR POUR HOMMES. Paroles et musique Serge Gainsbourg, album « L'homme à tête de chou ».

MARILOU REGGAE. Paroles et musique Serge Gainsbourg, album « L'homme à tête de chou ».

TRANSIT À MARILOU. Paroles et musique Serge Gainsbourg, album « L'homme à tête de chou ».

FLASH FORWARD. Paroles et musique Serge Gainsbourg, album « L'homme à tête de chou ».

AÉROPLANES. Paroles et musique Serge Gainsbourg, album « L'homme à tête de chou ».

PREMIERS SYMPTÔMES. Paroles et musique Serge Gainsbourg, album « L'homme à tête de chou ».

MA LOU MARILOU. Paroles et musique Serge Gainsbourg, album « L'homme à tête de chou ».

VARIATIONS SUR MARILOU. Paroles et musique Serge Gainsbourg, album « L'homme à tête de chou ».

MEURTRE À L'EXTINCTEUR. Paroles et musique Serge Gainsbourg, album « L'homme à tête de chou ».

MARILOU SOUS LA NEIGE. Paroles et musique Serge Gainsbourg, album « L'homme à tête de chou ».

LUNATIC ASYLUM. Paroles et musique Serge Gainsbourg, album « L'homme à tête de chou ».

BALLADE DE JOHNNY JANE. Paroles Serge Gainsbourg, musique Serge Gainsbourg et Jean-Pierre Sabard. La bande originale du film *Je t'aime moi non plus* où figure ce titre, mais sous la forme instrumentale, fera l'objet d'un 30 cm (Philips 9101030). Sur le thème de *Ballade de Johnny Jane,* Gainsbourg composera ensuite ces paroles interprétées par Jane Birkin (45 tours Fontana 6010118).

RACCROCHEZ C'EST UNE HORREUR. Paroles Serge Gainsbourg, musique Serge Gainsbourg et Jean-Pierre Sabard. Créée par le duo Jane Birkin/Serge Gainsbourg (45 tours Fontana 6010118).

Gainsbourg dépose à la S.A.C.E.M. en novembre 1976 deux titres dont il a écrit les musiques sur des paroles de Pierre Louki : *La main du masseur* et *Slip please.*

1977

YESTERDAY, YES A DAY. Paroles et musique Serge Gainsbourg. Tirée de la bande originale du film de Just Jaeckin *Madame Claude,* cette chanson interprétée par Jane Birkin donnera lieu aussi à un 45 tours (Philips 6172009).

MY LADY HÉROÏNE. Paroles Serge Gainsbourg, musique Serge Gainsbourg d'après le thème de Ketelbey. Cette chanson, créée par Gainsbourg, est écrite pour être sciemment un « tube de l'été », 45 tours (Philips 6172026, arrangements Alan Hawkshaw).

TROIS MILLIONS DE JOCONDE. Paroles et musique Serge Gainsbourg. Cette chanson, créée par Gainsbourg, paraît en face B du 45 tours *My Lady Héroïne* (Philips 6172026, arrangements Alan Hawkshaw).

Pour Alain Chamfort, Gainsbourg écrit les textes de tout l'album « Rock'n rose » (33 tours CBS 82377).

JOUJOU À LA CASSE. Paroles Serge Gainsbourg, musique Alain Chamfort et J.N. Chaleat. Créée par Alain Chamfort, album « Rock'n rose ».

BABY LOU. Paroles Serge Gainsbourg, musique Alain Chamfort et Michel Pelay. Créée par Alain Chamfort, album « Rock'n rose ». Jane Birkin reprendra cette chanson en 1983 pour son album « Baby alone in Babylone », mais les deux derniers vers seront supprimés.

PRIVÉ. Paroles Serge Gainsbourg, musique Alain Chamfort. Créée par Alain Chamfort, album « Rock'n rose ».

DISC JOCKEY. Paroles Serge Gainsbourg, musique Alain Chamfort et Michel Pelay. Créée par Alain Chamfort, album « Rock'n rose ».

TENNISMAN. Paroles Serge Gainsbourg, musique Alain Chamfort et Michel Pelay. Créée par Alain Chamfort, album « Rock'n rose ».

SPARADRAP. Paroles Serge Gainsbourg, musique Alain Chamfort et J.N. Chaleat. Créée par Alain Chamfort, album « Rock'n rose ».

ROCK'N ROSE. Parole Serge Gainsbourg, musique Alain Chamfort et J.N. Chaleat. Créée par Alain Chamfort, album « Rock'n rose ».

LUCETTE ET LUCIE. Paroles Serge Gainsbourg, musique Alain Chamfort et J.N. Chaleat. Créée par Alain Chamfort, album « Rock'n rose ».

LE VIDE AU CŒUR. Paroles Serge Gainsbourg, musique Alain Chamfort. Créée par Alain Chamfort, album « Rock'n rose ».

GOOD BYE EMMANUELLE. Paroles Serge Gainsbourg, musique Serge Gainsbourg et Jean-Pierre Sabard. Cette chanson, interprétée par Gainsbourg, est extraite de la bande originale du film de François Leterrier, *Good-Bye Emmanuelle*. Elle paraît sur un disque 45 tours (Philips 6172067).

ENREGISTREMENT. Paroles et musique Serge Gainsbourg. Cette chanson, créée par Françoise Hardy, figure sur son album « Star » (Pathé 2C06614426).

LA PETITE ROSE. Paroles et musique Serge Gainsbourg. Créée par Nana Mouskouri (LP Philips 9101159).

Pour le nouveau spectacle de Zizi Jeanmaire, qui commence en décembre 1977 à Bobino, Gainsbourg écrit une série de nouvelles chansons. Ce spectacle donnera lieu à l'édition d'un disque « Zizi à Bobino » (Pathé 2C06814514) qui paraîtra l'année suivante.

QUAND ÇA BALANCE. Paroles et musique Serge Gainsbourg. Créée par Zizi Jeanmaire, album « Zizi à Bobino ».

RÉTRO SONG. Paroles et musique Serge Gainsbourg. Créée par Zizi Jeanmaire, album « Zizi à Bobino ».

MESDAMES, MESDEMOISELLES, MES YEUX. Paroles et musique Serge Gainsbourg. Créée par Zizi Jeanmaire, album « Zizi à Bobino ».

YES MAN. Paroles et musique Serge Gainsbourg. Créée par Zizi Jeanmaire, album « Zizi à Bobino ».

MERDE À L'AMOUR. Paroles et musique Serge Gainsbourg. Créée par Zizi Jeanmaire, album « Zizi à Bobino ».

CIEL DE PLOMB. Paroles et musique Serge Gainsbourg. Créée par Zizi Jeanmaire, album « Zizi à Bobino ».

TIC TAC TOE. Paroles et musique Serge Gainsbourg. Créée par Zizi Jeanmaire, album « Zizi à Bobino ».

VAMPS ET VAMPIRES. Paroles et musique Serge Gainsbourg. Créée par Zizi Jeanmaire, album « Zizi à Bobino ».

1978

SEA SEX AND SUN. Paroles et musique Serge Gainsbourg. Cette chanson, créée par Gainsbourg — « pour rester dans le hit-parade » —, sera le grand succès de l'été 1978 (45 tours Philips 6172147, arrangements Alan Hawkshaw). Patrice Leconte l'utilisera pour la bande originale de son film *Les bronzés* qui sortira dans les salles en novembre de la même année.

MISTER ICEBERG. Paroles et musique Serge Gainsbourg. Cette chanson, créée par Gainsbourg, figure sur la face B du 45 tours *Sea sex and sun* (Philips 6172147, arrangements Alan Hawkshaw).

Pour Jane Birkin, Gainsbourg signe douze titres de son nouvel album « Ex-fan des sixties » (Fontana 6325353). Les arrangements et la direction d'orchestre sont, comme pour l'album « L'homme à tête de chou », confiés à Alan Hawshaw.

EX-FAN DES SIXTIES. Paroles et musique Serge Gainsbourg. Créée par Jane Birkin, album « Ex-fan des sixties ».

APOCALYPSTICK. Paroles et musique Serge Gainsbourg. Créée par Jane Birkin, album « Ex-fan des sixties ».

EXERCICE EN FORME DE Z. Paroles et musique Serge Gainsbourg. Créée par Jane Birkin, album « Ex-fan des sixties ».

MÉLODIE INTERDITE. Paroles et musique Serge Gainsbourg. Créée par Jane Birkin, album « Ex-fan des sixties ».

L'AQUOIBONISTE. Paroles et musique Serge Gainsbourg. Créée par Jane Birkin, album « Ex-fan des sixties ».

VIE, MORT ET RÉSURRECTION D'UN AMOUR PASSION. Paroles et musique Serge Gainsbourg. Créée par Jane Birkin, album « Ex-fan des sixties ».

NICOTINE. Paroles et musique Serge Gainsbourg. Créée par Jane Birkin, album « Ex-fan des sixties ».

ROCKING-CHAIR. Paroles et musique Serge Gainsbourg. Créée par Jane Birkin, album « Ex-fan des sixties ».

DÉPRESSIVE. Paroles et musique Serge Gainsbourg. Créée par Jane Birkin, album « Ex-fan des sixties ».

LE VELOURS DES VIERGES. Paroles et musique Serge Gainsbourg. Créée par Jane Birkin, album « Ex-fan des sixties ».

CLASSÉE X. Paroles et musique Serge Gainsbourg. Créée par Jane Birkin, album « Ex-fan des sixties ».

MÉLO MÉLO. Paroles et musique Serge Gainsbourg. Créée par Jane Birkin, album « Ex-fan des sixties ».

LES FEMMES ÇA FAIT PÉDÉ. Paroles et musique Serge Gainsbourg. Créée par Régine (LP CBS 82731), dans cet album Régine reprend *Tic tac toe.*

BETTY JANE ROSE. Paroles et musique Serge Gainsbourg. Créée par le jeune groupe rock français Bijou (45 tours Philips 6172192) qui avait, quelques mois plus tôt, repris la chanson *Les papillons noirs* de Gainsbourg interprétée par Michèle Arnaud en 1966.

1979

L'album « Aux armes et cætera » (Philips 9101218) sort en avril 1979 et signe la rupture de Gainsbourg avec son orchestration ancienne. Gainsbourg n'aura que peu le loisir de s'exprimer sur ses influences, son texte et ses rythmes ; le « scandale » va couvrir — et propulser à sa manière — l'album.

JAVANAISE REMAKE. Paroles et musique Serge Gainsbourg, album « Aux armes et cætera ». Variations sur des rythmes reggae d'un texte de 1962.

AUX ARMES ET CÆTERA. Gainsbourg interprète sur une musique reggae l'hymne national français dont les paroles originales sont de Rouget de l'Isle, album « Aux armes et cætera ».

LES LOCATAIRES. Paroles et musique Serge Gainsbourg, album « Aux armes et cætera ».

DES LAIDS DES LAIDS. Paroles et musique Serge Gainsbourg, album « Aux armes et cætera ».

BRIGADE DES STUPS. Paroles et musique Serge Gainsbourg, album « Aux armes et cætera ».

LOLA RASTAQUOUÈRE RASTA. Paroles et musique Serge Gainsbourg, album « Aux armes et cætera ».

RELAX BABY BE COOL. Paroles et musique Serge Gainsbourg, album « Aux armes et cætera ».

DAISY TEMPLE. Paroles et musique Serge Gainsbourg, album « Aux armes et cætera ».

EAU ET GAZ À TOUS LES ÉTAGES. Paroles et musique Serge Gainsbourg, album « Aux armes et cætera ».

PAS LONG FEU. Paroles et musique Serge Gainsbourg, album « Aux armes et cætera ».

Gainsbourg écrit les textes de trois des huit titres du nouvel album d'Alain Chamfort « Poses » (33 tours CBS 83965).

MANURÉVA. Paroles Serge Gainsbourg, musique Alain Chamfort et Jean-Noël Chaleat, album « Poses ».

DÉMODÉ. Paroles Serge Gainsbourg, musique Alain Chamfort et Jean-Noël Chaleat, album « Poses ».

BÉBÉ POLAROÏD. Paroles Serge Gainsbourg, musique Alain Chamfort et Jean-Noël Chaleat, album « Poses ».

CHAVIRER LA FRANCE. Paroles Serge Gainsbourg, musique Jeff Barnel. Créée par Shake, album « Orlando ».

1980

Serge Gainsbourg écrit la musique du film de Claude Berri *Je vous aime*. La bande originale du film fera l'objet d'un 33 tours (Philips 6313123).

LA FAUTIVE. Paroles et musique Serge Gainsbourg. Chanté par Serge Gainsbourg, bande originale du film *Je vous aime.*

JE VOUS SALUE MARIE. Adaptation et musique Serge Gainsbourg. Chanté par Serge Gainsbourg, bande originale du film *Je vous aime.*

LA P'TITE AGATHE. Paroles et musique Serge Gainsbourg. Chanté par Gérard Depardieu, avec la participation du groupe Bijou, bande originale du film *Je vous aime.*

DIEU FUMEUR DE HAVANES. Paroles et musique Serge Gainsbourg. Chanté par Serge Gainsbourg et Catherine Deneuve, bande original du film *Je vous aime.*

PAPA NONO. Paroles et musique Serge Gainsbourg. Chanté par Gérard Depardieu, avec la participation du groupe Bijou, bande originale du film *Je vous aime.*

JE PENSE QUEUE. Paroles et musique Serge Gainsbourg. Chanté par Serge Gainsbourg, bande originale du film *Je vous aime.*

Gainsbourg écrit les textes de six des neuf chansons du nouvel album de Jacques Dutronc « Guerre et pets » (Gaumont 753801).

L'HYMNE À L'AMOUR (MOI L'NŒUD). Paroles Serge Gainsbourg, musique Jacques Dutronc, album « Guerre et pets ».

BALLADE COMESTIBLE. Paroles Serge Gainsbourg, musique Jacques Dutronc, album « Guerre et pets ».

L'ÉTHYLIQUE. Paroles Serge Gainsbourg, musique Jacques Dutronc, album « Guerre et pets ».

J'AI DÉJÀ DONNÉ. Paroles Serge Gainsbourg, musique Jacques Dutronc, album « Guerre et pets ».

MES IDÉES SALES. Paroles Serge Gainsbourg, musique Jacques Dutronc, album « Guerre et pets ».

L'AVANT-GUERRE C'EST MAINTENANT. Paroles Serge Gainsbourg, musique Jacques Dutronc, album « Guerre et pets ».

CUTI-RÉACTION. Paroles Serge Gainsbourg, musique Serge Haouzi. Cette chanson est écrite pour le jeune groupe Toubib composé de médecins (33 tours, Pathé-Marconi 6872122).

LE VIEUX ROCKER. Paroles Serge Gainsbourg, musique Pascal Perrin. Cette chanson est écrite pour le jeune groupe Toubib composé de médecins (33 tours, Pathé-Marconi 6872122).

BÉLINDA. Paroles Serge Gainsbourg, musique Julien Clerc et Martin Simon, créée par Julien Clerc (33 tours, Pathé-Marconi 7072249).

MANGOS. Paroles Serge Gainsbourg, musique Julien Clerc et Martin Simon, créée par Julien Clerc (33 tours, Pathé-Marconi 7072249).

ON N'EST PAS DES GRENOUILLES. Paroles Serge Gainsbourg, musique Sacha

Distel (LP Carrère 67841). Un couplet n'est pas interprété par Sacha Distel qui crée cette chanson : « Toute la nuit on vadrouille [...] Jamais à l'eau ».

U.S.S.R./U.S.A. Paroles Serge Gainsbourg, musique Sylvain Pauchard. Cette chanson est écrite pour le groupe Martin Circus (45 tours, Vogue 101313).

1981

Gainsbourg écrit dix nouveaux titres pour l'album de Catherine Deneuve « Souviens-toi de m'oublier » (Philips 6313172). Une onzième chanson, *Ces petits riens,* est une reprise d'un titre ancien (en 1964 in album « Gainsbourg percussions ») interprété ici par le duo Deneuve/Gainsbourg.

Overseas Telegram. Paroles et musique Serge Gainsbourg, album « Souviens-toi de m'oublier ». Cette chanson sera reprise la même année par Gainsbourg dans son album « Mauvaises nouvelles des étoiles » ; et en 1983 par Jane Birkin dans son album « Baby alone in Babylone ». Ces deux versions comportent de légères différences avec le texte chantée par Deneuve que nous donnons ici.

Digital delay. Paroles et musique Serge Gainsbourg, album « Souviens-toi de m'oublier ».

Dépression au-dessus du jardin. Paroles et musique Serge Gainsbourg, album « Souviens-toi de m'oublier ».

Epsilon. Paroles et musique Serge Gainsbourg, album « Souviens-toi de m'oublier ».

Monna Vanna et Miss Duncan. Paroles et musique Serge Gainsbourg, album « Souviens-toi de m'oublier ».

Marine band trémolo. Paroles et musique Serge Gainsbourg, album « Souviens-toi de m'oublier ».

Souviens-toi de m'oublier. Paroles et musique Serge Gainsbourg, album « Souviens-toi de m'oublier ».

What tu dis qu'est-ce tu say. Paroles et musique Serge Gainsbourg, album « Souviens-toi de m'oublier ».

Oh soliman. Paroles et musique Serge Gainsbourg, album « Souviens-toi de m'oublier ».

Alice hélas. Paroles et musique Serge Gainsbourg, album « Souviens-toi de m'oublier ».

Gainsbourg signe les titres du nouvel album d'Alain Chamfort « Amour année zéro » (CBS 85108).

Bambou. Paroles Serge Gainsbourg, musique Alain Chamfort, album « Amour année zéro ».

Poupée, poupée. Paroles Serge Gainsbourg, musique Alain Chamfort, album « Amour année zéro ».

CHASSEUR D'IVOIRE. Paroles Serge Gainsbourg, musique Alain Chamfort, album « Amour année zéro ».

AMOUR, ANNÉE ZÉRO. Paroles Serge Gainsbourg, musique Alain Chamfort, album « Amour année zéro ».

JET SOCIETY. Paroles Serge Gainsbourg, musique Alain Chamfort, album « Amour année zéro ».

MALAISE EN MALAISIE. Paroles Serge Gainsbourg, musique Alain Chamfort, album « Amour année zéro ».

LAIDE, JOLIE LAIDE. Paroles Serge Gainsbourg, musique Alain Chamfort, album « Amour année zéro ».

BABY BOUM. Paroles Serge Gainsbourg, musique Alain Chamfort, album « Amour année zéro ».

Gainsbourg fait paraître l'album « Mauvaises nouvelles des étoiles » (Philips 6313270) en novembre 1981. Bayon, dans le quotidien *Libération* saluera la sortie de cet album « le plus fumiste », mais aussi « le plus fameux », « Du Gainsbourg, plus cynique et élégant que jamais, plus urgent et plus "par dessous-la-jambe" aussi ».

ECCE HOMO. Paroles et musique Serge Gainsbourg, album « Mauvaises nouvelles des étoiles ».

MICKEY MAOUSSE. Paroles et musique Serge Gainsbourg, album « Mauvaises nouvelles des étoiles ».

JUIF ET DIEU. Paroles et musique Serge Gainsbourg, album « Mauvaises nouvelles des étoiles ».

SHUSH SHUSH CHARLOTTE. Paroles et musique Serge Gainsbourg, album « Mauvaises nouvelles des étoiles ».

TOI MOURIR. Paroles et musique Serge Gainsbourg, album « Mauvaises nouvelles des étoiles ».

LA NOSTALGIE CAMARADE. Paroles et musique Serge Gainsbourg, album « Mauvaises nouvelles des étoiles ».

BANA BASADI BALALO. Paroles et musique Serge Gainsbourg, album « Mauvaises nouvelles des étoiles ».

EVGUÉNIE SOKOLOV. Paroles et musique Serge Gainsbourg, album « Mauvaises nouvelles des étoiles ». Extrait du conte parabolique *Evguénie Sokolov* paru cette année-là aux éditions Gallimard.

NEGUSA NAGAST. Paroles et musique Serge Gainsbourg, album « Mauvaises nouvelles des étoiles ».

STRIKE. Paroles et musique Serge Gainsbourg, album « Mauvaises nouvelles des étoiles ».

1982

L'album de Bashung « Play blessures » (30 cm, Philips 6313426) est le fruit d'une étroite collaboration entre Bashung et Gainsbourg.

C'EST COMMENT QU'ON FREINE. Paroles Serge Gainsbourg, musique Alain Bashung, album « Play blessures ».

SCÈNES DE MANAGER. Paroles Serge Gainsbourg, musique Alain Bashung, album « Play blessures ».

VOLONTAIRE. Paroles Serge Gainsbourg, musique Alain Bashung, album « Play blessures ».

MARTINE BOUDE. Paroles Serge Gainsbourg, musique Alain Bashung, album « Play blessures ».

LAVABO. Paroles Serge Gainsbourg, musique Alain Bashung, album « Play blessures ».

J'ENVISAGE. Paroles Serge Gainsbourg, musique Alain Bashung, album « Play blessures ».

J'CROISE AUX HÉBRIDES. Paroles Serge Gainsbourg, musique Alain Bashung, album « Play blessures ».

TROMPÉ D'ÉRECTION. Paroles Serge Gainsbourg, musique Alain Bashung, album « Play blessures ».

MOI JE TE CONNAIS COMM' SI J'T'AVAIS DÉFAITE. Paroles Serge Gainsbourg, musique Julien Clerc (Virgin 201916).

SUICIDE. Paroles Serge Gainsbourg, musique Claude Engel. Écrite pour la Québécoise Diane Dufresne (album « Turbulances », RCA NL 70206).

J'EN AI AUTANT POUR TOI. Paroles Serge Gainsbourg, musique Philippe Dauga. Créée par Philippe Dauga le chanteur et bassiste de l'ex-groupe Bijou (Phonogram 601055).

1983

Gainsbourg écrit neuf nouveaux textes pour l'album de Jane Birkin « Baby alone in Babylone » (Philips 8145241). Les deux autres titres de ce 30 cm sont des reprises par Birkin de titres anciens *Baby Lou* (en 1977 par Alain Chamfort), *Overseas Telegram* (en 1981 par Catherine Deneuve). Cet album, devenu rapidement disque d'or, recevra le Grand Prix du disque de l'Académie Charles Cros.

FUIR LE BONHEUR DE PEUR QU'IL NE SE SAUVE. Paroles et musique Serge Gainsbourg, album « Baby alone in Babylone ».

PARTIE PERDUE. Paroles et musique Serge Gainsbourg, album « Baby alone in Babylone ».

NORMA JEAN BAKER. Paroles et musique Serge Gainsbourg, album « Baby alone in Babylone ».

HAINE POUR AIME. Paroles et musique Serge Gainsbourg, album « Baby alone in Babylone ».

CON C'EST CON CES CONSÉQUENCES. Paroles et musique Serge Gainsbourg, album « Baby alone in Babylone ».

EN RIRE DE PEUR D'ÊTRE OBLIGÉE D'EN PLEURER. Paroles et musique Serge Gainsbourg, album « Baby alone in Babylone ».

RUPTURE AU MIROIR. Paroles et musique Serge Gainsbourg, album « Baby alone in Babylone ».

LES DESSOUS CHICS. Paroles et musique Serge Gainsbourg, album « Baby alone in Babylone ».

BABY ALONE IN BABYLONE. Paroles Serge Gainsbourg, musique Serge Gainsbourg d'après le 3e mouvement de la 4e Symphonie de Brahms, album « Baby alone in Babylone ».

ADIEU BIJOU. Paroles Serge Gainsbourg, musique Philippe Dauga et Michel Mallory. Créée par Philippe Dauga le chanteur et bassiste de l'ex-groupe Bijou (Tréma 410248).

Isabelle Adjani et Gainsbourg ont collaboré étroitement à la réalisation de l'album qu'Adjani fait paraître cette année-là (Philips 8148271). Le titre *Pull marine* sera un grand succès et donnera lieu à la réalisation d'un clip vidéo. Si Gainsbourg a signé toutes les musiques, Isabelle Adjani écrit seule le texte du titre *Et moi chouchou.*

OHIO. Paroles et musique Serge Gainsbourg.

ENTRE AUTRE PAS EN TRAÎTRE. Paroles et musique Serge Gainsbourg.

O.K. POUR PLUS JAMAIS. Paroles Serge Gainsbourg et Isabelle Adjani, musique Serge Gainsbourg.

D'UN TAXIPHONE. Paroles Serge Gainsbourg et Isabelle Adjani, musique Serge Gainsbourg.

C'EST RIEN JE M'EN VAIS C'EST TOUT. Paroles et musique Serge Gainsbourg.

LE MAL INTÉRIEUR. Paroles et musique Serge Gainsbourg.

BEAU OUI COMME BOWIE. Paroles et musique Serge Gainsbourg.

LE BONHEUR C'EST MALHEUREUX. Paroles Serge Gainsbourg et Isabelle Adjani, musique Serge Gainsbourg.

JE T'AIME IDIOT. Paroles Serge Gainsbourg et Isabelle Adjani, musique Serge Gainsbourg.

PULL MARINE. Paroles Serge Gainsbourg et Isabelle Adjani, musique Serge Gainsbourg.

1984

Après deux disques de reggae, Gainsbourg avec son nouvel album « Love on the beat » (Philips 8228491) se trouve, en France, au sommet de la nouvelle musique new-yorkaise. Ses musiciens sont à présent les célèbres Billy Rush, Larry Fast et Stan Harrison.

LOVE ON THE BEAT. Paroles et musique Serge Gainsbourg, album « Love on the beat ».

SORRY ANGEL. Paroles et musique Serge Gainsbourg, album « Love on the beat ».

HMM HMM HMM. Paroles et musique Serge Gainsbourg, album « Love on the beat ».

KISS ME HARDY. Paroles et musique Serge Gainsbourg, album « Love on the beat ».

NO COMMENT. Paroles et musique Serge Gainsbourg, album « Love on the beat ».

I'M THE BOY. Paroles et musique Serge Gainsbourg, album « Love on the beat ».

HARLEY DAVID SON OF A BITCH. Paroles et musique Serge Gainsbourg, album « Love on the beat ».

LEMON INCEST. Paroles Serge Gainsbourg, musique Serge Gainsbourg d'après l'étude *Opus 10 n° 3 en mi majeur* de Chopin, album « Love on the beat ». Cette chanson est interprétée par le duo Serge Gainsbourg/Charlotte Gainsbourg.

AMOUR CONSOLATION. Paroles Serge Gainsbourg, musique Julien Clerc et Jean Roussel, créée par Julien Clerc.

1985

QUOI. Paroles Serge Gainsbourg et Cesare de Natale, musique Guido et Maurizio de Angelis. Chantée par Jane Birkin (45 tours Philips 884292).

1986

LULU. Paroles et musique Serge Gainsbourg. Pour Bambou Gainsbourg écrit les deux textes du 45 tours *Lulu, Sanghaï* (Philips 888086).

SHANGAÏ. Paroles et musique Serge Gainsbourg. En face B du disque *Lulu,* voir ci-dessus.

Pour Charlotte (avec qui il vient de réaliser le film *Charlotte for ever*) Gainsbourg écrit tous les textes de l'album « Charlotte for ever » (Philips 8306401).

CHARLOTTE FOR EVER. Paroles Serge Gainsbourg, musique Aram Katchaturian, album « Charlotte for ever ». Cette chanson est interprétée par le duo Serge Gainsbourg/Charlotte Gainsbourg.

OUVERTURES ÉCLAIR. Paroles et musique Serge Gainsbourg, album « Charlotte for ever ».

OH DADDY OH. Paroles et musique Serge Gainsbourg, album « Charlotte for ever ».

DON'T FORGET TO FORGET ME. Paroles et musique Serge Gainsbourg, album « Charlotte for ever ». Autre version que celle créée par Catherine Deneuve en 1981, sous le titre *Souviens-toi de m'oublier.*

PLUS DOUX AVEC MOI. Paroles et musique Serge Gainsbourg, album « Charlotte for ever ». Cette chanson est interprétée par le duo Serge Gainsbourg/ Charlotte Gainsbourg.

POUR CE QUE TU N'ÉTAIS PAS. Paroles et musique Serge Gainsbourg, album « Charlotte for ever ».

ÉLASTIQUE. Paroles et musique Serge Gainsbourg, album « Charlotte for ever ».

ZÉRO POINTÉ VERS L'INFINI. Paroles et musique Serge Gainsbourg, album « Charlotte for ever ».

MON PÈRE UN CATHOLIQUE. Paroles Serge Gainsbourg, musique Claude Engel. Créée par Élisabeth Anaïs. Sur le manuscrit dactylographié que nous avons consulté, Gainsbourg a barré ce titre qu'il a remplacé par « Mon père ou l'alcool qui tue », avant de revenir au titre initial.

TRAVELURE. Paroles Serge Gainsbourg, musique Serge Gainsbourg et André Pezin. Cette chanson a été écrite pour le film de Bertrand Blier *Tenue de soirée* dont il a été tiré une bande originale (30 cm, Apache WEA 2409211).

1987

Gainsbourg écrit sept nouveaux titres pour l'album de Jane Birkin « Lost Song » (Philips 830894). Les deux autres chanson du disque, *C'est la vie qui veut ça* et *Leur plaisir sans moi,* sont des titres anciens de l'album de Birkin « Di doo dah » paru en 1973, réenregistrés pour l'occasion.

ÊTRE OU NE PAS NAÎTRE. Paroles et musique Serge Gainsbourg, album « Lost Song ».

LE COUTEAU DANS LE PLAY. Paroles et musique Serge Gainsbourg, album « Lost Song ».

L'AMOUR DE MOI. Paroles Serge Gainsbourg, arrangements Serge Gainsbourg sur un traditionnel, album « Lost Song ».

UNE CHOSE ENTRE AUTRES. Paroles et musique Serge Gainsbourg, album « Lost Song ».

LOST SONG. Paroles Serge Gainsbourg, arrangements Serge Gainsbourg sur un thème musical de Grieg *Peer Gynt, suite n° 2 op. 55,* album « Lost Song ».

PHYSIQUE ET SANS ISSUE. Paroles et musique Serge Gainsbourg, album « Lost Song ».

LE MOI ET LE JE. Paroles et musique Serge Gainsbourg, album « Lost Song ».

Le nouvel album de Gainsbourg « You're under arrest » (Philips 834034) rassemble huit titres nouveaux eux aussi inspirés de New York, mais aussi deux reprises de textes qui ne sont pas de lui *Mon légionnaire*, immortalisé par Piaf, et le célèbre *Gloomy sunday*.

YOU'RE UNDER ARREST. Paroles et musique Serge Gainsbourg, album « You're under arrest ».

FIVE EASY PISSEUSES. Paroles et musique Serge Gainsbourg, album « You're under arrest ».

SUCK BABY SUCK. Paroles et musique Serge Gainsbourg, album « You're under arrest ».

BAILLE BAILLE SAMANTHA. Paroles et musique Serge Gainsbourg, album « You're under arrest ».

AUX ENFANTS DE LA CHANCE. Paroles et musique Serge Gainsbourg, album « You're under arrest ».

SHOTGUN. Paroles et musique Serge Gainsbourg, album « You're under arrest ».

GLASS SECURIT. Paroles et musique Serge Gainsbourg, album « You're under arrest ».

DISPATCH BOX. Paroles et musique Serge Gainsbourg, album « You're under arrest ».

1988

AMOUR PUISSANCE SIX. Paroles Serge Gainsbourg, musique Guy Bernard Cadière et Claude Bofane. Créée par Viktor Lazlo (Polydor 871391).

Gainsbourg donne sept soirs successifs un concert au Zénith fin mars 1988. Ces concerts donneront lieu à l'enregistrement d'un double album « Le Zénith de Gainsbourg » (Philips 838162) où l'on découvre réactualisés nombre de ses titres anciens, mais aussi trois titres nouveaux *You you you but not you, Hey man amen* et *Seigneur et saigneur.*

YOU YOU YOU BUT NOT YOU. Paroles et musique Serge Gainsbourg, album « Le Zénith de Gainsbourg ».

HEY MAN AMEN. Paroles et musique Serge Gainsbourg, album « Le Zénith de Gainsbourg ».

SEIGNEUR ET SAIGNEUR. Paroles et musique Serge Gainsbourg, album « Le Zénith de Gainsbourg ».

1989

Gainsbourg écrit pour Bambou les textes de l'album « Made in China » (Philips 838355) qui ne connaîtra aucun succès commercial.

MADE IN CHINA. Paroles et musique Serge Gainsbourg, album « Made in China ».

GHETTO BLASTER. Paroles et musique Serge Gainsbourg, album « Made in China ».

ENTRE L'ÂME ET L'AMOUR. Paroles et musique Serge Gainsbourg, album « Made in China ».

HOW MUCH FOR YOUR LOVE BABY. Paroles et musique Serge Gainsbourg, album « Made in China ».

J'AI PLEURÉ LE YANG-TSÉ. Paroles et musique Serge Gainsbourg, album « Made in China ».

HEY MISTER ZIPPO. Paroles et musique Serge Gainsbourg, album « Made in China ».

QUOI TOI MOI T'AIMER ENCORE TU RÊVES. Paroles et musique Serge Gainsbourg, album « Made in China ».

CHINA DOLL. Paroles et musique Serge Gainsbourg, album « Made in China ».

ABERDEEN ET KOWLOON. Paroles et musique Serge Gainsbourg, album « Made in China ».

1990

WHITE AND BLACK BLUES. Paroles Serge Gainsbourg, musique Georges Augier de Moussac. Cette chanson a été écrite pour Joëlle Ursull qui défend en ce début d'année les couleurs de la France à l'Eurovision. Joëlle Ursull finit deuxième. Cette chanson a été enregistrée sur 45 tours (CBS 6559517).

Pour Vanessa Paradis, « Lolita » lycéenne des années quatre-vingt qui a connu un large succès commercial avec la chanson *Joe le taxi,* Gainsbourg signe les textes de l'album « Variations sur le même t'aime » (Polydor 843447), sauf *Walk on the wild side* dont les paroles et la musique sont de Lou Reed.

L'AMOUR À DEUX. Paroles Serge Gainsbourg, musique Franck Langolff, album « Variations sur le même t'aime ».

DIS-LUI TOI QUE JE T'AIME. Paroles Serge Gainsbourg, musique Franck Langolff, album « Variations sur le même t'aime ».

L'AMOUR EN SOI. Paroles Serge Gainsbourg, musique Franck Langolff, album « Variations sur le même t'aime ».

LA VAGUE À LAMES. Paroles Serge Gainsbourg, musique Franck Langolff, album « Variations sur le même t'aime ».

OPHÉLIE. Paroles Serge Gainsbourg, musique Franck Langolff, album « Variations sur le même t'aime ».

FLAGRANT DÉLIRE. Paroles Serge Gainsbourg, musique Franck Langolff, album « Variations sur le même t'aime ».

TANDEM. Paroles Serge Gainsbourg, musique Franck Langolff, album « Variations sur le même t'aime ».

AU CHARME NON PLUS. Paroles Serge Gainsbourg, musique Franck Langolff, album « Variations sur le même t'aime ».

VARIATIONS SUR LE MÊME T'AIME. Paroles Serge Gainsbourg, musique Franck Langolff, album « Variations sur le même t'aime ».

AMOUR JAMAIS. Paroles Serge Gainsbourg, musique Franck Langolff, album « Variations sur le même t'aime ».

ARDOISE. Paroles Serge Gainsbourg, musique Franck Langolff, album « Variations sur le même t'aime ».

UNKNOWN PRODUCER. Paroles et musique Serge Gainsbourg. Cette chanson, dédiée à son producteur et ami Philippe Lerichomme, sera interprétée par Jane Birkin — Gainsbourg l'accompagnant au piano — lors d'une émission télévisée en octobre 1990.

Pour Jane Birkin, Gainsbourg signe son dernier album « Amours des feintes » (Philips 846521).

ET QUAND BIEN MÊME. Paroles et musique Serge Gainsbourg, album « Amours des feintes ».

DES ILS ET DES ELLES. Paroles et musique Serge Gainsbourg, album « Amours des feintes ».

LITANIE EN LITUANIE. Paroles et musique Serge Gainsbourg, album « Amours des feintes ».

L'IMPRESSION DU DÉJÀ VU. Paroles et musique Serge Gainsbourg, album « Amours des feintes ».

ASPHALTE. Paroles et musique Serge Gainsbourg, album « Amours des feintes ».

TOMBÉE DES NUES. Paroles et musique Serge Gainsbourg, album « Amours des feintes ».

UN AMOUR PEUT EN CACHER UN AUTRE. Paroles et musique Serge Gainsbourg, album « Amours des feintes ».

32 FAHRENHEIT. Paroles et musique Serge Gainsbourg, album « Amours des feintes ».

AMOURS DES FEINTES. Paroles et musique Serge Gainsbourg, album « Amours des feintes ».

LOVE FIFTEEN. Paroles et musique Serge Gainsbourg, album « Amours des feintes ».

Liste des chansons que nous ne donnons pas dans le corps de l'ouvrage, mais dont nous fournissons des fragments dans les notes lorsqu'il nous a été possible d'en retrouver.

Al Cassel's air, 1964. *Base-ball*, 1966. *Blagues (Des)*, 1961. *Ça ne vaut pas la peine d'en parler*, 1954. *Cha cha cha intellectuel*, 1957. *Chanson du diable*, 1957. *Charlie*, 1955. *Cirque (Le)*, 1960. *Cliquediclac*, 1964. *Dents de lait, dents* de loup, 1967. *Distel Cassel's dance,* 1964. *Fait divers,* 1954. *Nanas au paradis (Les),* 1960. *Ou la la la,* 1964. *Pour avoir Peggy,* 1956. *Promenade aux bois,* 1954. *Retiens tes larmes,* 1964. *Sable et le soldat (Le),* 1967. *Trentaine (La),* 1956. *Trois boléros,* 1954. *Viva la Pizza,* 1964.

Remerciements

Franck Lhomeau remercie l'ensemble des personnes qui ont permis la réalisation de cet ouvrage, notamment François Guibert, Vincent et François Lhomeau, Joëlle Caroline, Catherine Laignel, Danièle d'Antoni, Jacques Michel, The Rt. Hon. Lard Didier E.J. Hanson-Baron. Chancellar of Rockfield, Charles Mutzig, Dominique Velard, Pierre Le Reun, Yann Grasland, Jean-Yves Billet et Diane Coelho.

Table des matières

Cet ouvrage a été composé par EURONUMÉRIQUE (Sèvres)
et imprimé par BCA à SAINT-AMAND-MONTROND (Cher)
pour le compte de la LIBRAIRIE PLON
76, rue Bonaparte, 75006 Paris

Achevé d'imprimer en septembre 1994

Imprimé en France

N° d'édition : 12464 - N° d'impression : 94/743
Dépôt légal : octobre 1994